los Nuevos
Profesionales

Charles W. King - James W. Robinson

los Nuevos
Profesionales

El Surgimiento del Network Marketing como la
Próxima Profesión de Relevancia

Time & Money Network Editions
Buenos Aires - Argentina
www.timemoneynet.com

Robinson, James W.
  Los nuevos profesionales : el surgimiento del network marketing como la próxima profesión de relevancia / James W. Robinson y Charles King. - 1a ed. 6a reimp. - Buenos Aires : Time & Money
Network Editions, 2012.
  256 p. ; 23x15 cm.

  Traducido por: María Fernanda Angueira
  ISBN 978-987-21495-0-5

  1. Marketing. I. King, Charles II. Angueira, María Fernanda, trad. III. Título.
  CDD 658.8

Fecha de catalogación: 10/05/2012

Titulo original: THE NEW PROFESSIONALS - The Rise of Network Marketing As the Next
Major Profession

Traducción al español:
Fernanda Angueira.

Es traducción autorizada de la edición redactada en idioma inglés publicada por Charles W. King
y James W. Robinson.

Queda hecho el depósito que establece la ley 11723.

Con sello editorial TIME & MONEY NETWORK EDITIONS

Edita Time & Money Network Editions
Av. Rivadavia 6351, Torre 2, piso 20° "D" (1406) Buenos Aires – Argentina

Edición realizada bajo licencia de The Crown Publishing Group, una división de Random House
para Jorge H. Tamariz Navarro con derechos exclusivos en idioma español para todo el mundo.

ISBN: 987-21495-0-X TIME & MONEY NETWORK EDITIONS

Impreso en Argentina.
Printed in Argentina.

Se terminó de imprimir en el mes de Mayo de 2012 en
Cosmosprint.
Edmundo Fernández 155 Avellaneda, (1870) Buenos Aires - Argentina

INDICE

ACERCA DE LOS AUTORES

*Charles W. **King*** se doctoró en administración de empresas en la Universidad de Harvard, y es profesor de marketing en la Universidad de Illinois, Chicago (UIC). El Dr. King también es consultor, con más de veinticinco años de experiencia en operaciones empresariales. Su enfoque se orienta a la planificación de marketing estratégico, posicionamiento competitivo en el mercado, y gestión de las funciones tácticas de marketing en emprendimientos comerciales.

King desarrolla investigaciones constantes sobre la industria del network marketing y escribe en la prensa especializada. También es un orador reconocido en el ámbito internacional, sobre el network marketing como canal legítimo de distribución y como destacado emprendimiento comercial. King también es consultor de compañías de network marketing, y actúa como testigo experto en casos judiciales donde pueda estar involucrado el network marketing.

En 1994, King fue cofundador del Seminario Certificado de la UIC sobre Network Marketing, único programa de su tipo en el mundo auspiciado por una universidad importante. El Programa del Seminario UIC se ha convertido en un modelo para la educación profesional en network marketing, y se ha expandido a Asia y Europa, y ahora a América Latina.

*James W. **Robinson*** es el autor de los bestsellers The Excel Phenomenon e Imperio de Libertad, la Historia de Amway y lo que Significa para Usted, y coautor de La Historia de Pre-Paid Legal. Llamado "defensor de los emprendedores" por el diario Washington Post, aparece con frecuencia en medios de comunicación y conferencias para respaldar al network marketing y la libre empresa. Es veterano de la escena política y gubernamental de California, y actualmente se desempeña como experto consejero de la Cámara de Comercio de Estados Unidos. Vive en Los Angeles.

PROLOGO

Si está pensando en involucrarse en alguna oportunidad de network marketing, debe leer Los Nuevos Profesionales, de Charles King y James Robinson. Se trata de la mejor y más actualizada fuente de información -escrita con la mayor autoridad- acerca del estado del network marketing en el siglo XXI.

Como afirman los autores en estas páginas, el network marketing ha sufrido por largo tiempo un vaciamiento informativo. Las organizaciones del comercio no han llevado estadísticas confiables. Las escuelas de negocios y las principales corrientes de las publicaciones financieras no han sido capaces de reconocer la existencia de esta industria. Medios con buena circulación pero menor nivel, se han enfocado en el MLM sólo cuando surgía algún escándalo jugoso para informar.

El hecho de que en la actualidad esas circunstancias estén cambiando, se debe mayormente al esfuerzo personal de dos hombres: los autores del presente libro. Graduado en la Escuela de Negocios de Harvard con un doctorado en administración de empresas y profesor de marketing de la Universidad de Illinois, en Chicago (UIC), Charles King ha hecho investigaciones profundas sobre MLM, realizando la recopilación de datos más confiable y completa de esta esquiva industria. Como vicepresidente senior y consultor del presidente de la Cámara de Comercio de Estados Unidos, James Robinson ha resultado ser un predicador de inusual influencia para el network marketing, a través de sus best sellers: El Fenómeno Excel, Imperio de Libertad-la Historia de Amway y lo que Significa para Usted, y Receta para el Éxito.

King y Robinson escriben sobre el networking como observadores objetivos y eruditos, y no por propio interés como participantes. Ellos han recopilado un surtido de hechos, que demuestran más allá de cualquier duda que, en el siglo XXI, el MLM será un importante vehículo para quienes buscan auto-emplearse, poseer un negocio propio, y ser independientes financieramente. También ofrecen útiles imágenes de compañías líderes, que muestran con sensata conciencia las fortalezas y debilidades de cada una.

A lo largo de los años, he examinado muchos libros de network marketing, los buenos, los malos y los muy malos. Los Nuevos Profesionales es lo más cercano que he encontrado a una fuente de información precisa acerca del MLM, del tipo todo-en-un-solo-lugar. Para el emprendedor serio que lleva adelante el debido trabajo arduo de esta actividad, resultará una herramienta indispensable. Para el principiante curioso, disponiéndose a explorar los misterios de esta actividad, será una iluminadora introducción, de muy fácil lectura.

Richard Poe, autor de Ola 3: la Nueva Era en Network Marketing, Ola 4: el Network Marketing en el Siglo XXI, El liderazgo en el Network Marketing al Estilo Ola 4.*

*Todos publicados en castellano por TIME & MONEY NETWORK EDITIONS en Buenos Aires, Argentina.

los Nuevos Profesionales

1

Un nuevo enfoque del trabajo, la familia, y el estilo de vida

El CEO* de una corporación vende su compañía, estando en la cumbre de su éxito y poder. Un funcionario gubernamental con antigüedad en su cargo súbitamente se aleja de los beneficios y privilegios de los altos mandos. Una ejecutiva que ha pasado años ascendiendo con éxito a través del cielorraso de cristal en su industria, ingresa a la oficina un día y dice "renuncio". Un cirujano cardiovascular reconocido en todo el país abandona el ejercicio de su profesión.

Abogados, médicos, odontólogos, profesores universitarios, agentes de bolsa, gerentes, atletas profesionales, promotores inmobiliarios y dueños de pequeñas empresas —habiendo todos ellos invertido años en preparar y desarrollar profesiones lucrativas— se alejan del éxito y del dinero y no miran hacia atrás.

¿Qué están haciendo estas personas? ¿Qué tienen en común? ¿Hacia dónde van? ¿Y por qué?

Todos se han unido a las filas de los Nuevos Profesionales. Y muchos han decidido abrazar una industria de la que alguna vez se rieron, se burlaron y con la que juraron nunca tomar contacto: el network marketing.

Network marketing es la industria de bajo costo, y ahora de alta tecnología, que lo invita a desarrollar su propio negocio y obtener un ingreso potencialmente elevado trabajando desde su hogar en su propio horario. Usted obtiene ingresos inmediatos y un importante ingreso residual a largo plazo vendiendo productos y servicios directamente a los consumidores y convenciendo a otras personas de hacer lo mismo.

El network marketing —conocido en el pasado como marketing multinivel e históricamente despreciado por haber sido considerado un esquema piramidal para personas incautas y maquinadoras— surge hoy como el método de distribución más poderoso y el modelo de empresa más atractivo en la nueva economía. Es un criterio de venta y de actividad empresarial tan poderoso, que las compañías tradicionales –en su lucha por encontrar nuevas formas de llegar a un mercado fragmentado y, al mismo tiempo, controlar los prohibitivos altos costos de una fuerza de ventas trabajando a tiempo completo y de campañas publicitarias nacionales– están tomando ahora las mejores características de esta actividad, para aplicarlas en sus propias operaciones.

El network marketing —en un tiempo conocido como el último refugio para los desafortunados y los desesperanzados, aquellos que habían fallado en todo lo demás— ha ingresado al nuevo milenio con una nueva imagen: un lugar para ganadores. Actualmente, es un campo de acción de alto contacto y alta tecnología, de alcance internacional, que crece en sofisticación, complejidad y diversidad; una industria en la que los trabajadores bien informados son bienvenidos, el profesionalismo tiene premio y tanto los mecanismos de búsqueda, como las opciones de compra de acciones están reemplazando a las reuniones motivadoras y a los círculos de oración.

No es de extrañar que profesionales serios provenientes de diversas especialidades estén mirando al network marketing ya sea por primera vez o bien desde una nueva óptica. Cada año, miles de personas dejan profesiones bien establecidas, carreras lucrativas, para ir tras nuevas oportunidades dentro de la amplia gama de compañías interesantes que comprenden esta industria. En el proceso, estos Nuevos Profesionales, además de cambiar la cara del network marketing, tienen un gran impacto en el mundo de los negocios en su conjunto.

> El network marketing es un criterio de venta y de actividad empresarial tan poderoso, que las compañías tradicionales están tomando ahora las mejores características de esta actividad, para aplicarlas en sus propias operaciones.

Su éxito está modificando las actitudes acerca del trabajo en el hogar y resolviendo los problemas que las compañías importantes nunca pudieron: superar el cielorraso de cristal, combatir la discriminación, ofrecer plenas oportunidades a personas con discapacidades, permitir que personas en edad de jubilarse permanezcan en actividad y equilibrar de la mejor manera las demandas familiares y profesionales. Son muchos los que han superado la necesidad de realizar largos viajes al amanecer y al atardecer, y han incrementado su productividad y satisfacción con el trabajo, mientras que al mismo tiempo han reducido su aislamiento de la familia y la comunidad, y disminuido su contribución a la contaminación ambiental y los embotellamientos.

Los Nuevos Profesionales del network marketing y de otras actividades, generalmente eran muy exitosos en sus carreras de elección pero se sentían insatisfechos. Ellos representan una fuerza económica y social en crecimiento, de alcance global. En los Estados Unidos, trabaja actualmente por cuenta propia el 15 por ciento de la fuerza laboral; porcentaje que excede a quienes están agremiados. En la actualidad, veinte millones de estadounidenses se "telecomunican" con sus trabajos y realizan parte o todas sus tareas profesionales en sus hogares. En Los Angeles, la segunda ciudad más grande del país y principal economía regional, menos de la mitad de la fuerza laboral tiene en la actualidad empleos tradicionales de ocho horas, de lunes a viernes.

La mitad del total de acciones está en poder de familias con ingresos menores a 100.000 dólares por año, lo que indica que en una época de "manía por las fusiones", la fusión más importante de todas ha sido la de la actividad financiera de la población media con Wall Street. Los estadounidenses promedio se han convertido en inversores serios, estimulados por la comodidad del comercio virtual en línea. Muchos otros, paralelamente, inician pequeños negocios o compran acciones. En la nueva economía, es común ver secretarias en posesión de opciones de compra de acciones de empresas en desarrollo. Se está dejando de lado la idea de que un profesional desarrolle una serie de tareas por un salario. En su lugar, ellos y sus familias adoptan un enfoque diversificado y altamente emprendedor en relación a la generación de ingresos y la acumulación de riqueza. Invertir un poco de dinero por allí, unirse con socios para desarrollar un nuevo proyecto por allá, acá comenzar un negocio desde el hogar para su esposa e hijos, y más allá hacer trabajos de consultoría —todo es parte de un nuevo enfoque del trabajo y del estilo de vida.

Creemos que Los Nuevos Profesionales es el primer libro que analiza seriamente estas tendencias, y la manera en que el network marketing les da forma y es perfilado por ellas. Nuestros objetivos son claros:

- Brindar documentación válida sobre la credibilidad del network marketing.

- Demostrar que el network marketing es una profesión rica y variada, que abarca una interesante serie de modelos de negocios, planes de marketing, líneas de productos y servicios, tecnologías y mercados internacionales.

- Mostrar que el network marketing es un canal de distribución creíble y altamente efectivo en la economía extremadamente fragmentada del comercio electrónico.

- Criticar las condiciones actuales de la economía y del estilo de vida que enfrentan muchos profesionales, y sugerir que el network marketing es la repuesta a muchos reclamos. Comenzaremos y finalizaremos nuestro libro en este punto y en los capítulos centrales le brindaremos los principios y documentación reuqeridos para desarrollar un juicio razonado acerca del potencial del network marketing en su propia vida y carrera.

Nuestro objetivo no es ni sermonear ni hacer proselitismo, sino generar una discusión seria para profesionales serios. Esto es lo que esperamos:

- Definiremos network marketing y lo distinguiremos de su padre más antiguo, que se denomina "venta directa". ¿Cómo se gana dinero en este negocio?

- Rastrearemos las raíces históricas de esta industria, los acontecimientos clave, los pioneros y las batallas por la aceptación legal y pública.

- Delinearemos el alcance de la industria en la actualidad. Los networkers comprenden aproximadamente un 81,7% del total de miembros de la industria de la venta directa que, desde 1998, declara tener 9.7 millones de personas de negocios en los Estados Unidos y 30.9 millones en todo el mundo. Los empresarios de la venta directa venden u$s 23.170 millones en productos y servicios anualmente en Estados Unidos, y u$s 80.400 millones en el resto del mundo. ¿Cómo han logrado esto? ¿Qué tamaño lograrán como fuerza económica en el futuro?

- Identificaremos las ventajas de este modelo de negocio por sobre las profesiones tradicionales y la posesión de pequeños negocios. Ningún otro negocio requiere costos tan bajos de ingreso, prácticamente sin gastos fijos significativos. No existen préstamos bancarios, hipotecas de segundo grado o dolores de cabeza por problemas de personal. Ningún otro negocio le permite a sus profesionales tanta flexibilidad en sus horarios. Es por eso que muchos profesionales encumbrados encuentran en el network marketing un estilo de vida ideal que no los fuerza a tener que elegir entre formar una familia o seguir una carrera financieramente provechosa.

Además, discutiremos cómo está cambiando la industria del network marketing y por qué la imagen que usted tiene de ella puede estar seriamente desactualizada. Traeremos luz sobre las tendencias positivas que darán forma y definirán su futuro:

- Las principales compañías de la industria cotizan en Wall Street y algunas ofrecen opciones lucrativas de acciones a sus distribuidores líderes.

- Estas empresas tienen gerenciamiento profesional e invierten millones en investigación y desarrollo para idear productos exclusivos y patentados.

- Los servicios y productos tecnológicos comprenderán un porcentaje creciente de las ventas, acompañando a los productos más tradicionales de higiene personal y del hogar.

- Existen cada vez menos eventos y "reuniones hogareñas". Las reemplazan seminarios más profesionales y capacitación en línea.

- A diferencia de otros canales de venta, el network marketing no solamente sobrevivirá a la revolución del comercio electrónico sino que prosperará gracias a ella. Olvídese de la imagen de tener que cargar productos en el baúl del automóvil para entregarlos a sus clientes o asistir a una innumerable cantidad de reuniones "para tomar un cafe" con vecinos y amigos. El nuevo networker prospectará en línea, pedirá productos en línea, autorizará entregas en línea, y recibirá créditos y pagos en línea.

- Es un movimiento global en el que los participantes ahora pueden manejar sofisticados negocios internacionales desde los centros de control del hogar-oficina en cualquier parte de los Estados Unidos o del mundo.

- Tal como lo señaláramos, aunque todos tenemos admiración por las historias "de-pobre-a-rico" que son parte esencial de la promesa americana, el network marketing está atrayendo actualmente a un número sin precedentes de profesionales de diversas especialidades en las que han logrado renombre, respeto y éxito en esas áreas y ahora están trayendo estas particularidades a la industria. Todo esto, está cambiando rápidamente la cultura del network marketing. Usted conocerá a algunos de ellos en este libro.

Pero, el incremento de Nuevos Profesionales en la industria, puede ser explicado sólo en parte por los tremendos adelantos en el network marketing. Para la mayoría de nosotros, la atracción ejercida por una buena oportunidad no es, de por sí, motivación suficiente para la acción. Tenemos que ser empujados hacia ella por una mengua o descontento con nuestra situación actual. Tal como verán en los capítulos 2 y 3, es justamente ese efecto de acción-reacción el que alimenta el actual crecimiento substancial del network marketing.

El mundo del trabajo está cambiando y nunca volverá a ser el mismo.

El viejo modelo mediante el cual usted cambia cuarenta años de su tiempo, talento y devoción singular a una compañía o profesión a cambio de un ingreso seguro y en constante crecimiento, reconocimiento de sus pares y lealtad de su empleador ha sido destruido. Y no será rearmado.

Unas pocas almas vigorosas de la sociedad se liberan tranquilamente de ese cómodo pero decadente viejo orden. Pero para la mayoría, se trata de una perspectiva inquietante y alarmante —al menos hasta que nuestros ojos se abran a las nuevas posibilidades que reemplazan a las viejas verdades.

La preocupación y el miedo son comprensibles. El pasado siglo veinte estuvo marcado por cambio incesante acompañado de prosperidad material abundante, pero vacía. Es muy tentador dejar oportunidad por seguridad, y valorar la comodidad de la estabilidad por sobre la inexorabilidad del cambio.

No es sorprendente que en una sociedad que valora la seguridad por sobre todo lo demás, muchos traten de aferrarse al viejo modelo de trabajo aún cuando no quede mucho a que aferrarse.

Durante años, este fue el trato: usted se despide de su familia y viaja a su trabajo u oficina todos los días, trabaja mucho y bien, lleva tareas a su casa cuando hace falta y viaja cuando se le requiere. Lucha por obtener progreso y reconocimiento en su organización o profesión. Sus superiores miden su éxito de acuerdo a los estándares establecidos por ellos o, si usted tiene su propio negocio o práctica profesional, sus clientes lo hacen, a través de la frecuencia con la que vuelven.

> A diferencia de otros canales de venta, el network marketing no solamente sobrevivirá a la revolución del comercio electrónico sino que prosperará gracias a ella.

Esta ocupación es normalmente su única o principal fuente de ingresos, y si usted no pudiera o no quisiera continuar con ella, dejaría de tener ingresos. Es una transacción directa de tiempo por dinero. Esto se hace durante treinta y cinco o cuarenta años. Luego deja de trabajar por completo, obteniendo por parte de su empleador una pequeña porción de su anterior ingreso en forma de pensión. Usted espera que esta pensión, junto con ahorros propios y la seguridad social, le permitan un estilo de vida frugal pero cómodo.

Su parte en este trato puede parecer un poco deprimente, pero piense cuánto ha estado recibiendo a cambio. Comúnmente, su organización se encarga de:

- Brindarle un ingreso de crecimiento constante pero lento.

- Pagar por sus vacaciones y feriados.

- Organizar sistemas de salud, cuidado dental y oftalmológico para toda su familia.

- Organizar y administrar una pensión para cuando usted envejezca.

- Asegurar su vida si usted llegara a morir trabajando para la compañía.

- Manejar toda la teneduría de libros relacionada con el pago de sus impuestos y asegurarlo contra desempleo y accidentes de trabajo.

- Brindarle una oficina o lugar de trabajo totalmente equipado con la última tecnología y pagarle educación avanzada.

- En ocasiones ofrecerle servicios de actividades físicas, cuidado de niños y acciones de la compañía.

- Para su psiquis, reconocer sus esfuerzos por medio de ascensos y reconocimiento corporativo.

- Incluso, probablemente, permitirle conservar y usar, para viajes personales, las millas del programa de pasajero frecuente que usted gana mediante los viajes de negocios de la compañía.

No es un acuerdo tan malo —especialmente si sus colegas son divertidos, el trabajo es desafiante, y usted logra apasionarse con la elevada misión que cualquier firma u organización que se digne de su valor, intentará formular e inculcarle. Si no, tal vez una compañía en un estado vecino le ofrezca un mejor acuerdo. Quizá incluso pueda ayudarlo a vender su casa, mudar a su familia y conseguir una nueva hipoteca.

Para que usted no piense que estamos utilizando un tono demasiado condescendiente o cínico en lo que esperamos que sea una narración llena de posibilidades prometedoras, por favor tomen nota: no todo en esa vieja ecuación laboral trataba o trata acerca del dinero y la seguridad. Representan nada más que una parte del atractivo tentador del modelo un trabajo/un sueldo/una profesión.

Otro aspecto es el deseo de ser parte de una causa que vaya más allá de uno mismo. Se trata del estímulo intelectual que proviene de estar rodeado por otras personas de la misma especialidad, y las relaciones profesionales y personales que se forjan de por vida. Es ser parte de una gran organización y tomar parte en las decisiones importantes que llevan a su crecimiento y éxito. Se trata de estar orgulloso de contarle a la gente para quién trabaja y qué cargo tiene, y recibir como respuesta una expresión de sorpresa, reconocimiento y respeto cuando lo cuenta.

Es acerca de lealtad y dedicación. ¿Quién de nosotros no se impresiona cuando leemos sobre un CEO que comenzó hace cuarenta años como cadete y trabajó hasta llegar a la cima? ¿O un médico clínico que asistió el parto de miles de bebés y de los hijos de esos bebés? ¿O el piloto de una línea aérea que defendió a los Estados Unidos en la guerra y luego hizo miles de despegues y aterrizajes, llevando pasajeros seguros por todo el mundo antes de colgar sus alas después de décadas de vuelo?

No tiene nada de vergonzoso, sino más bien de honroso, consagrarse a una profesión u organización con capacidad y dedicación durante la totalidad de su vida adulta, y luego retirarse felizmente con respeto y cierto nivel de ingresos asegurados.

Existe un único problema. Se torna cada vez más raro y difícil encontrar la oportunidad de hacer ese tipo de trabajo en las empresas tradicionales y prestar servicio en las antiguas profesiones. A medida que crecen las presiones económicas sobre tales compañías y profesiones, ellas a su vez imponen presiones crecientes a sus empleados y practicantes respectivamente. Quienes pierden son los hijos, los cónyuges y la calidad de vida en general. Es como un rompecabezas al que le faltan las piezas más importantes —para muchos profesionales existe un gran agujero en el centro de lo que se suponía que era el retrato perfecto de éxito y felicidad.

> **L**es mostraremos cómo el viejo modelo de empleo se está resquebrajando. Sólo los tontos, complacientes o perezosos se niegan a verlo y a aprovechar las oportunidades de proteger a su familia y a si mismos.

Muchos de quienes pensaron que podían escapar de esa trampa convirtiéndose en sus propios jefes en pequeños negocios, franquicias o consultoras, en su lugar se encuentran a sí mismos atrapados en una prensa cada vez más ajustada. Con sus ahorros de toda la vida generalmente en juego, trabajan innumerables horas. Los clientes y consumidores les pagan como si fueran pequeños negocios, pero los impuestos, reglamentaciones, y a veces los juicios, son como los de las grandes empresas que cuentan con recursos infinitos.

Les mostraremos cómo el viejo modelo de empleo se está resquebrajando. Sólo los tontos, complacientes o perezosos se niegan a verlo y a aprovechar las oportunidades de proteger a su familia y a si mismos. Considere los siguientes signos de una creciente incapacidad del mundo profesional para brindar estabilidad o desafío en la economía actual:

- En una época de prosperidad económica histórica, vemos despidos y reducciones sin precedentes.

- Las compañías reducen beneficios tradicionales tales como la cobertura de salud, y les dicen a sus empleados que la busquen por su cuenta.

- Las empresas están tercerizando más funciones que nunca antes para evitar los costos fijos de trabajadores a tiempo completo. En muchos casos, sólo lo contratarán a usted como contratista independiente. ¿Alguna vez supo lo que es pagar ambas partes de su seguridad social y cobertura médica? ¡Prepárese para descubrirlo!

- La economía global de alta tecnología ha posibilitado que la industria local además de trasladar al exterior las tareas fabriles, también traslade tareas jerárquicas administrativas. Todos los días, seiscientos filipinos vestidos con elegantes trajes de ejecutivos se presentan a trabajar en uno de los departamentos de servicio de America Online, para sus clientes estadounidenses —en la antigua Base Clark de la Fuerza Aérea en las afueras de Manila.

- La manía de las fusiones recién ha comenzado. ¿Cuándo fue la última vez que escuchó que una fusión haya realmente incrementado el número de empleos profesionales y gerenciales en una empresa recientemente consolidada?

- Muchos médicos informan que las realidades económicas de la práctica profesional moderna los han alejado del papel tradicional y venerable de cuidadores de personas. Ellos invirtieron años de su vida con enormes gastos para establecerse como profesionales, tan sólo para ser tratados como empleados mediocres. Otros afirman que pasan más tiempo completando formularios y defendiéndose de demandas judiciales que cuidando personas. Otros profesionales, en campos que van desde el judicial hasta el de educación, confirman que sufren desencanto y desilusión similares.

- La población está envejeciendo. Es probable que muy pronto, los profesionales pasen más tiempo retirados que en actividad. ¿Cuántos estarán financieramente preparados para esa tan bienvenida longevidad, basándose en sus ocupaciones actuales?

- Con tendencias profundamente preocupantes entre los jóvenes, tales como la violencia armada y el abuso de drogas, profesionales de todo tipo se preguntan cómo pueden enfrentarse a la creciente incertidumbre y demandas de tiempo de la nueva economía, y aún así ser padres atentos, cariñosos y amables. "¿Por qué tenemos que elegir?" preguntan. Tiene que haber una mejor manera.

Muchos están encontrando una mejor manera en el nuevo mundo del network marketing. Están encontrando una profesión inteligente con una increíble gama de productos, compañías y enfoques financieros interesantes entre los que elegir.

Es un negocio que pueden desarrollar con sus familias desde sus propios hogares, ya sea a tiempo parcial como fuente de ingresos suplementaria, o bien a tiempo completo, con importante ingreso residual a largo plazo.

Es una industria que ha adoptado tanto tecnología informática como el uso de Internet, posibilitando a las personas de negocios reducir al mínimo las tareas desagradables y demandantes de tiempo y, en su lugar, dedicar toda la atención a vender y prospectar.

Es un negocio en el que no existen dolores de cabeza por temas laborales, ni nómina de pagos, y hay muy pocos gastos fijos — en el que se pueden desarrollar, sin embargo, organizaciones que abarquen expansión global, y con gratificantes oportunidades de viajar por todo el mundo.

Ellos están descubriendo una profesión en la que se hallan rodeados de éxito y optimismo y en la que se gana más dinero por ayudar a otros a ganarlo —un cambio refrescante de la mentalidad caníbal del capitalismo global o la mentalidad recelosa de las burocracias corporativas.

En síntesis, están encontrando una oportunidad de completar las piezas faltantes de aquel "retrato de éxito y felicidad" para perfeccionar el cual tanto trabajaron: independencia financiera, seguridad de ingresos a largo plazo, libertad de tiempo, control sobre sus vidas y apego a una causa que va más allá de ellos mismos.

Pero, ¿cómo lo lograron? ¿Dónde comenzaron? ¿Cómo eligieron una compañía? ¿Cómo saber si el network marketing es lo adecuado para uno? Luego de analizar las condiciones sociales y económicas que están direccionando a los Nuevos Profesionales a nuevos enfoques, y de documentar la viabilidad y tendencias del network marketing en su conjunto, haremos algo que rara vez, o tal vez nunca, se intentó en la literatura existente sobre la industria. En primer lugar, presentaremos resúmenes individuales que definen las diferencias de cada empresa en sus enfoques comerciales ¿Cuáles son las que marcan el ritmo, cuáles las estrellas nacientes? Luego, abriremos una discusión sin reglas sobre qué clase de profesionales tiene chances de triunfar en el network marketing —y quiénes no. Esto debería ayudarlo a responder personalmente las preguntas anteriores.

Durante quince años, Lloyd Tosser de Tempe, Arizona, puso toda su energía en el negocio de los seguros. Se arrepintió toda su vida. "Había trabajado mucho para alcanzar lo que consideraba 'la cima' de mi carrera profesional, simplemente para que me la arrancaran de un tirón," afirma. La compañía para la cual trabajaba fue adquirida por una más grande, eliminó agentes en el proceso de cambio y finalmente disolvió la división de Lloyd.

> **Los Nuevos Profesionales están encontrando una oportunidad de completar las piezas faltantes de ese "retrato de éxito y felicidad" que tanto trabajaron para perfeccionar.**

Pero en esa época, también sucedió que Lloyd y su esposa Deborah habían además adquirido un plan de protección legal de Pre-Paid Legal Services Inc. —la compañía de network marketing de Ada, Oklahoma, con un novedoso producto que ofrece a los clientes acceso ilimitado a abogados de renombre por una cuota mensual. Al igual que para muchos otros profesionales, esa era una experiencia positiva con un producto o servicio de calidad que los entusiasmaba con la compañía en primer lugar, y los ayudaba a superar sus recelos respecto al network marketing..

"Usamos nuestro plan Pre-Paid Legal en dos oportunidades y en ambos casos funcionó genial" comenta Lloyd. "Es muy inusual encontrar un producto que de veras funcione como se supone que debería y cuando se lo necesita. Estábamos tan impresionados que pensamos "¿por qué también no vendemos este producto?"

Al haber alcanzado una nueva y duradera cima de éxito, lo que los Tosser más aprecian no es el dinero, sino la manera en que su negocio de network marketing recompensa sus esfuerzos. También los ha llevado a cambios profundos y positivos en su estilo de vida.

"Parece una oportunidad simple, pero es extraordinaria" afirma Lloyd. "Cuanto más se trabaja, más dinero se gana. Hasta suena tonto, ¿no? Pero, ¿cuántas compañías quedan en los Estados Unidos donde uno es recompensado por trabajar mucho, donde no existe un techo, y donde usted no mira constantemente por sobre su hombro, esperando que venga alguien y le saque todo?

"Ahora, Deb y yo trabajamos por nuestra cuenta. No sufrimos embotellamientos de tránsito por la mañana, maniobrando el volante mientras comemos un desayuno rápido prefabricado. Tenemos un viaje de un minuto desde el dormitorio a la oficina. Si queremos trabajar hasta tarde, podemos. Si nos queremos tomar el día libre, podemos.

"Ahora depende de nosotros. Estamos en control de nuestras propias vidas."

Cuando usted termine este libro, dependerá de usted. ¿Quiere convertirse en un Nuevo Profesional?

---

* CEO: *Chief Executive Officer* (*Funcionario Ejecutivo Principal de una compañía*)

CAPITULO 2

Riesgos y recompensas de la Nueva Economía

En la actualidad, estamos presenciando la sostenida destrucción de la economía del empleo tradicional, en la que los trabajadores venden su tiempo a cambio de dinero y venden su experiencia a cambio de seguridad. Esta estructura tradicional está siendo reemplazada por una economía única y con interconexión masiva, en la que dinero, personas, compañías, ideas y tecnología son totalmente intercambiables. En esta nueva economía, se dan simultáneamente tanto un crecimiento espectacular, como también graves trastornos. Es una economía que reprime a los métodos más tradicionales de generación de ingreso seguro, pero a la vez genera en abundancia nuevas oportunidades.

Bussiness Week evaluó recientemente este desarrollo y su impacto en los trabajadores:

> *A medida que la Nueva Economía desmantela las viejas reglas comerciales, la nueva fuerza laboral destruye los contratos entre empleadores y empleados. Los empleadores abandonan rígidas escalas salariales por compensación flexible. Están aprendiendo a vivir con alto movimiento de personal y a abolir los pagos basados en la antigüedad... El resultado será una relación laboral modificada en la que trabajadores de creciente independencia negociarán la trayectoria personal en sus carreras.*

Los Nuevos Profesionales comprenden estos cambios y están modificando sus carreras y estrategias para generar riqueza e ingresos de acuerdo al nuevo esquema. El network marketing se ha convertido en un componente importante de su nuevo enfoque. Para muchos es un sustituto exitoso de las compensaciones que solían encontrar en el empleo tradicional, en particular, seguridad de ingresos a largo plazo, progreso constante, reconocimiento permanente de sus logros y apego a una misión emocionalmente satisfactoria. Junto a estos valores, también encuentran recompensas rara vez vistas en sus ocupaciones anteriores: libertad de tiempo, horarios flexibles y la satisfacción de desarrollar un negocio por cuenta propia, un negocio que deje espacio y fortalezca a su familia. ⚹

ESTA NO ES LA ECONOMÍA DE SU PADRE

Los cambios que están dando nueva forma a la economía tradicional y la búsqueda de una mejor oportunidad han conducido a John Hargett y a su familia por un camino largo y sinuoso.

"He visto ambas caras del negocio tradicional, como dueño y como ejecutivo" explica. "A principios de la década de los 80, mi familia tenía un negocio mayorista de productos de almacén. Estuve ocho años peleando debido a las altas tasas de interés, a los problemas con los empleados, a los impuestos y competidores más grandes. ¡Todo eso en jornadas de quince horas y sufriendo hipertensión!

Basándose en un consejo de su padre, quien se había retirado de la industria farmacéutica, John ingresó posteriormente al mundo corporativo, en una compañía en expansión en el negocio de los medicamentos genéricos. "Los primeros cinco años fueron increíbles" comenta. "Me ascendieron rápidamente al puesto de vicepresidente para el oeste de los Estados Unidos. Esa posición y el nivel de responsabilidad me brindaron ingresos más altos y una seguridad laboral tal que hizo que mi esposa Brenda y yo hiciéramos diseñar y construir una nueva casa para nuestra familia.

Pero luego el desastre golpeó a los Hargett. La compañía atravesó una fusión hostil y el puesto de John fue eliminado. Estuvo nueve meses buscando un puesto comparable, pero la depresión en la industria hizo que esos puestos desaparecieran. Finalmente se decidió por un empleo menos importante y con un sueldo 35 % inferior, en una pequeña droguería.

> Los nuevos profesionales encuentran recompensas rara vez vistas en sus ocupaciones anteriores: libertad de tiempo, horarios flexibles y la satisfacción de desarrollar un negocio por cuenta propia.

"La situación de estar sin trabajo durante nueve meses sumado a la reducción de mi salario nos significó a mi familia y a mí perder todos nuestros ahorros, nuestro plan de ahorro para la jubilación y el pago inicial de la casa que estábamos construyendo. Mi hija mayor tuvo que dejar la facultad. Pusimos nuestra casa en venta, pero el mercado inmobiliario estaba deprimido y nadie compraba". Finalmente, en 1993, sin otra opción, la familia presentó la quiebra. "Con el tiempo se ejecutó la hipoteca sobre nuestra casa" explica John, "y Brenda debió volver a trabajar. Luego me enteré de que mi empresa estaba a la venta. Sabía que estaba a punto de atravesar el mismo proceso de eliminación nuevamente."

Un día, durante aquellos difíciles tiempos, Brenda llegó a la casa y le contó a John que un compañero de trabajo estaba involucrado en una compañía que vendía medicina preventiva mediante network marketing. Le comentó a John que pronto recibirían un llamado para invitarlos a una reunión. John le respondió que pensaba decir que no cuando recibiera el llamado, dado los prejuicios que tenía sobre la industria.

"Sabía que la medicina preventiva tenía un gran futuro a raíz del envejecimiento de la población" explica. "Lo que le resultaba desafiante era el concepto de network marketing."

Pero en su trabajo, John evidenció signos de problemas. Sabía que su puesto pronto sería eliminado. Por eso, a pesar de sus recelos, se convirtió en distribuidor de Rexall Showcase International, división de network marketing de Rexall Sundown, de Boca Raton, Florida.

John trabajaba en el negocio en cada momento libre que tenía. "Mi objetivo inmediato era duplicar lo que ganaba en mi empleo para que pudiéramos comprar una casa y que nuestra hija volviera a la universidad. Luego de dos años, lo logramos" comenta.

Al poco tiempo de que eso sucediera, John dejó su empleo para dedicarse de lleno a su nuevo negocio. Tres meses después se enteró de que la compañía en la que había trabajado había sido vendida, y toda la fuerza de ventas, a la que él había pertenecido, había sido desplazada. "Lo que lamento es que ni uno solo de ellos advirtiera que corrían peligro. Algunos estuvieron un año buscando trabajo en lugar de invertir en un negocio propio como el mío."

Actualmente, tan sólo después de cuatro años, John y Brenda Hargett tienen una organización de network marketing que se extiende por los Estados Unidos y partes de Asia. Se encuentran entre las veinte personas con más altos ingresos de Rexall Showcase. "Este negocio le ha brindado a mi familia no sólamente una casa más bella que la anterior, sino un estilo de vida que nunca podríamos haber logrado en un tiempo tan corto desarrollando negocios tradicionales" afirma John.

Él reflexiona acerca de las lecciones que ha aprendido y que otros deberían extraer de su experiencia. "Mi padre trabajó treinta y ocho años en la misma compañía farmacéutica y se jubiló con una pensión muy buena. Mi mamá se quedó en casa para criar cuatro hijos. Era una buena vida.

"Quería ser como mi padre. Siempre me decía que fuera a la universidad, recibiera una buena educación, obtuviera trabajo en una de las mejores corporaciones estadounidenses, trabajara mucho y me mantuviera callado y así sería bendecido.

"La filosofía de mi padre funcionó hasta principios de la década de los 90. Pero todo aquello ha cambiado."

BUSCANDO LA OPORTUNIDAD ADECUADA

El deseo de John Hargett de controlar su propio destino siendo su propio jefe, no tiene nada de inusual. La atracción ejercida por ese sueño ha sido fuente de energía para millones a lo largo de la historia, y ha contribuido a la inspiración de un sostenido flujo de inmigrantes a las costas de Estados Unidos. Sin embargo, muchos de aquellos que alcanzan dicho sueño en el sector tradicional de los pequeños negocios, se encuentran con condiciones no mucho mejores en lo referente a la seguridad del trabajo y nivel salarial, que las de aquellos que dependen de las corporaciones estadounidenses. Las franquicias y los negocios pequeños o familiares representan, para la mayoría, una alternativa imperfecta respecto al mundo corporativo o a sus profesiones. Pueden resultar negocios de alto costo y alto riesgo, que muy probablemente dupliquen, en lugar de reducir a la mitad, el tiempo que usted debe pasar en el trabajo lejos de su familia.

Joan Florence supo en todo momento, que existía un mejor camino que el de trabajar para una gran empresa. Nacida y criada en Cullman, Alabama, Joan tenía otros nueve hermanos—cinco de los cuales, incluida Joan, se convirtieron en enfermeras. Ella era buena en su profesión y se le reconoció cuando obtuvo un empleo en enfermería hematológica para la Cruz Roja estadounidense, en Birmingham.

Sin embargo, después de más de una década de trabajar en enfermería, Joan vio la oportunidad de saltar al negocio de tratamientos para adelgazar, que, a mediados de la década de los 80, era provechoso y popular. Una franquicia fue habilitada en Tuscaloosa, y ella se mudó allí, invirtió sus ahorros y se unió a la creciente legión de mujeres que son dueñas y operan su propio pequeño negocio.

Al igual que en la enfermería, Joan tuvo éxito. Hizo que el negocio fuera fructífero prácticamente desde el día en que lo compró hasta el día en que lo vendió.

"Pero aprendí que ser el propio jefe no es todo lo bueno que se piensa" afirma Joan. "El negocio de los tratamientos para adelgazar es muy volátil. Tenía problemas con los empleados. Tenía gastos fijos. Existen reglamentaciones e impuestos y responsabilidades. Usted se ve afectado por las subas y bajas de la economía, los cambios en las tendencias de los consumidores e incluso las condiciones meteorológicas."

Durante un tiempo, además de llevar adelante su propio negocio, Joan ayudaba a su hermano a administrar el suyo—a dos horas de distancia en automóvil. "Sencillamente, me estaba consumiendo" recuerda.

A comienzos de 1996, recibió por correo un cassette de un amigo que estaba en un tipo distinto de negocio—network marketing. "Pero estaba tan ocupada que el cassette estuvo allí durante tres o cuatro meses hasta que me dispuse a escucharlo." Cuando lo escuchó, quedó impresionada.

Joan comenzó de cero en el otoño boreal de 1996, enviando cassettes a todos sus conocidos y haciendo seguimiento para determinar el interés. "A los pocos meses, el negocio comenzó a despegar. Crecía muy rápido, llegando a todos los puntos del país" Ese rápido crecimiento la hizo a Joan acreedora de jugosas comisiones además de bonificaciones de la compañía. "Al finalizar mi primer año, mi cheque de octubre ya había alcanzado los u$s 16.000 en bonificaciones y vendí mi negocio de tratamientos para adelgazar."

Para Joan, lo más sorprendente de este negocio es lo mucho que difiere de su negocio franquiciado. "Trabajo desde mi hogar, de acuerdo a mi propio horario y no

hay empleados. En la mayoría de los pequeños negocios usted puede pensar que es el jefe, pero en
realidad los empleados lo manejan a usted. ¡En este
negocio se tienen excelentes compañeros de equipo
y una compañía profesional como apoyo, sin ninguno de los dolores de cabeza!"

Tanto Joan Florence como John Hargett tuvieron que enfrentarse a las realidades de una economía en la que, aún cuando se gane una importante cantidad de dinero, siempre hay que estar
atento al hecho de que puede desaparecer de la noche a la mañana—una economía en la que se trabaja cada vez más para mantener una calidad de
vida en constante caída.

> Las franquicias y
> negocios familiares pueden
> tener alto costo y alto riesgo y
> muy probablemente
> dupliquen el tiempo que
> usted debe pasar
> en el trabajo lejos
> de su familia.

¿PROSPERIDAD VACÍA?

Si se miran únicamente los números que a los economistas les encanta mencionar,
es difícil argumentar contra el rendimiento de la economía estadounidense. La inflación casi no existe. El desempleo alcanzó la cifra más baja de los últimos treinta
años. La demanda de los consumidores y la confianza son altas. Millones de estadounidenses que nunca invirtieron en el mercado de valores ahora están armando
considerables carteras personales de inversiones. En febrero del 2000 quebramos el
récord de la expansión más duradera en la economía estadounidense, 107 meses y
no se detiene. ¡Parece que los buenos tiempos van a seguir por siempre!

Sin embargo, bajo la superficie se agitan problemas.

En 1998, en lo más profundo de la crisis financiera asiática, seis economistas líderes se reunieron en la sede de la Cámara de Comercio de Estados Unidos, en
Washington D.C., para colaborar con las personas de negocios en la evaluación del
impacto de los problemas asiáticos en EE.UU. El Primer Ministro de Singapur, Goh,
fue de visita ese día y, cuando se enteró de la presencia de seis economistas, bromeó:
"¡Si acá tienen seis economistas, significa que tendrán doce opiniones distintas sobre lo que va a pasar!"

De hecho, pocos economistas predijeron la crisis desde un comienzo. Un año
antes, en el prestigioso encuentro anual del Foro Económico Mundial en los Alpes
suizos, la clase intelectual política y económica de todo el mundo se había reunido
para predecir el futuro, ¡y una discusión sobre una inminente agitación en Asia, ni
siquiera estaba en la agenda!

Esto resalta lo impredecible de la economía global. Para volver a escribir el
viejo proverbio, parece que cuanto más cambian las cosas, más cosas cambian. ¿Dónde encajará usted a medida que las industrias sigan cambiando y consolidándose?
¿Qué sucederá con su trabajo a medida que las empresas comiencen a estar habilita-

das para mudar tareas administrativas al exterior, gracias a la tecnología de Internet? En este mismo momento su CEO puede estar negociando fusiones. ¿Qué puede significar eso para usted? ¿Cuándo fue la última vez que escuchó que una fusión hubiese provocado un aumento en los puestos profesionales de la organización?

Los buenos tiempos pueden seguir, pero pueden pasar por sobre usted. Esa es una realidad que impulsa a muchos a convertirse en Nuevos Profesionales.

¿SERÁ USTED UN EMPLEADO "JUSTO A TIEMPO"?

A pesar de los datos estadísticos optimistas que en muchos aspectos describen con precisión la economía de Estados Unidos, muchos estadounidenses están preocupados por la seguridad de sus ingresos. Comienzan a darse cuenta de que han comprado casas y automóviles que no pueden pagar, que han demorado la implementación de un plan de ahorros serio y que han generado una prolongación de su período de trabajo y de sus deudas. Sus preocupaciones no son sorprendentes si se considera lo que está pasando en las empresas estadounidenses.

Un informe de Los Angeles Times llega a la siguiente conclusión: "Para muchas empresas, la reducción se ha convertido en una estrategia utilizada tanto en los buenos como en los malos momentos. Gerentes experimentados, muy presionados por los accionistas para aumentar las ganancias, a veces toman el camino más fácil reduciendo costos de personal."

De hecho, el ministerio estadounidense de trabajo informa que, a pesar del crecimiento económico sostenido, 3,6 millones de trabajadores fueron despedidos durante el último período de dos años del cual se disponen estadísticas. Estos trabajadores habían mantenido sus puestos por tres años o más. Aproximadamente otros seis millones más con menos de tres años de trabajo, también perdieron sus puestos. En tan sólo los primeros diez meses de 1998, se redujeron 523.000 puestos de trabajo, a un ritmo que supera en 200.000 puestos al año anterior.

Ya sea que las reducciones de puestos de trabajo se deban a grandes fusiones, a la pérdida de ventas de exportaciones asiáticas o a la necesidad de economizar para satisfacer a los inversores, la lista de corporaciones en reducción de personal crece más y más. En 1998, la lista de reducciones incluyó a:

AT&T	18.000
Motorola	15.000
Raytheon	14.000
Seagate	10.000
Xerox	19.000
BankAmerica	18.000
Travelers Group	18.000
First Union	17.480
Sunbeam	16.400
United HealthCare	15.400

Hacia finales de 1998, se proyectaba que 9.000 trabajadores perderían sus empleos como resultado de la fusión entre los gigantes petroleros Exxon y Mobil. Boeing anunció un programa de reducción a dos años que produciría un recorte de su personal hasta quedar con 53.000 personas. En 1999, mega-fusiones como Daimler-Chrysler, MCI-Sprint y muchas otras trajeron mayor inseguridad laboral a decenas de miles de profesionales bien remunerados.

En la década de los 80, el concepto de entrega "justo a tiempo" se popularizó en la industria estadounidense. En esta práctica comercial, las compañías logran eficiencia en las etapas de entrega, depósito y producción al hacer pedidos de materias primas y componentes sólo cuando los necesitan; y los transforman en productos terminados sólo cuando se los piden. Un sistema de transporte más eficiente y tecnología informática más sofisticada hicieron posible este concepto de sentido común.

Jeffrey Pfeffer, profesor de Administración de la Universidad de Stanford considera que la creciente práctica industrial de despidos como estrategia de primer recurso es equivalente a lo anterior; la consecuencia para los trabajadores se denomina "empleo justo a tiempo".

"Existen compañías que no retienen a los trabajadores ni un minuto más de lo que los necesitan" le dijo a *Los Angeles Times*. "Retienen inventarios de productos durante largo tiempo, pero no quieren retener inventarios de personas."

John Dorfman, gerente y comentarista financiero, destaca la cruel ironía de que los anuncios de despidos masivos suelen desatar aumentos del precio de las acciones de la compañía. "Es un acto reflejo" escribe. "Prácticamente cada vez que una empresa anuncia reducciones de puestos de trabajo, los inversores aumentan la apuesta. Me irrita muchísimo."

Más aún, Dorfman destaca que si las empresas intentan impresionar a los inversores, la impresión generalmente no dura mucho tiempo. "Además de mostrar insensibilidad y dar evidencia de mala planificación corporativa, los recortes de puestos de trabajo ni siquiera resultan efectivos para el rendimiento de las acciones luego de uno o dos años." Su propia encuesta de empresas que se habían reducido anteriormente demostró que las acciones de siete de cada diez tenían un peor desempeño que el mercado en su conjunto.

Mediante una encuesta propia, haciendo eco de la conclusión de Dorfman, el diario Los Angeles Times informa: "Los expertos afirman que los sorprende que tantas compañías utilicen los despidos como primer recurso, especialmente porque los estudios han demostrado que la reducción por sí sola no logra los resultados deseados" El estudio menciona a Theresa Welbourne, profesora de la Universidad Cornell, quien enfatiza que una compañía debería tener en cuenta el clima que genera en el lugar de trabajo cuando despide empleados. "La reducción suele conducir a las empresas en una espiral descendente. Los empleados de mejor desempeño buscan otros trabajos y eso a la larga repercute en las ganancias de la empresa."

Ser despedido es quizás la manifestación más extrema del trastorno global del medio ambiente del empleo corporativo. El Times menciona encuestas cuyos resultados arrojan que "más de la mitad de todos los trabajadores estadounidenses han sufrido los efectos de las reducciones, han trabajado en una empresa que se fusionó con otra o que fue comprada, o han debido mudarse a otra ciudad debido a su trabajo."

La tercerización de tareas con la finalidad de reducir los gastos fijos de las empresas ha hecho explosión, con serias consecuencias para los trabajadores. En 1998, las empresas encargaron a terceros el 15% del total de su fabricación. En el año 2000, se estimaba que esa cifra llegaría a más del 40%.

Pero el fenómeno de tercerización de tareas con sus consecuentes despidos ya no se restringe únicamente a los operarios fabriles. En años recientes, la mayoría de las personas cuyos puestos fueron eliminados, eran trabajadores con al menos algún estudio universitario. Los empleados mejor remunerados —aquellos que ganan por lo menos u$s 50.000 por año— representan actualmente el doble en lo referente a pérdida de empleos en comparación con la década de los 80.

> En 1998, las empresas encargaron a terceros el 15% del total de su fabricación. En el año 2000, se estimaba que esa cifra llegaría a más del 40%.

No resulta sorprendente que los empleados sientan menos apego, lealtad y compromiso con sus compañías —y mayor competencia en relación a sus colegas, a medida que la idea de "o ellos o yo" invade el lugar de trabajo. En una encuesta, el 75 % de los empleados sostienen que las empresas son actualmente menos leales a los empleados de lo que lo eran hace diez años. El setenta por ciento coincide en que hoy en día la mayoría de los trabajadores compiten más con sus colegas, en lugar de cooperar con ellos.

Existen además indicios de que el clima de miedo económico se ha expandido desde el lugar de trabajo a la comunidad y al hogar. Cuando USA Today le pidió a los baby boomers de entre 32 y 50 años que escribieran al periódico detallando cómo se sentían respecto a la seguridad de sus empleos profesionales, las respuestas incluyeron historias amargas y punzantes sobre respeto perdido, matrimonios destruidos e inclusive pensamientos suicidas. Una persona respondió reseñando tristemente la decadencia de su barrio, anteriormente un suburbio amigable y próspero: "Una mentalidad de búnker ha reemplazado a la comunidad de vecinos. Una existencia nómade ha usurpado el concepto de echar raíces—de vivir en un lugar para toda la vida. La seguridad que proviene de la estabilidad es lo que más desean los boomers. Y es exactamente eso lo que hoy en día es tan difícil de lograr."

Otro lector, que había trabajado veinticinco años en una importante petrolera antes de perder su empleo, lo dijo sin tapujos: "lo pueden llamar reingeniería, reestructuración, reducción, pero el significado sigue siendo que usted ha sido despedido."

Parece una contradicción que tales importantes despidos ocurran en medio de una economía en crecimiento y un mercado de valores alcista. Parece igualmente contradictorio que en un momento en que se deja ir a algunos trabajadores, se traigan a otros al país con visas especiales, para hacer tareas que las empresas sostienen que no pueden realizar con trabajadores locales.

Otros empleados afirman que se les exige trabajar cada vez más horas extras. Un trabajador de una compañía telefónica, con veinticuatro años de antigüedad, fue despedido por negarse a trabajar horas extras ya que, al no tener pareja, tenía que cuidar de sus hijos. De ahí que muchos empleados que sobreviven al torrente de la reducción, observan que su ambiente de trabajo es más competitivo, más tensionante y con mayor demanda de tiempo. El triunfo en la "carrera de ratas" corporativa lleva a muchos a poner en segundo lugar a su familia y la calidad de vida.

Para ser justos y equitativos con los empleadores, algunos aspectos deben ser tenidos en cuenta.

En primer lugar, un ambiente competitivo exige que las compañías mantengan un estricto control de gastos, caso contrario todos los empleos de la compañía podrían estar en riesgo.

Segundo, las investigaciones muestran que la mayoría de los trabajadores despedidos encuentran empleo en un breve período de tiempo. Aunque algunos ganan menos, muchos otros en realidad ganan más que en su anterior posición.

En tercer lugar, muchas compañías están intentando adaptarse a las necesidades individuales de los trabajadores, ofreciendo la posibilidad de trabajar horas extras a quienes tienen tiempo para ganar más dinero, y paralelamente permitiendo a otros reducir sus horarios, trabajar cuatro días por semana o desde sus hogares para equilibrar sus responsabilidades laborales y familiares.

En cuarto lugar, rígidas reglamentaciones gubernamentales referentes a la contratación y despido de personal, regulaciones complicadas, crecientes impuestos sobre las nóminas de personal y una explosión de litigios laborales significan para las compañías, que los costos para mantener a un trabajador se extienden mucho más allá del salario de esa persona. Los gremios y abogados litigantes pelean por preservar este estado de cosas.

De hecho, a veces parece como si los gobiernos nacional, estatal y local se esmeraran en ubicar al empleo tradicional en la lista de especies en peligro de extinción.

Se incrementan los niveles de salario mínimo, haciendo más difícil incorporar a los trabajadores locales en los empleos de nivel inicial. Los nuevos decretos sobre salud y la amenaza de demandas por responsabilidad hacen que sea más costoso y riesgoso brindar cobertura médica a los empleados. En California, se ha vuelto a poner en vigencia una reglamentación anacrónica que exige considerar como horas extras las trabajadas luego de un día de ocho horas (en lugar de las trabajadas luego de una semana de cuarenta horas).

En la próxima década, la ergonometría podría convertirse en la más compleja reglamentación sobre lugares de trabajo. La Administración de seguridad y salud ocupacional (OSHA) está decidida a seguir adelante con una reglamentación que podría ser el marco regulatorio más costoso en la historia de los EE.UU.

Cuando un gobierno implementa nuevas reglamentaciones como la expuesta, se pone en juego mucho más que un costo agregado o una nueva carga burocrática. Al buscar implacablemente reglamentar cada vez más los lugares actuales de trabajo, el gobierno pondrá a prueba la paciencia de las empresas, en lo referente a sostener el enorme costo de mantener oportunidades laborales tradicionales.

Pueden admirarse muchas cosas de un sistema que produjo una economía fuerte y productiva con muy baja desocupación y virtualmente sin inflación—una economía envidiada en todo el mundo. El presidente de la Cámara de Comercio de EE.UU. y CEO, Thomas J. Donohue lo dice sin rodeos: "¡No le pidan al mundo de los negocios que se disculpe por ser la única institución de este país que realmente funcionó!"

Sí que ha funcionado. La libre empresa ha traído prosperidad y oportunidad incalculable a nuestro país y a países alrededor del mundo que han imitado el sistema estadounidense. Pero ese sistema está atravesando profundos cambios y son muchos los que han llegado a darse cuenta de que deben cambiar con él. Millones de estadounidenses están abandonando ese ambiente inseguro o construyendo alternativas alrededor de él para poder alcanzar vidas más seguras y prósperas para ellos y sus familias. Quieren hacerse cargo de sus propias vidas una vez más. Son los Nuevos Profesionales.

FRANQUICIAS Y NEGOCIOS FAMILIARES: LA ALTERNATIVA IMPERFECTA

Para millones de estadounidenses, la respuesta ha sido la misma que fue para Joan Florence: ser su propio jefe desarrollando un pequeño negocio o comprando una franquicia. El camino del emprendimiento atrae a tantas personas debido a que proporciona una oportunidad de desarrollar algo por cuenta propia. Las ideas y la creatividad cuentan. El trabajo intenso da resultado. Usted tiene derecho a triunfar y derecho a fallar. Usted se siente a cargo de su destino.

Los hombres y mujeres que son dueños y manejan pequeños negocios y aquellos que son autónomos, representan una fuerza económica y social que trae mucha creatividad, energía, invenciones y nuevos empleos a nuestro país. Tenga en cuenta estos desarrollos:

- Hoy en día, más de 22 millones de pequeños negocios operan en los EE.UU, negocios que en su conjunto emplean a la mitad de los trabajadores y crean dos de cada tres nuevos puestos.

- Las mujeres son dueñas de más del 33 por ciento de estos negocios y los están creando a un mayor ritmo que lo hacen los hombres. Compare esto con lo que ocurre en el mundo corporativo, donde, según Bussiness Week, las mujeres representan sólo un 11,2 por ciento del total de funcionarios de las 500 firmas más importantes. Tan sólo en treinta y dos de dichas compañías las mujeres constituyen el 25 por ciento o más de los cargos gerenciales. En 125 empresas no hay mujeres en tales cargos.

- Aproximadamente, un 15 por ciento de trabajadores estadounidenses son autónomos. Los 12,1 millones de autónomos exceden el número de estadounidenses que pertenecen a gremios del sector privado. Escuchamos mucho sobre dichos gremios en los medios, pero no tanto sobre esta fuerza laboral enérgica y en crecimiento.

Desarrollar un pequeño negocio y ser uno su propio jefe, representa una respuesta obvia a la creciente incertidumbre y la calidad de vida en incesante deterioro que caracterizan a los empleos masivos. Demuestran ser adaptaciones satisfactorias para millones de personas. Sin embargo, muchos otros descubren que esta supuesta solución crea nuevos problemas.

En 1996, poco más de 170.000 nuevos negocios se crearon formalmente en los Estados Unidos. Ese mismo año, 72.000 negocios fallaron. La mayoría de estos pequeños emprendimientos cierran sus puertas durante los primeros cinco años de funcionamiento.

Iniciar un pequeño negocio puede agotar sus ahorros familiares y obligarlo a endeudarse profundamente —incluso hipotecar su casa— para conseguir la financiación necesaria. Es probable que necesite esa financiación si, por ejemplo, quiere comprar una buena franquicia en un negocio importante; ¡le pueden costar desde u$s 100.000 hasta u$s 500.000 y más!

De acuerdo a una reciente encuesta sobre dieciséis oportunidades de franquicias líderes en 1999, el cálculo de la inversión total requerida, incluyendo tarifas de franquicias, era el siguiente:

Taco John´s Restaurant	u$s 310.000-u$s 550.000
Dunkin´ Donuts	u$s 124.470-u$s 808.559
Golden Corral Steaks	u$s 1.200.000-u$s 3.400.000
Marco´s Pizza	u$s 160.000
Dairy Queen	u$s 147.240-u$s 585.140
Great Harvest Bread Co.	u$s 150.000
Burger King	u$s 320.00-u$s 1.900.000
Jimmy John´s Gourmet Sandwich	u$s 76.400-u$s 203.400
Rita´s Real Italian Ices	u$s 115.000-u$s 218.000
Cousins Subs	u$s 156.700-u$s 239.000
Heavenly Ham	u$s 98.000-u$s 236.000
Mazzio´s Pizza	u$s 309.000-u$s 976.000
The Pizza Ranch	u$s 273.500-u$s 428.500
Baskin-Robbins USA	u$s 189.427-u$s 406.655
Perkins Family Restaurant	u$s 1.500.000-u$s 2.500.000
McDonald´s	u$s 413.000-u$s 672.200

Si usted tiene un historial breve o inexistente, puede resultar muy difícil conseguir los préstamos bancarios requeridos para financiar franquicias u otros pequeños negocios en formación. Una encuesta reciente del U.S. Census Bureau concluyó que inclusive con las actuales bajas tasas de interés, a casi el 49 por ciento de los pequeños comerciantes les resulta más difícil conseguir financiación que en el pasado. Además, aún estando dentro de lo que se supone que es una economía fuerte, el número de pequeños negocios que reportaron un crecimiento en las ventas, cayó a su nivel más bajo desde 1968. Este es un desarrollo nefasto porque las empresas más pequeñas representan un poco más de la mitad de la producción del total de la economía estadounidense.

Para contribuir con los dolores de cabeza de los hombres de negocios, el gobierno en todos sus niveles continúa apilando capas de reglamentaciones opresivas y a veces contradictorias. Los inspectores de seguridad de la OSHA han informado oficialmente que van a comenzar a aplicar también a los pequeños negocios. las reglas diseñadas para las grandes empresas—compañías que tienen a su disposición recursos humanos y personal de seguridad en cantidad, sin mencionar equipos de abogados. Ya hemos visto en sesiones del congreso cómo el IRS (organismo impositivo) se había enfocado en negocios más pequeños y granjas familiares, que no tienen recursos para defenderse.

Considere los aumentos en los impuestos salariales, las nuevas órdenes en el sistema de salud y los incrementos adicionales obligatorios sobre el salario mínimo, como incrementos sustanciales del costo de mantener empleados. Y si uno de esos empleados se enfadara o quisiera aprovecharse de un empleador, siempre puede encontrar un abogado ansioso por ayudar a dejar al empleador en la ruina, por una tarifa mínima.

Afortunadamente, los Estados Unidos es el hogar de millones de emprendedores valientes y obstinados. que siguen impulsando la maquinaria de la pequeña empresa, esencial para la economía del país. Sin embargo, tal como Joan Florence y muchos otros descubrieron, "ser el propio jefe" no los llevó a la clase de seguridad financiera, libertad de tiempo y estilo de vida que soñaban. Puede haber sido un paso importante en el viaje a la independencia financiera, pero no era un destino satisfactorio en sí mismo.

PONERSE DEL LADO CORRECTO DEL CAMBIO

El renombrado empresario del network marketing Todd Smith ha tenido una visión del pequeño empresariado prácticamente desde todos sus ángulos y ha sido exitoso en todo lo que encaró. Ha considerado cuidadosamente las partes buenas y malas de los distintos enfoques comerciales y profesionales—especialmente en la nueva economía.

Oriundo de Elgin, Illinois, Todd se sumergió en el mundo laboral apenas terminó el colegio secundario y pronto recibió un título de la "Escuela de los Golpes Duros".

"En el verano de 1981 conseguí trabajo cavando pozos y extendiendo cables para una compañía local de TV por cable" recuerda Todd. "¡Me despidieron el día de mi cumpleaños! Luego, en la época de Navidad obtuve un trabajo temporario en UPS para ayudar a superar el pico de actividad de la etapa navideña. ¿Adivinen qué me pasó después de Navidad?"

Despedido de dos trabajos en seis meses, Todd decidió que el emprendimiento de un negocio —siendo su propio jefe— tenía que ser su pasaje al éxito. Se mudó a Chicago a pedido de su hermano mayor y comenzaron un negocio de serigrafías que vendía remeras, gorras y otros productos. "Comenzamos con una inversión de u$s 3.000, y en cuatro años y medio logramos un negocio de un millón de dólares y teníamos 25 empleados" explica. Fue una importante experiencia de aprendizaje para un joven que no superaba los 25 años. "Claro que era mi propio jefe" destaca, "pero trabajaba 90 horas por semana y el negocio sólo me aportaba u$s 35.000 por año como ingreso personal."

Por eso, a los 23 años de edad, Todd comenzó a vender bienes raíces. Rápidamente se convirtió en el segundo agente más productivo en el rubro de bienes raíces de Illinois, con un ingreso anual superior a los u$s 400.000 en su año de máximo rendimiento a finales de la década de los 80.

Pero con una familia joven y en crecimiento, Todd se descubrió cuestionando el significado del éxito. "Estaba agotado" explica. "No podía salir con mi mujer un viernes por la noche sin que el equipo de radiollamada sonara unas diez veces. Salía de la iglesia el domingo y tenía quince mensajes en el contestador. Mientras tanto, el rubro de bienes raíces estaba cambiando. Las comisiones bajaban un punto, luego otro punto, luego otro punto más.

"Finalmente llegué a una situación en la que tuve que tomar una decisión. Eso no era lo que quería hacer el resto de mi vida. Quería algo diferente.

"Era muy metódico en mi búsqueda de un nuevo emprendimiento" comenta. "Tomé un anotador e hice una lista de todo lo que había aprendido y de lo que quería de un negocio.

"Quería algo que pudiera desarrollar a medio tiempo, algo que pudiera desarrollarse mientras mantenía mi ingreso de bienes raíces. Quería hacer negocios por mi cuenta pero estar respaldado por productos y una infraestructura sólidos. ¿Dónde estaba este negocio ideal? Sabía que lo encontraría en algún lado."

Un día Todd vio un aviso en una revista que "encendió todas las luces de alarma", recuerda. Pero cuando descubrió que era para comenzar una distribución por network marketing para Nu Skin Enterprises, Inc. Todd se desilusionó y se tornó escéptico. Pero mantuvo la mente abierta.

"Llegué a comprender el poder de generar un ingreso potenciado, que pudiera ser desarrollado a tiempo parcial, y que me permitiera aprovechar al máximo todos mis contactos en el área inmobiliaria. Y comprendí que era un negocio portátil, lo cual era esencialmente importante porque ya habíamos decidido que queríamos mudarnos a Florida y enfocarnos en la calidad de vida de nuestra familia.

Cuando usted se libera de todos los dolores de cabeza inherentes al viejo modelo, puede concentrar toda su atención en clientes, ventas e ingreso.

Todd comenzó a trabajar en la distribución de Nu Skin en mayo de 1990 y en cuatro meses desarrolló una organización de 1.600 distribuidores y generó u$s 200.000 en volumen de ventas. Su primer cheque, luego de cuatro meses de esfuerzo a tiempo parcial fue de u$s 31.600.

Más tarde se trasladó a Rexall Showcase International, estando posicionado entre las personas de más altos ingresos. Pero es más que el dinero lo que agrada a Todd.

"En cuanto a mí, no tengo estrés. Mi viaje al trabajo consiste en la cantidad de pasos que me lleva caminar desde mi habitación a la oficina dentro de mi casa. Y de la manera en la que lo veo, estoy en dos negocios. Uno transforma la salud, longevidad y vitalidad de la gente por medio de productos únicos que surten efecto. Y el otro transforma las finanzas y el estilo de vida de personas ambiciosas por medio de una oportunidad comercial única.

Desde su posición de éxito como Nuevo Profesional, Todd Smith ahora cree que "la mayor parte de la población podría ser autónoma en un futuro cercano, estén listos o no. Ya no se puede depender de su empleador o de su trabajo para proveer seguridad o inclusive mantenerse en actividad. ¿Cuánto tiempo podría durar usted?

"Si usted es un empleado que trabaja para otra persona, debería encontrar un nuevo modelo para tomar el control de sus finanzas."

Lo mismo se aplica a dueños de negocios o a profesionales de la salud, judiciales u otros. "Si usted es dueño de un negocio, no está exento" afirma Todd. "La mayoría está abrumada por gastos fijos, impuestos y problemas con los empleados. Ser dueño de un pequeño comercio tradicional puede ser una trampa mortal financiera —usted paga una fortuna para ingresar y todo lo que obtiene es un ingreso promedio."

Al igual que la situación que enfrentan los empleados que trabajan para otra persona, el viejo modelo de ser dueño de su propio negocio y ser su propio jefe también terminó.

Muchas personas enfrentan este nuevo paisaje económico e ignoran los cambios. Siguen confiando en aquello en lo que ya no puede confiarse para obtener seguridad financiera y calidad de vida. Otros juegan el juego de la culpa, azotando rencorosamente a las corporaciones, el gobierno o la situación del mundo en general. Pero Todd Smith y otros Nuevos Profesionales nos recuerdan: "Usted puede protegerse y liberarse de la dependencia de los viejos modelos. Usted tiene opciones."

Acompañando cada período de cambios tumultuosos, surgen incitantes nuevas posibilidades para quienes estén dispuestos a verlas y a aprovecharlas. Muchos Nuevos Profesionales encuentran en el network marketing un nuevo modelo de negocio, uno que combina los mejores atributos que solían brindar el empleo tradicional y las pequeñas empresas, pero que también ofrece ventajas que no se encuentran en ningún otro lugar:

- Es una oportunidad financiera con base en el hogar. No se requiere un local comercial ni pagar alquiler —tan sólo se requiere un teléfono, un aparato de fax y una computadora personal. Su viaje al trabajo dura lo que tarde en caminar por el corredor de su casa.

- No involucra empleados, nóminas, horarios, impuestos sobre la nómina, pedidos de compensación de trabajadores—no genera dolores de cabeza por tener empleados.

- Ofrece potencial para un rápido incremento del ingreso y para un alto ingreso, porque cuando usted se libera de todos los dolores de cabeza inherentes al viejo modelo, puede concentrar toda su atención en clientes, ventas e ingreso.

- Desarrolla un ingreso seguro diversificado, un ingreso residual que paga una y otra vez por la misma actividad y que le paga además por los esfuerzos de otras personas que usted incorpore al negocio.

Ponerse del lado correcto del cambio económico global no significa necesariamente arrojar por la borda su carrera y estilo de vida actuales. Sí significa administrar su carrera de manera flexible, diversificada y emprendedora. Los días en los que se trabajaba en un único puesto por un salario, están terminando. Una carrera emprendedora significa diversificar sus actividades y desarrollar varias fuentes de ingreso. Para algunas personas, eso puede significar un trabajo o carrera y un negocio de network marketing al margen. Otros pueden buscar que su negocio se convierta en una actividad de tiempo completo e invertir parte de esas ganancias en otros negocios, acciones o propiedades. Pero para todos puede significar la recuperación del control de su vida financiera y personal—navegando con éxito un tormentoso mar de cambio.

Robert Kiyosaki, escritor y gurú en inversiones, lo resume de esta manera: "Es hora de que la gente comience a preocuparse por su propio negocio. Tener un trabajo significa que usted cobra por preocuparse por los negocios de otros. En esta nueva economía, usted cobra por preocuparse por su propio negocio.

"El concepto de que usted vaya al colegio, obtenga buenas calificaciones, encuentre un trabajo seguro y estable y luego su compañía y el estado cuiden de usted es fundamentalmente de la Era Industrial. Era un buen programa—siempre y cuando usted hubiera nacido antes de 1930."

Richard y Mary Reed de Minnesota lograron comprender esta realidad. Comentan que siempre han sido emprendedores de alma, pero al provenir de un medio ambiente convencional y conservador, Richard siguió la ruta corporativa, mientras que Mary probó alternativas en distintos tipos de negocios. "Siempre creímos en el network marketing pero nunca tuvimos mucha suerte en lo referente a encontrar la compañía adecuada" afirma Mary.

> **U**na carrera emprendedora significa diversificar sus actividades y desarrollar varias fuentes de ingreso.

Al comenzar Mary un negocio vía Pre-Paid Legal Services, Richard continuó con su exitosa carrera corporativa. Pero luego de veinticinco años de actividad, comenzó a cansarse de esa vida—cansarse de ganar mucho dinero para otros. También comenzó a evidenciar un miedo realista de que una persona más joven pudiera reemplazarlo. Mary recuerda: "cuando hace unos años asistimos a un viaje como reconocimiento para los productores más importantes de la compañía de Richard, miramos a nuestro alrededor y no vimos nada de felicidad en la multitud. Lo que vimos y oímos era el temor de volver a sus hogares y comenzar a trabajar en los objetivos del año siguiente. Existían objetivos más exigentes, división de cuentas y territorios, más viajes y menos recompensas."

Los Reed sabían que era tiempo de aventurarse por cuenta propia. "Realmente hemos disfrutado la libertad de trabajar por nuestra cuenta y poder contribuir al lanzamiento de nuestra compañía en Minnesota" comenta Mary.

"Qué buena sensación poder mirar a los ojos a los parientes que dudan y decirles con orgullo que la compañía en la que usted está encabeza la American Stock Exchange y la lista de la revista Forbes de las mejores pequeñas compañías de Estados Unidos. Ninguna de las compañías en las que ellos alguna vez trabajaron tiene esa credibilidad.

"¡Lo sorprendente es que esto está recién comenzando!"

En un momento de gran trastorno económico, el network marketing aparece como una oportunidad para que la gente transicione a nuevas oportunidades y a un ingreso más seguro. A medida que el ritmo de este cambio económico aumenta y a medida que más personas se dan cuenta de que necesitan, y de hecho tienen, mejores opciones, las filas de Nuevos Profesionales crecerán en una proporción asombrosa en los Estados Unidos y en el mundo.

Sin embargo, tal como veremos en el próximo capítulo, este crecimiento está impulsado por factores que van más allá del dinero.

CAPITULO 3

La Búsqueda de Libertad de Tiempo

¿Qué significa estar empobrecido? ¿Cómo saber si usted está en quiebra? Depende de cuál sea su definición.

¿Es posible tener un ingreso de seis cifras, pagar todas sus cuentas a tiempo, ser requerido por sus servicios de consultoría por las compañías más grandes de Estados Unidos —y aún así estar en la pobreza? Tom Bissmeyer sabe por experiencia personal que así es.

"Aprendí el método del éxito de la vieja escuela" explica. "Obtén una buena educación, trabaja mucho, mantén tus referencias impecables, y todo saldrá bien. De manera que eso es lo que me propuse hacer."

Luego de obtener su título y posgrado en negocios y finanzas, Tom comenzó a trabajar en una empresa internacional de contabilidad y consultoría. "Esa fue mi primera exposición al hecho de que trabajar arduamente no era lo único que me haría ascender. También dependía de a quién conocía uno." Luego de ser requerido para formar parte de un equipo de adquisición de capital para un importante desarrollo inmobiliario, Tom parecía tener posibilidades de éxito. Eran mediados de la década de 1980, la economía se hallaba en franco crecimiento, y Tom y su equipo recaudaron más de 100 millones de dólares para financiación en un año. Sin embargo, la recompensa por sus esfuerzos fue una pequeña bonificación.

"Esto me enseñó otra valiosa lección sobre el mundo de los negocios," explica. "Si usted de veras quiere que le paguen lo que vale, ¡entonces mejor que sea usted mismo quien escriba el cheque!"

Después de haber aprendido esa lección, Tom decidió incursionar en los negocios por su cuenta y, con gran esfuerzo y algunos golpes de suerte, desarrolló un negocio de consultoría, conferencias y entrenamiento. Asesoraba a algunas de las compañías más importantes de los Estados Unidos y se convirtió en un requerido conferencista sobre planificación financiera.

Había un solo problema. "Al poco tiempo trabajaba siete días a la semana," explica Tom. "A menudo desarrollaba tareas de consultor corporativo durante la semana, y conferencias por contrato durante los fines de semana. Esto continuó durante varios años. Me encontré a mí mismo pasando más de 250 días por año viajando."

Desde una perspectiva financiera, Tom no se podía quejar. Sus ingresos estaban dentro de la categoría de seis cifras. "Pero desde una perspectiva familiar y de vida, estaba en quiebra," admite. "Aunque proveía económicamente a mi familia, no era la clase de esposo y padre que quería ser para ellos."

El conflicto era inminente. Tom recuerda haber escuchado las primeras palabras de su hija por teléfono, y enterarse de sus primeros pasitos a través de una llamada de su mujer, Lynne. Cuando nació el segundo hijo de la pareja, en 1992, Tom estaba decidido a participar. Se tomó tres semanas. "Mi familia me necesitaba y yo quería estar allí, pero perdí ingresos por más de 40.000 dólares por no trabajar."

Se sentía atrapado. "Me di cuenta de que había construido un monstruo que me estaba comiendo vivo. No tenía idea de cómo alcanzar un equilibrio entre el trabajo y las otras partes de mi vida. Si disminuía mi ritmo aunque sea por un segundo, mis ingresos disminuían al mismo ritmo," expresó Tom.

Al menos convertirse en consultor fue una decisión que Tom tomó por su cuenta. En la economía actual, muchas compañías toman esa decisión por usted. Tal como se discutió en el capítulo anterior, la nueva ética corporativa es quitarse de encima todos los costos y obligaciones posibles a largo plazo para cumplir tanto el examen de la competición global como el de Wall Street, que habitualmente celebra las reducciones y despidos con un aumento del precio de las acciones. Tercerizar y convertir a los empleados en consultores es, desde el punto de vista de la compañía, una manera efectiva de recibir servicios sin todos los gastos fijos y obligaciones que un empleado regular de tiempo completo puede ocasionar.

> Muchos de nosotros pasamos por la situación de tener que convencernos de tomar una decisión importante sobre nuestras vidas y profesiones, en un momento en que la evidencia y la lógica son tan apremiantes que la necesidad de actuar se nos hace evidente.

Algunos profesionales consideran favorables estas nuevas modalidades. Más flexibilidad, mayor sentimiento de independencia, la capacidad de encargarse de más de un proyecto y diversificar trabajo e ingresos, pueden ser algunos de los beneficios. Pero Tom Bissmeyer tiene una advertencia para todos aquellos que elijan o que sean obligados a ingresar al mundo de la consultoría.

"Me di cuenta de que existe algo peor que un jefe: son los clientes. Manejaban mis horarios y mis viajes. No les importaba si era el cumpleaños de mi hijo, mi aniversario u otra fecha importante en nuestras vidas. Básicamente decían que si quería seguir siendo su consultor, tenía que estar disponible cuándo y dónde me necesitaran. Si no, fácilmente podían encontrar a otro."

En 1992, Tom estaba harto. "Siempre me consideré un estudiante del éxito. Me convencí de que habría un negocio por ahí que me permitiría continuar trabajando por mi cuenta, generar ingresos superiores al promedio, controlar mi propio cronograma de viajes y desarrollar un ingreso potenciado. ¡Estaba decidido a encontrarlo!"

Pero no se encuentra un ingreso de seis cifras como el de los Bissmeyer con tanta facilidad. Por medio de un proceso de análisis y eliminación, Tom comenzó a clasificar las oportunidades. "Analicé otros tipos de consultoría que no exigían tantos viajes, pero aún así tenía que lidiar con todos los asuntos de los clientes. Analicé las franquicias, pero no me entusiasmaba la idea de invertir medio millón de dólares y ganarme la vida manejando a un grupo de adolescentes."

A medida que analizaba opciones menos atractivas, Tom tomó en consideración por primera vez con seriedad al network marketing. Había estado en contacto con el negocio antes pero, al igual que muchos profesionales encumbrados, acumulaba un gran bagaje cultural sobre la industria. Sin embargo, decidió mantener la mente abierta y por primera vez estudiar la industria y su historial.

"Cuanto más comenzaba a leer y aprender sobre la industria, más ansioso me ponía," comenta Tom. "Comencé a profundizar en serio. Analicé varias compañías y estudié con cuidado los planes de compensación.

"Parecía que el network marketing ofrecía todo lo que yo buscaba: se podía iniciar a tiempo parcial y luego pasar a hacerlo a tiempo completo; ofrecía un ingreso potenciado en comparación a uno que dependiera solamente de mis propios esfuerzos; ofrecía potencial de ingreso ilimitado si realmente estaba dispuesto a trabajar intensamente, y un horario flexible que me permitiera estar con mi familia y mantener esas partes de mi profesión actual que realmente me gustaban, como hablar en público.

"Podía elegir con quién trabajar. El capital necesario para ingresar al negocio era extremadamente bajo. Además de que podíamos trabajar desde casa, dado que se trata de un negocio portátil, ¡Lynne y yo también podíamos elegir donde queríamos que esa casa estuviera!"

Muchos de nosotros pasamos por la situación de tener que convencernos de tomar una decisión importante sobre nuestras vidas y profesiones, en un momento en que la evidencia y la lógica son tan apremiantes que la necesidad de actuar se nos hace evidente. Pero igual dudamos y nos resistimos, y a veces no logramos dar ese primer paso. Tom sintió esas mismas presiones y ansiedades. El resultado del análisis que había hecho era extremadamente abrumador, pero él se preocupaba de todas maneras. "¿Qué van a pensar mis amigos? ¿Qué van a decir mis colegas? ¿Y si fracaso?"

Su resolución para actuar se hacía aún más difícil por tratarse de una persona a la que la sociedad le había puesto el cartel de "exitoso" —ingreso alto, clientes prestigiosos, notoriedad como orador solicitado, una esposa cariñosa y dos hijos, una niña y un niño. Perfecto.

Pero Tom superó sus dudas y complacencia y dejó de vivir de acuerdo a lo que los demás definen como éxito. Ingresó al network marketing en la primavera boreal de 1993. "Creo que para los profesionales exitosos, una de las claves más grandes del temprano triunfo en el network marketing es desarrollar un fuerte 'por-qué'. Mi porqué era tan grande que pude mirar más allá de las personas negativas."

A Tom Bissmeyer le llegó el éxito —de nuevo. Pero no quería que nadie pensara que era fácil. "Fue necesario mucho esfuerzo para que funcionara y sufrí muchas derrotas en el camino. Durante los primeros años, muchas veces tuve ganas de abandonar. Pero al tener un fuerte porqué, pude mantenerme enfocado durante los momentos duros."

La decisión más difícil para Tom apenas hubo comenzado su negocio de network marketing, fue pasar a dedicarse a él a tiempo completo al noveno mes, cuando aún no había alcanzado el nivel de ingresos que obtenía como consultor y orador. "Sólo necesité un salto de fe," afirma.

Dio resultado. Actualmente, Tom es uno de los networkers más exitosos del país, con un ingreso que se acerca a las siete cifras. "Y anticipo que con seguridad se duplicará en los próximos años," agrega.

Pero más importante es el equilibrio que Tom restituyó a su vida. "Ahora tengo el control completo de mis horarios," explica. "Con el calendario escolar de mis hijos a la vista, planifico mis actividades de negocios en torno a eso —¡qué cambio!"

Recientemente los Bissmeyer cumplieron otro sueño al mudarse al pie de las Montañas Rocosas. "Una de las grandes alegrías de este negocio es que puedo trabajar desde mi hogar," afirma Tom. Recientemente, vivió uno de esos momentos que aunque parecen muy comunes, en realidad son especiales, y que sirvió para recordarle como ha mejorado su vida: "Estaba en mi oficina sosteniendo una tele-conferencia triple con un distribuidor. Toda la familia estaba ahí conmigo. Mi esposa estaba sentada ante la computadora mandando mensajes por correo electrónico a algunos amigos. Mi hija se hallaba haciendo su tarea en mi escritorio. Mi hijo estaba dibujando. Nuestro perro descansaba frente a la chimenea.

"Pensaba que tenía que sacrificar esos importantes momentos familiares para ser exitoso y encargarme de mi familia. Estaba equivocado. ¡Oye... qué equivocado estaba!"

Tom Bissmeyer sabe que esa misma trampa ha atrapado a muchos otros profesionales exitosos. "Me asombra el número de profesionales bien remunerados que me dicen que están desilusionados con sus carreras y sus vidas," comenta. "Cuando me cuentan sus objetivos, son notablemente similares a los que yo mismo tenía, pero me resultaban esquivos.

"Sinceramente me puedo relacionar con sus frustraciones porque también las tuve. Realmente creo que encontré una mejor manera de vivir y trabajar, y es por eso que una de mis misiones es decirle al mundo profesional que hay una manera mejor."

Tom Bissmeyer es sólo uno de los 76 millones de baby boomers —aquellos nacidos entre 1946 y 1965— que se encuentran cada vez más enfocados en la calidad de sus vidas tanto como en su abundancia material. Para un gran número de profesionales, el tiempo se ha convertido en una mercadería cruel. Tienen muy poco ahora. Más adelante tendrán demasiado.

Actualmente enfrentan la "pobreza de tiempo" de sus profesiones tradicionales —interminables horas de traslado, trabajo y viajes que los mantienen alejados de la familia, de la comunidad, de cualquier actividad física y relajación. Sin embargo pasarán más años jubilados que ninguna otra generación en la historia humana, luchando por mantenerse fuera de la pobreza financiera. Muchos se verán obligados a depender de decadentes programas gubernamentales de derechos, o magros ahorros personales, en una lucha vana por mantener alguna semejanza con su anterior estilo de vida de abundancia.

Invariablemente, los aspirantes a Nuevos Profesionales se formulan esta pregunta: ¿Cómo podemos equilibrar mejor las actuales demandas conflictivas de tiempo entre nuestra profesión y familia, a la vez que construimos un ingreso seguro y abundante, como así también un sentido de propósito en la vida, para lo que esperamos que sea una larga jubilación? Esta pregunta asume una urgencia especial cuando uno ubica las tendencias demográficas y los problemas que afectan a las prestaciones del gobierno junto con las incertidumbres económicas discutidas en el capítulo anterior.

LA BOMBA DE TIEMPO DEMOGRÁFICA

El envejecimiento de los boomers y la probabilidad de que muchos vivirán hasta los 90, 100 o más años, tiene enormes implicaciones para la sociedad. Como los trastornos impuestos por el aumento de la economía global y la destrucción del empleo tradicional corporativo, el envejecimiento de la sociedad lleva a muchas personas a cambiar sus conjeturas y modelos de trabajo y estilo de vida.

Cada día, 10.000 boomers cumplen 50 años. A partir del 2011, cuando los primeros boomers cumplan 65 años, los grupos de estadounidenses de avanzada edad harán eclosión.

Al mismo tiempo, el crecimiento del total de la población seguirá cayendo y la proporción entre estadounidenses en edad de trabajar y jubilados caerá, quizás hasta el bajo número de dos trabajadores por cada jubilado. Los mayores están viviendo más y al mismo tiempo los adultos jóvenes tienen menos hijos.

El envejecimiento de los Estados Unidos, un modelo que se repite en todo el mundo, presenta desafíos profundos. También sirve como poderosa tendencia que conduce a muchos profesionales al modelo de profesión y de estilo de vida alternativo que ofrece el network marketing.

Los boomers representan la generación más acaudalada de la historia de la humanidad. Crecieron acostumbrados a una vida de trabajo arduo que trae generosas recompensas y no quieren tener que abandonarlo todo. Sin embargo, están comprendiendo que al ser tan numerosos, no hay manera de que la red de seguridad social de jubilados del gobierno y los programas médicos puedan sobrevivir intactos a la embestida de jubilados boomers.

Muchos se dan cuenta ahora de lo pobremente preparados que están para el retiro. De acuerdo con una estimación, el 96 por ciento de todos los planes de pensión pagarán como máximo el 20 por ciento de nuestro salario actual cuando nos jubilemos. ¿Podemos vivir con esa cantidad?

> **U**na persona de 35 años que hoy gana 60.000 dólares al año necesitará 150.000 dólares a los 65 años de edad tan sólo para mantener su estilo de vida actual.

De acuerdo con la revista Success, quien hoy gana 60.000 dólares al año necesitará 150.000 dólares a los 65 años de edad tan sólo para mantener su estilo de vida actual. Eso significa que dicha persona debería ahorrar 44.000 dólares al año —100 por ciento del ingreso neto, posterior al pago de impuestos— para vivir en ese nivel cuando se jubile.

Muchos estadounidenses están tomando medidas para prepararse. Veinticinco millones participan en planes de ahorro para jubilación (401k) que en su conjunto han generado más de mil billones de dólares en inversiones. Treinta y siete por ciento de los hogares estadounidenses invierten en fondos comunes de inversión. Sin embargo, se estima que sólo un dos por ciento de quienes llegan a los 65 años de edad son independientes financieramente.

Si usted pertenece a esa mayoría que no ha desarrollado una estrategia efectiva para jubilarse en buen estado y con finanzas sólidas, ha escogido el peor momento para estar en esa condición. El motivo es que en todo el mundo una bomba de tiempo demográfica está marcando el paso. Cuando explote, países ricos y pobres por igual estarán inundados de jubilados esperando que el gobierno y una población de personas jóvenes proporcionalmente en disminución satisfagan sus necesidades económicas, médicas y de vida.

Las estadísticas de la Oficina del Censo (Census Bureau) suelen ser secas y antisépticas, pero en este caso cuentan una historia dramática:

- La población estadounidense sigue envejeciendo. En 1860, la mitad de la población tenía menos de 20 años de edad. En 1994, la mitad tenía 34 años o más. En el año 2030, la mitad tendrá 39 o más.

- Desde 1900 a 1994, la población de edad avanzada —aquellos que tienen 65 años o más— aumentó once veces, comparado con un incremento de tan sólo tres veces en los menores de 65 años. Hasta el año 2010, la tasa de crecimiento de las personas de avanzada edad será relativamente modesta, pero luego explotará, desde 2010 hasta 2030, a medida que la generación de boomers se jubile.

- Desde 1960, el número de estadounidenses mayores de 65 años se ha incrementado un ciento por ciento, comparado con el 45 por ciento de incremento de la población en su conjunto. El número de personas mayores de 85 años se ha incrementado un 274 por ciento.

- En el año 2000, Estados Unidos pasa a ser el hogar de 35,3 millones de personas de 65 años o más —12,8 por ciento de la población. En el año 2030, 70,1 millones de estadounidenses tendrá 65 años o más —20,1 por ciento de la población.

- En el año 2000, 12,4 millones tendrán entre 75 y 84 años de edad; 4,3 millones tendrán 85 años o más. ¡En el año 2030, esos números explotarán a 23,3 millones y 8,8 millones respectivamente!

- Globalmente, 357 millones de personas tenían 65 años o más en 1994 —aproximadamente el 6 por ciento de la población mundial. Las personas de edad avanzada en el mundo crecen a un ritmo de un 2,8 por ciento por año, en comparación con el 1,6 por ciento del crecimiento de la población en conjunto. Actualmente, más de la mitad de las personas de edad de todo el mundo viven en los países más pobres en vías de desarrollo. En el año 2030, dos tercios vivirán en esos países.

Gran parte del proceso de envejecimiento de los Estados Unidos ha sido causado por la bienvenida noticia de la prolongación en la expectativa de vida. Cuando la nación fue fundada, la expectativa de vida al nacer era de apenas 35 años. A mediados de 1800, era de 42; en 1900, era de aproximadamente 48. Y al momento de ingresar al nuevo milenio, ¡llegó a 78! Dejando de lado los impactos sociales y financieros, esto ha sido un notable logro humano, causado en parte por los avances médicos además de un sistema económico libre que ha mejorado los estándares de vida.

Pero mayor longevidad no es el único cambio demográfico que presenciamos en nuestro país y en muchos otros. Menor número de nacimientos significa que hay menos trabajadores disponibles para ocupar el lugar de los jubilados —y eso representa un enorme desafío para las desarrolladas economías "maduras" de Occidente. En Japón, país con una de las mayores esperanzas de vida del mundo, el porcentaje de población de 65 años o más, ya superó el 16 por ciento —y se proyecta que en el año 2030 la población total de ese país sea menor a la actual.

¿Cómo sostener el crecimiento económico y recaudar suficientes impuestos para mantener a un creciente número de jubilados que tienen crecientes necesidades médicas, cuando se reduce más y más el número de trabajadores que ingresan al sistema?

En 1950, en Estados Unidos, había dieciséis trabajadores por cada beneficiario de la Seguridad Social en edad de jubilarse. En 1960, esa proporción se había achicado a 5 por 1. Actualmente es de tan sólo de 3 por 1. Y en el año 2030, será de 2 por 1.

Estados Unidos no está solo en la lucha cuerpo a cuerpo con la caída de la proporción de trabajadores y jubilados. De acuerdo con Los Angeles Times, ésta es la situación actual en algunas de las economías más importantes:

País	N° de trabajadores	N° de jubilados	Proporción
Gran Bretaña	27 millones	9 millones	3:1
Canadá	14 millones	4 millones	3,5:1
Francia	25 millones	11 millones	2,3:1
Alemania	32 millones	11 millones	2,9:1
Italia	20 millones	21 millones	0,95:1
Japón	70 millones	17 millones	4,1:1
Estados Unidos	147 millones	44 millones	3,3:1

La expectativa de vida de cada uno de estos países supera en realidad a la de Estados Unidos. A medida que los ciudadanos viven más y las tasas de nacimiento se mantienen o caen, se espera que estas proporciones caigan en los países más avanzados del mundo, poniendo a prueba seriamente su prosperidad y cohesión social.

La Oficina del Censo (Census Bureau) concluye:

> Los especialistas en demografía han lanzado una advertencia temprana sobre la aproximación de la generación Baby-Boom a la edad avanzada. La sociedad estadounidense ha tratado de ajustarse al tamaño y necesidades de esta generación posguerra a lo largo de las etapas del ciclo de vida. Así como esta generación ha tenido un impacto en el sistema educativo (con escuelas de "turno discontinuo" y juventud en la universidad) y la fuerza laboral (con presiones en el mercado laboral), los grupos Baby-Boom harán que la miríada de servicios especializados y programas requeridos para una población de edad avanzada se tengan que esforzar sobremanera.

INSEGURIDAD SOCIAL

Los planificadores y aquellos que dictan políticas ¿prestarán atención a esta advertencia temprana y actuarán sensatamente a fin de apuntalar los programas diseñados para apoyar a los jubilados cuando lleguen a su edad avanzada? ¿Se puede contar con que los políticos de Washington hagan los cambios necesarios ahora, para prevenir la necesidad de cambios más drásticos, más adelante? E incluso, si encuentran la determinación política para hacerlo, ¿brindarán los programas gubernamentales, en cualquier escenario, la seguridad de ingresos que se necesita para conservar una similitud con su actual estilo de vida? Estas son las preguntas que los Nuevos Profesionales ya se han formulado —y contestado.

Iniciada en 1935, la Seguridad Social funcionó relativamente bien durante su primer medio siglo de existencia. De hecho, ayudó a reducir substancialmente la pobreza entre las personas de avanzada edad. Funcionó porque había muchos más trabajadores aportando dinero, que jubilados extrayéndolo —¡sin mencionar el hecho de que la edad inicial de jubilación excedía la esperanza de vida del hombre en esa época!

Con tantos boomers en la fuerza laboral, sumado a una larga lista de incrementos en los impuestos a la nómina, el fondo fiduciario de la Seguridad Social seguirá recibiendo más dinero del que gasta hasta el año 2013. Allí comenzará el drenaje de los fondos, a medida que menos trabajadores estén aportando dinero al sistema, y los boomers comiencen a jubilarse. Los intereses del actual superávit cerrarán la brecha durante un tiempo, pero en el año 2030, si no hay cambios en el sistema, el Sistema de Seguridad Social será insolvente. Aún si se materializan los grandes superávits de presupuesto que proyecta Washington, ello sólo le dará unos años más al actual sistema.

Las cargas del sistema crecen, y aún muchos estadounidenses dependen en gran medida de los beneficios del programa:

- Para el 63 por ciento de los beneficiarios, la Seguridad Social brinda al menos el 50 por ciento de su ingreso total.

- Para el 26 por ciento, provee el 90 por ciento de su ingreso total.

- Para el 14 por ciento, es la única fuente de ingresos.

El problema para los trabajadores y jubilados es que cada vez que los políticos tratan de resolver estos problemas, se les ocurren sólo dos respuestas: aumento de impuestos y reducción de beneficios.

Para la persona promedio, la Seguridad Social ya es un programa caro con pocos beneficios y una tasa pobre de retorno de la inversión:

- El beneficio mensual promedio para el jubilado actual es de u$s 663 para quienes se retiran a los 62 años y u$s 925 para quienes se retiran a los

65 años. El beneficio mensual máximo está apenas por encima de los u$s 1.300.

- Tanto los empleadores como sus empleados pagan un impuesto de 7,65 por ciento (para jubilación e incapacidad de Seguridad Social además de la asistencia médica social) por los primeros u$s 72.600 de ingresos, por un precio prefijado combinado por nómina de empleados del 15,3 por ciento.

- Los emprendedores autónomos, el motor de nuestra economía, son particularmente los más golpeados. Pagan el total del impuesto por sí mismos. Además, el monto de ingreso sujeto al impuesto de la nómina de Seguridad Social fue aumentado el 1° de enero de 1999, y ya se ha aprobado la ley que estipula próximos aumentos programados.

- La baja inflación es enteramente un adelanto positivo, pero trae aparejado que el incremento de beneficios relacionados a la tasa de inflación ha sido mínimo en los últimos años.

- La edad de jubilación está en aumento. Se incrementará gradualmente hasta los 67 años de edad.

- Un punto particularmente difícil de aceptar para los boomers que saben de inversiones, es el hecho de que la tasa promedio de retorno por los dólares "invertidos" en la Seguridad Social es de menos del 2 por ciento —peor incluso que una libreta de ahorro. La mayoría cree que podrían ganar mucho más en la bolsa de valores, lo que explica el creciente interés en una privatización parcial del sistema.

¡Qué buen negocio! Impuestos más altos, una pobre tasa de retorno, jubilaciones postergadas y beneficios que, para la mayoría, ni siquiera se acercarán a lo necesario para mantener su actual estilo de vida. Además de eso, el sistema se enfrentará un día con la insolvencia debida al envejecimiento de la población. La pregunta que enfrentan los boomers es: ¿Se puede superar todo esto solamente con ahorros e inversiones? Para la mayoría la respuesta es no.

El mismo dilema lo enfrentan futuros jubilados en todo el mundo. El periódico Los Angeles Times pasó recientemente revista al estado de varios programas gubernamentales de jubilación, y a los impuestos requeridos para pagar por ellos:

Japón: La edad de jubilación aumentará de 60 a 65 años de edad; el impuesto compartido de plantilla aumentará al 29,8 por ciento en el 2026.

Gran Bretaña: El beneficio máximo en pensiones gubernamentales se redujo del 25 por ciento de los salarios al 20 por ciento; la edad de jubilación de las mujeres se incrementará de 60 a 65 años.

Canadá: El impuesto compartido de plantilla aumentará del 5,85 por ciento al 9,9 en el año 2003; los beneficios serán gradualmente reducidos, particularmente para los jubilados de altos ingresos.

Francia: La edad de jubilación aumentará de 60 a 65 años; los beneficios se calcularán sobre la base de los 25 mejores años de ganancias en lugar de 15; los trabajadores pagarán al sistema durante 40 años, en lugar de 37,5.

Alemania: Se impondrá un aumento del 1 por ciento del impuesto federal al valor agregado para ayudar a pagar las pensiones; los beneficios serán reducidos del 70 al 64 por ciento de los ingresos previos.

Italia: La edad de jubilación, actualmente de 57 años para las mujeres y 62 para los hombres, se incrementará a 65 para ambos; los servidores públicos trabajarán hasta los 67 años de edad.

PROGRAMAS DE SALUD: UNA PREOCUPACIÓN ADICIONAL

Es inevitable que los impactos del envejecimiento de las sociedades estén acompañados por preocupaciones por el creciente gasto y la falta de acceso a programas de salud. Considere estos informes y preocupantes desarrollos:

- Casi el 15 por ciento del total del producto de la economía estadounidense se gasta en programas de salud, porcentaje que aumentará al 20 por ciento en el año 2020; a su vez, este porcentaje es mayor al de los principales países desarrollados, donde el promedio es del 8 por ciento.

- A pesar de este enorme costo, 44 millones de estadounidenses —más del 16 por ciento de la población— no tienen cobertura médica. Un millón de personas perdieron la cobertura en 1998, sumados a 1,7 millones que lo perdieron en 1997.

- Aproximadamente 10,7 millones de niños estadounidenses no están protegidos por ningún programa de salud.

- La mayoría de los estadounidenses —61,4 por ciento— dependen de empleadores para su cobertura médica. Sin embargo, muchas compañías más pequeñas, al ver que los costos se elevan por las nubes y se incrementa la posibilidad de mayores reglamentaciones gubernamentales y obligaciones, se están preparando para salir de un salto del sistema si fuera necesario. De acuerdo con una encuesta de Public Opinion Strategies realizada en febrero de 1998, el 57 por ciento de los pequeños empleadores afirma que sería bastante o algo probable que dejen de brindar cobertura de salud si nuevas e importantes medidas regulatorias, actualmente en consideración en Washington, se convierten en ley. Cuarenta y seis por ciento de los encuestados afirman que sería probable que dejen de brindar cobertura si las primas de salud aumentan otro 20 por ciento. Como más de la mitad de las personas en edad de trabajar son empleadas de estas firmas más pequeñas, los resultados pronostican una sustancial amenaza futura al soporte principal de la financiación de nuestro sistema de salud —cobertura sostenida por el empleador.

- Un análisis publicado en la revista Inc. llega a la conclusión de que "las compañías con menos de 100 empleados reciben poca atención en el mercado de seguros (de salud); son el pescado chico que todos rechazan." Aunque haya un número bajo de reclamos no se detendrán los aumentos masivos en las primas de muchas pequeñas empresas, informa la revista.

- Actualmente, el 61 por ciento de los estadounidenses asegurados recibe cobertura por parte de organizaciones de medicina prepaga y, justo o no, a muchos no les gusta. Un sondeo de la revista Newsweek de diciembre de 1998, demostró que más de la mitad de los estadounidenses creen que los sistemas de medicina prepaga dañan la calidad del cuidado médico. Una encuesta reciente del New York Times arrojó como resultado que el 58 por ciento cree que estas organizaciones están dificultando la capacidad de los doctores de controlar el tratamiento. Muchos médicos se oponen con fuerza a lo que ven como una intromisión de contadores, compañías de seguros, abogados y burócratas de los programas de salud, en su relación con los pacientes. Ese enfoque conduce a muchos al network marketing, donde pueden reafirmar la tradición de proveer y brindar cuidado que les hizo poner a la medicina en primer lugar.

- Bajo intensa presión para mantener los costos bajos y al mismo tiempo aumentar las opciones de servicio, algunas compañías de seguros se retiran del sistema. Como reacción al anuncio de diciembre de 1998, cuando Compañía de Seguros Prudential notificó que vendería su debilitada operatoria de sistemas de medicina prepaga a Aetna, el diario Los Angeles Times calificó ese movimiento como lo último de "una andanada de deserciones del devastado negocio de la administración de la salud. Prudential es el ejemplo más claro de una compañía de seguros que abandona el problemático campo de los sistemas de salud. La venta propuesta alarmó a médicos y grupos de consumidores, que temen que la nueva compañía pueda tener el poder de exigir que los pacientes acepten menos servicios, y los médicos menores honorarios."

Millones de trabajadores estadounidenses descubren que el costo del seguro de salud aumenta, su disponibilidad disminuye y la calidad del cuidado decae. Por si eso no fuera suficiente, el programa gubernamental de salud, diseñado como cobertura de todos los mayores, es actuarialmente defectuoso. Lo último que puede enfrentar es una invasión de millones de baby boomers que se jubilen luego del cambio de siglo.

La cobertura médica está en la misma encrucijada demográfica que la Seguridad Social. En 1995, 3,9 trabajadores pagaban impuestos para cubrir a cada beneficiario del sistema de salud. Los síndicos del sistema estiman que en el año 2030 habrá solamente 2,2 trabajadores por cada beneficiario. Mientras tanto, el abuso que se hace del sistema resulta desenfrenado. Un informe reciente de un inspector general descubrió que el programa de salud desperdicia 1.030 millones de dólares por año en sobreprecios de ciertos medicamentos recetados.

Si no hay cambios en el sistema, el Sistema de Seguridad Social será insolvente. Aún si se materializan los grandes superávit de presupuesto proyectados, ello sólo le dará unos años más al actual sistema.

El senador John Breaux de Louisiana, que preside la Comisión Nacional Bipartidaria sobre el futuro del sistema de salud lo dice de manera directa: "Tenemos problemas hoy en día con 39 millones de personas en el sistema de salud. ¿Qué haremos cuando [millones de] baby boomers comiencen a ingresar al sistema en el año 2010 y digan 'acá está mi credencial, ¿dónde está mi tratamiento?' Tendremos un sistema insolvente que ya no podrá pagar por el tratamiento."

Victor Fuchs, profesor de la Universidad de Stanford, le comentó a la revista *Business Week*: "aunque la gente se preocupe con razón por la Seguridad Social, el verdadero gorila de 800 kilos que enfrenta la economía es pagar por el cuidado de las personas de edad." En el año 2020, el porcentaje del producto bruto interno de Estados Unidos gastado en el cuidado de las personas de edad solamente, se duplicará al 10 por ciento.

Al igual que en el caso de la proyectada insolvencia de la Seguridad Social bastante por debajo de la línea, la clásica respuesta del gobierno a este dilema del Sistema Social de Salud es elevar los impuestos y recortar beneficios. Pero si se suman las crisis que enfrentan ambos programas juntos, resulta imposible imaginar un cierre de la brecha con impuestos. La tasa de impuesto de nómina que se requeriría de los ciudadanos jóvenes para mantener estos programas "tal como están", según cálculos de William Styring, miembro del Instituto Hudson, "sería probablemente del 37 por ciento en el año 2020 y 51 por ciento en el 2030."

Esas tasas, continúa, "no sólo son impensables, sino políticamente imposibles, y serían una demoledora bola económica que mataría el incentivo de los jóvenes para trabajar, ahorrar e invertir."

La realidad a la que muy probablemente se enfrenten los boomers y sus familias será "¡Válganse por sí mismos!" Según Business Week, el Profesor Fuchs "estimó que el gasto anual en salud por persona mayor se elevará de u$s 9.200 en 1995 a casi u$s 25.000 (expresado en cotización de 1995) en el año 2020 —suba que agotaría los recursos tanto del gobierno como de los mismos jubilados, que en promedio cubren un tercio de los gastos de salud."

Si se tienen en cuenta las innumerables presiones financieras y las crecientes demandas al sistema de salud de los Estados Unidos, William Styring del Instituto Hudson cree que hay un único pronóstico lógico posible, por severo que sea —"el colapso financiero del sistema de salud de los Estados Unidos."

MANTENER UN SENTIDO DE PROPÓSITO

Muchos profesionales, además de contemplar la perspectiva de pobreza financiera que les espera en sus últimos años, también están preocupados por mantenerse en actividad y por conservar un fuerte sentido de propósito cuando se jubilen. Los Nuevos Profesionales creen haber descubierto que el network marketing aborda estas preocupaciones.

Tal como trataremos más adelante en otros capítulos, con su énfasis puesto en una oportunidad de negocios flexible, accesible para todos, y en el valor del ingreso residual, el network marketing responde al deseo de los boomers de tener seguridad financiera cuando se jubilen. En esta industria no hay edad obligatoria para jubilarse ni paracaídas menos que dorados. Si usted es exitoso, los cheques siguen llegando hasta que usted deje este mundo y legue ese ingreso a sus herederos. Puede irse a un largo viaje, someterse a cirugía mayor e incluso ser confinado a una cama o sillón de ruedas, y seguir teniendo un negocio de network marketing que trabaja para usted. Igual de importante resulta el hecho de que el network marketing permite a los jubilados mantener una actividad interesante que los desafía y les da un propósito. Mantener un sentido de propósito y abarcar un conjunto de objetivos interesantes y desafiantes es importante para todos, pero especialmente para quienes estén jubilados o próximos a estarlo.

Es un hecho preocupante pero bien documentado que los suicidios entre las personas de avanzada edad, especialmente hombres, están en aumento. De hecho, el Census Bureau informa que es más probable que los hombres de edad mayor se suiciden antes de que mueran en accidentes automovilísticos. A veces llevan a sus esposas con ellos.

George y Elnor White estuvieron casados durante cincuenta y ocho años. En noviembre de 1998, según informó el diario Washington Post, sus cuerpos fueron encontrados en el garaje de su hogar en las afueras de Baltimore. Elnor fue asesinada por su esposo con su pistola reglamentaria de la Segunda Guerra Mundial. Luego se disparó a sí mismo. "En los homicidios-suicidios que involucran a parejas mayores, la depresión suele ser tan asesina como cualquier bala," fue la conclusión del periódico. "Con cruel velocidad transformó... a uno de los más respetados abogados litigantes de Maryland, en un hombre desesperado y paranoico, un hombre seguro de que el futuro le deparaba a él y a su esposa tan sólo penuria y dolor. Ni una hoja de balance, ni médico, ni seres queridos pudieron convencerlo de lo contrario."

El periódico informa que en Florida, "donde los jubilados componen aproximadamente el 20 por ciento de la población, se denuncia en promedio un homicidio-suicidio al menos una vez por mes." Esta tendencia preocupante subraya la necesidad de que los países con grupos crecientes de personas de edad avanzada, den a conocer y hagan lugar a su experiencia y contribuciones constantes —por su bien y para el beneficio de la sociedad en su conjunto.

De hecho, en un informe llamado "El Estadounidense del Nuevo Milenio", analistas de PaineWebber destacan que el deseo de seguir siendo productivo, útil y enfrentar desafíos es parte central del perfil de la generación baby boom:

> *A diferencia de sus padres, quienes crecieron en medio de las privaciones de la Depresión y de la Segunda Guerra Mundial, los baby boomers no ven hoy una jubilación cómoda como su recompensa por años de sacrificio y trabajo duro. Los miembros de esta generación siempre han estado centrados en el trabajo y seguirán así... Para muchos, el trabajo es una profesión y un modo de vida, no un empleo; brinda una red social de contactos profesionales y es fuente de satisfacción interior, tanto como una manera de pagar la hipoteca.*

Los autores prosiguen con una cita de una encuesta de opinión pública que revela:

- Una amplia mayoría —75 por ciento— de baby boomers esperan seguir trabajando luego de jubilarse de sus trabajos actuales.

- Pero sólo un 15 por ciento quiere hacerlo en su ocupación anterior con un sueldo menor.

- Otro 28 por ciento quiere trabajar a tiempo parcial en una ocupación diferente.

- El 10 por ciento quiere iniciar un nuevo negocio.

"Los boomers no se jubilarán," concluyen los analistas. "Se transformarán. A medida que envejezcan, reestructurarán sus vidas para aliviar el estrés y trabajar por su cuenta."

Lo que impulsa a esas generaciones en envejecimiento, en su búsqueda de nuevos proyectos y orientaciones, es el sentimiento de muchas personas de que, a medida que la vida avanza, sus objetivos actuales continúan sin cumplirse. El informe PaineWebber descubrió que "en años recientes, muchos baby boomers han sentido un aumento de la angustia por las expectativas no cumplidas. Ahora que la mayoría de ellos han superado los cuarenta años —y a pesar de la continua prosperidad material— muchos sienten que no han "hecho una diferencia" o no han "hecho del mundo un lugar mejor".

Los analistas prosiguen: "Muchos boomers todavía no han encontrado la felicidad interior —por el contrario, probablemente constituyan la generación más estresada de la historia." Al revisar la investigación de la encuesta, identifican este estrés como proveniente de los siguientes factores:

> Las responsabilidades normales de la mediana edad —profesión, finanzas, cuidado de hijos y padres ancianos. También reciben más presiones por el sentimiento de falta de seguridad laboral y la imposibilidad de ahorrar para la edad jubilatoria.

> La desilusión de sus expectativas. "Los boomers son en su gran mayoría de clase media, de mediana edad y políticamente moderados, estado contra el que muchos se revolucionaron mientras estaban creciendo."

> Demasiadas decisiones que tomar. Lo malo de la Era de la Información es que la gente está sobrecargada de información y opciones." En una reciente encuesta a todos los estadounidenses, un 40 por ciento dijo que para ellos la falta de tiempo era un problema mayor que la falta de dinero.

Haciéndose eco de un punto tratado en el capítulo anterior, los autores de PaineWebber llegan a la conclusión de que verdaderamente hemos ingresado a un período de empresarialidad desde la cuna a la tumba. "Cada vez más estadounidenses se ven obligados a comportarse como empresarios en el manejo de sus profesiones, supervisión de la educación de sus hijos y planificación de su jubilación," escriben. "Es probable que muchas personas en 'edad de jubilación' elijan el estímulo de trabajar por sobre la monotonía de no tener nada para hacer."

Así, el network marketing se posiciona de manera ideal para llenar no sólo una "insuficiencia en el ingreso" de quienes desarrollan el negocio, sino también un "vacío de sentido" tanto de quienes están en edad o cerca de jubilarse, como también de boomers de mediana edad insatisfechos con su actual contribución a la sociedad. Es fácil desechar el lema tan repetido por la industria que expresa "crear una diferencia positiva en la vida de las personas," por considerarlo como un slogan corporativo. Pero esa es una visión que atrae a muchos profesionales altamente capacitados pero desilusionados, a oportunidades de network marketing. Ellos ven que puede fluir una felicidad personal más profunda al formar parte de algo más importante que ellos.

POBREZA DE TIEMPO Y SU EFECTO EN LA FAMILIA

El envejecimiento de la sociedad no solamente produce impacto en los mayores; de hecho, implica enormes consecuencias para las generaciones venideras.

Muchos mayores o quienes están a punto de serlo, no están preocupados tan sólo por su ingreso y la seguridad de la salud en sus años futuros, sino por ser una carga para sus hijos y nietos. Aquellos familiares a su vez se preguntan cómo pueden mantener apropiadamente a sus mayores en ambientes cómodos.

La mayor esperanza de vida crea varios fenómenos rara vez vistos con anterioridad:

- Los mayores cuidan a personas más mayores. De acuerdo con el Census Bureau, cada vez es más probable que personas de cincuenta y sesenta años tengan a padres, tíos y tías con vida. Ellos "enfrentarán la preocupación y el gasto de cuidar a parientes muy mayores y frágiles, ya que muchas personas ahora viven lo suficiente como para sufrir múltiples enfermedades crónicas," informa el instituto.

- Más aún, una proporción considerable de baby boomers no han tenido hijos (26 por ciento en 1990). Eso se traducirá en grandes incrementos en el número de jubilados que no puedan contar con sus hijos y por lo tanto deban ser internados en instituciones especializadas.

- Ha surgido una generación así llamada "sandwich", compuesta por aquellos boomers que se encuentran pagando la educación universitaria de sus hijos y el cuidado de sus ancianos padres o abuelos, todo al mismo tiempo. ¿Cuántos de nosotros estamos equipados económicamente para hacer eso y al mismo tiempo ahorrar e invertir para nuestra propia jubilación?

Estas presiones financieras acumuladas, unidas a las inseguridades inherentes al lugar de trabajo, han llevado a segundo plano, en años recientes, las preocupaciones por los hijos. La familia tradicional se halla bajo serias presiones:

- Desde 1970, el número de parejas no casadas con hijos menores de 16 años de edad se ha incrementado un 548 por ciento.

- En 1993, el 31 por ciento de los bebés nacidos eran hijos de madres no casadas —dramático incremento partiendo del 10,7 por ciento de la década de 1970. En 1950, el número era de apenas el 3,9 por ciento.

- Existen aproximadamente ocho millones de familias con sólo uno de los padres en el hogar, con hijos que mantener.

La mayor parte de las mujeres en edad de trabajar tienen empleos fuera de su hogar. Y si bien esto ha sido un desarrollo positivo para la mayoría de ellas, el impacto que causa, tanto en niños de hogares de padre único como en los de parejas en las que ambos trabajan, es inconfundible. Al imposibilitarse la supervisión cercana y la crianza de tiempos pasados, muchos jóvenes se ven atraídos por o son víctimas de algún comportamiento destructivo.

Los delitos juveniles están en aumento, aún cuando en general las tasas de delitos se mantienen estables. En Estados Unidos, cada año, más de 1.5 millones de jóvenes son arrestados por delitos. Los hombres jóvenes menores de 18 años cometen el 17 por ciento del total de los delitos violentos.

El abuso de drogas entre los jóvenes está aumentando nuevamente, luego de una caída prometedora pero efímera, a mediados de la década de 1980. Una amplia encuesta reciente, entre estudiantes de colegio secundario, descubrió estos preocupantes hallazgos:

> Con su énfasis puesto en una oportunidad de negocios flexible, acceso para todos y el valor del ingreso residual, en network marketing responde al deseo de los boomers de tener seguridad financiera cuando se jubilen.

• Desde 1991, la proporción de alumnos del octavo año que han tomado alguna droga ilegal en los doce meses anteriores a la encuesta casi se duplicó, del 11 al 21 por ciento.

• Al mismo tiempo, la proporción de alumnos corespondientes al primer año del tercer ciclo, que tomaron tales drogas aumentó dos tercios, del 20 al 33 por ciento.

• La proporción de alumnos del último año del tercer ciclo que consumieron alguna droga ilegal en los doce meses anteriores a la encuesta, aumentó del 27 al 39 por ciento.

Los investigadores están descubriendo más consecuencias en los niños cuyos padres deciden que ambos deben trabajar más y durante más tiempo fuera de su hogar. "Los padres tienen derecho a estar preocupados por la reducción del tiempo que pasan con su familia," es la conclusión del periódico Washington Post en un informe detallado. "Los especialistas afirman que los niños se benefician intelectual y socialmente cuando toda la familia está reunida —al escuchar conversación de adultos, aprender a relacionarse con los hermanos y tener un sentido más claro de los valores morales de la familia."

Un estudio reciente llevado a cabo por Search Institute, organización especializada en investigación sobre niños, examinó a 270.000 alumnos de sexto a doceavo año en 600 comunidades del país. Según el Washington Post, el instituto descubrió que "los niños que pasaban al menos cuatro noches por semana en casa con sus familias, y frecuentemente mantenían conversaciones profundas con sus padres, tenían menos probabilidades de tener relaciones y usar alcohol o drogas." Otro estudio que implicó la grabación de conversaciones en la cena entre padres e hijos en la zona de Boston durante ocho años, demostró este interesante resultado: "Los niños en edad preescolar que estuvieron expuestos a conversaciones a lo largo de la comida entre padres y hermanos, tuvieron un mejor desempeño en pruebas de vocabulario y lectura en la escuela primaria, que aquellos que no estuvieron expuestos a la misma situación."

Muchos padres ocupados, intuitivamente conscientes de resultados de investigaciones como estas, han hecho esfuerzos bien intencionados para reservar el llamado tiempo de calidad con sus hijos. Pero investigaciones más avanzadas muestran que la noción de programar a sus hijos como si fueran simplemente otra cita en su calendario, no funciona y deja escapar el meollo de la cuestión. En un reciente informe, la revista Newsweek afirma:

> **El** network marketing se posiciona de manera ideal para llenar no sólo una "insuficiencia en el ingreso" para quienes desarrollan el negocio, sino también un "vacío de sentido".

Los expertos afirman que algunos de los elementos más importantes en la vida de los niños —rutinas regulares y rituales domésticos, consistencia, sentir que sus padres los conocen y se preocupan por ellos— son exactamente los que se descartan cuando calidad de tiempo reemplaza a cantidad de tiempo... Los padres que llegan corriendo a la puerta de casa a las 19:30 horas y van directo a la máquina de fax, dejan perfectamente en claro dónde se asientan sus lealtades, y los chicos están mostrando las cicatrices.

En particular, son las mujeres que trabajan quienes sufren conflictos por el dilema de conciliar las demandas del trabajo y del hogar. "Creo que está todo bien con ella," le dijo una madre trabajadora a la revista Newsweek sobre su joven hija. "Si dependiera de mí, pasaría más tiempo con ella. Ojalá pudiera quedarme en casa, pero simplemente no es posible."

Ansiosa por ayudar a la economía hogareña, perseguir aspiraciones profesionales y criar una familia, todo al mismo tiempo, muchas mujeres intentan sostener una carga casi imposible. Aunque Newsweek descubrió que los hombres asumen una porción cada vez mayor de las responsabilidades relacionadas con la crianza de los niños y el hogar, la carga sigue recayendo mayoritariamente sobre las mujeres, trabajen o no fuera de sus hogares.

Específicamente, se llegó a la conclusión de que las mujeres empleadas fuera de su hogar dedican un promedio de 6.6 horas por semana a las responsabilidades más esenciales de la crianza de los hijos, tales como baño, alimentación, lectura y juegos. El empleado hombre promedio dedica tan sólo 2.5 horas a dichas actividades.

Tal como vimos en el caso de los Bissmeyer, la oportunidad correcta en el network marketing ofrece a los padres que trabajan la posibilidad de poner a su familia en primer lugar, y al mismo tiempo disfrutar de los beneficios financieros y la satisfacción personal que proviene de desarrollar su propio negocio. ¿Por qué debería alguien hacer la terrible elección entre una carrera provechosa y una buena paternidad cuando hay una manera de ejercer ambas?

LIBERTAD DE TIEMPO —EL BENEFICIO LABORAL DEL NUEVO SIGLO

Quizás más importante que ningún otro factor —más que las incertidumbres presentes en la nueva economía y las preocupaciones por estar económica y emocionalmente preparados para vivir muchos años como jubilados— sea la búsqueda de tiempo libre lo que empuje a muchos profesionales exitosos a abandonar sus profesiones tradicionales y volcarse a alternativas como el network marketing. Con la cantidad de profesionales disponibles en disminución, esta búsqueda, no sólo alimenta el crecimiento de la industria, sino que obliga a otros profesionales a desechar sus culturas de trabajar de "9 a 18".

Business Week confirma lo que sacaron a la luz nuestras conversaciones personales con cientos de Nuevos Profesionales:

> *La preocupación Nro. 1 de la mayoría de los trabajadores, no está relacionada con obtener clases de vuelo gratis o cobertura de salud para sus mascotas. Ni siquiera tiene que ver con recortar las horas de trabajo ni aumentar sus salarios. En lugar de eso, lo prioritario para los empleados es lograr la flexibilidad de controlar su propio tiempo, y cuándo, cómo y dónde hacer su trabajo —dándoles la libertad de equilibrar con delicadeza su vida laboral.*

La primera respuesta a la creciente demanda del beneficio laboral de la libertad de tiempo, es el teletrabajo. Gracias a las comunicaciones y la informática de bajo costo, los dueños de pequeños negocios, los "autoempleados", e incluso muchas personas de los mundos corporativo y profesional, trabajan más desde sus hogares. Se ha transformado en un camino prometedor para quienes intentan cumplir responsabilidades familiares y evitar largos viajes de ida y vuelta.

Link Resources ha estado desarrollando una medición continua de personas que trabajan en el hogar, y descubrió un aumento creciente de la cantidad durante la década de 1990. Al menos un tercio de todos los trabajadores adultos realizan algún trabajo desde su hogar en al menos una de las categorías siguientes, tal como detalla la revista Inc.:

- Principalmente, trabajadores independientes con base en su hogar (12,1 millones en 1995), para quienes la principal fuente de ingresos es el trabajo independiente.

- Trabajadores independientes a tiempo parcial con base en su hogar (11,7 millones), que tienen varios trabajos y pasan parte del tiempo trabajando en el hogar.

- "Teletrabajadores" (6,6 millones), es decir, empleados que trabajan desde su hogar a tiempo parcial o a tiempo completo durante horario normal de trabajo.

- Trabajadores corporativos "después de hora" (8,6 millones), que usan computadoras, teléfonos y aparatos de fax para realizar tareas de la empresa en su hogar, después del horario normal de trabajo.

En años recientes, el "teletrabajo" en particular se ha convertido en un modo de trabajo popular y altamente valorado por los profesionales. Una investigación realizada con datos más recientes que los de la medición de Link, revela que 20 millones de estadounidenses son teletrabajadores, o sea, que realizan algunas o todas sus tareas en el hogar.

La aceptación del teletrabajo por parte de la economía masiva es muy relevante para las compañías de network marketing, ya que ellas intentan atraer legiones de distribuidores con un argumento muy parecido: al trabajar desde el hogar, usted puede equilibrar mejor las responsabilidades familiares y profesionales, evitar largos viajes, vivir donde quiera y, en muchos casos, ejercer más control sobre su propio tiempo y su horario. El hecho de que empresas y profesiones importantes hayan adoptado el teletrabajo, ayuda a destruir el estigma que sugiere que si usted trabaja desde su hogar es porque no puede encontrar un trabajo prestigioso: es "simplemente una ama de casa" o no debe ser muy importante ni exitoso.

Jim comenta que en el barrio de clase media-alta en Los Angeles donde él vive, de los ocho profesionales que tienen entre 30 y 50 años de edad y que viven en su cuadra, sólo uno se sube a su automóvil para ir al trabajo todos los días. El resto, inclusive Jim, trabajan actualmente principalmente desde sus hogares. No están desocupados ni subempleados, ni enfermos o jubilados, ni son vagos —son Nuevos Profesionales.

El atractivo para los empleados es obvio. Pero, ¿por qué compañías grandes como AT&T, IBM, Arthur Andersen y otras, están avanzando sobre este terreno, aún mayormente desconocido?

"El teletrabajo ha recibido un impulso agregado de una economía fuerte en la que la mayoría de los empleadores deben hacer arreglos para atraer a los mejores y más brillantes trabajadores," es la conclusión de Business Week. "También hay presiones ambientales y políticas, por las que las compañías responden a las disposiciones de la Ley de Aire Puro, cuyo objetivo es reducir el tránsito. Y las empresas quieren reducir los costos inmobiliarios con la creación de planes de "hotelería" en los que, por ejemplo, diez personas compartan un cubículo de acuerdo a sus necesidades."

> **¿Por qué debería alguien hecer la terrible elección entre una carrera provechosa y una buena paternidad cuando hay una manera de ejercer ambas?**

Aunque trabajar en casa solía tener un estigma adosado ("dice que es consultor, pero en realidad está desocupado"), el concepto ahora se ha arraigado profundamente en la cultura del trabajo. Una evidencia concreta de esto se pudo ver en enero del 2000, cuando OSHA anunció que las compañías que permitieran el teletrabajo serían responsables por la seguridad de las oficinas de los empleados en sus hogares. Inclusive, el gobierno podría lanzar algunas inspecciones a hogares para asegurarse de que sus espacios de trabajo cumplieran los estrictos códigos de salud y seguridad de lugares de trabajo tradicionales.

Sobrevino una tormenta de protestas. La comunidad de negocios afirmó que si las compañías comenzaban a recibir multas o demandas por desorden, iluminación inadecuada o alarma de humo inoperativa, abandonarían el teletrabajo. Los empleados, para proteger su oportunidad de trabajar desde su hogar y enojados por la posibilidad de tener inspectores del gobierno revolviendo sus hogares, se unieron a las empresas en sus gritos de indignación. OSHA revocó su reglamentación dos días después, una rara y rápida anulación de parte de los reguladores del gobierno.

Si usted trabaja por su cuenta o para otra persona, trabajar desde su hogar puede ser un acuerdo perfecto entre las demandas en conflicto de profesión y familia. Es uno de los imanes más poderosos que atraen a los Nuevos Profesionales al network marketing.

¿Pero cuánto le tomará a su compañía incorporar esta modalidad? "Por toda la publicidad exagerada acerca de la nueva economía, la mayoría de los empleos siguen aún moldeados por la cultura de fichar el horario de entrada y salida, de la pasada Era Industrial," informa Business Week. "Se espera que la gente se presente de lunes a viernes a realizar su trabajo en módulos de tiempo de ocho, nueve, o diez horas, como zánganos en líneas de ensamblaje interconectadas."

> Una investigación revela que 20 millones de estadounidenses son teletrabajadores, o sea, que realizan algunas o todas sus tareas en el hogar.

En lo que se refiere a la búsqueda de libertad de tiempo, el network marketing sigue estando a años luz de ventaja con respecto al empleo tradicional y al negocio propio. Ayudar a que las personas recobren el control de sus vidas y permitirles que equilibren mejor las prioridades en competencia entre su profesión y familia, es la principal atracción y contribución del network marketing moderno. La promesa de libertad de tiempo, sin sacrificar un estilo de vida en abundancia, no sólo atrae a más profesionales exitosos a sus filas sino que contribuye a cambios bien recibidos en las ocupaciones tradicionales.

Hace seis años, cuando Jack Hawk tenía 25 años, pensaba que tenía todo lo que quería de la vida. Él y un socio desarrollaron un respetable negocio de seguros, con tres agencias en Kansas City, St. Louis y su ciudad natal, Omaha, Nebraska.

Pero faltaba algo. "Pasaba todo mi tiempo disponible, o bien en la calle visitando nuestras oficinas, participando en una cita de seguros, tratando con clientes, contratando empleados, capacitando agentes y personal, o bien haciendo tareas referidas a la nómina de pago de veinte o treinta empleados," afirma Jack. "No tenía tiempo para mi esposa y mis tres hijos."

Más adelante, Jack comenzó a tener problemas en el negocio que generaron honorarios legales abrumadores. Finalmente, cerró su negocio de seguros, y contrajo deudas por 500.000 dólares. "Estaba deprimido y me sentía un fracasado," informa.

Pero en el otoño boreal de 1996 en un viaje familiar a Denver, Jack decidió buscar a un viejo amigo que tal vez tuviera algunas ideas sobre qué era lo próximo que podría hacer. Se comunicaron y Jack conoció el network marketing. "Me uní inmediatamente al negocio" comenta. "Mis primeros cheques sirvieron para pagar los honorarios de mis abogados por mi quiebra."

Jack, ahora networker a tiempo completo de Pre-Paid Legal Services, ha revertido no solamente sus finanzas sino su vida familiar también. "Mi esposa Camille, abogada matriculada, está ya dejando su trabajo para quedarse en casa con nuestra hija. Rara vez me pierdo un partido de fútbol de mis hijos. De hecho, casi nunca me pierdo las prácticas. ¡Soy el entrenador!

"Tengo una oficina en mi hogar. No tengo empleados, arrendamientos, nómina de empleados, redes de computadoras de alto costo, préstamos, ni onerosos contadores públicos matriculados. En el anterior negocio, contaba con una limitada cantidad de horas por día. Si quería expandirme a otro mercado y generar más dinero, tenía que contratar más personal. Hoy puedo lograr el mismo efecto potenciado sin tener que contratar a nadie. Simplemente muestro el producto y la oportunidad comercial y logro el mismo efecto multiplicador. En lugar de ubicar a la gente en mi negocio, los ubico en el negocio de ellos."

La inseguridad y los cambios económicos; las cargas y los costos prohibitivos inherentes a los pequeños negocios; las crecientes presiones de tiempo y dinero sobre profesiones previamente atractivas; el envejecimiento de la sociedad y el panorama de largos años de jubilación con escaso dinero; y el urgente deseo de volver a estar unido a la familia, la comunidad y a causas más trascendentes —estos factores en su conjunto comprenden el trasfondo socio-económico que está haciendo emerger a los Nuevos Profesionales. Es ahora el momento de volver nuestra discusión hacia un análisis más profundo del network marketing. ¿Cómo una industria cuyas raíces se remontan a una colección heterogénea de vendedores puerta a puerta, logró transformarse en un negocio moderno, global, y de alta tecnología, que se posiciona de forma ideal para atender las realidades de marketing de la Era de Internet y los demandantes estilos de vida de profesionales exitosos y altamente educados? ¡Dé vuelta la página!

* *baby boomers*: se llama así a los integrantes de la generación posguerra (N. de T.)

El Ascenso
del Network Marketing

El cliché ampliamente aclamado por toda la comunidad del network marketing es que la industria está madurando. El folklore y las estadísticas documentan con claridad que la década de los 90 fue testigo de cambios drásticos en esta industria, incluyendo los siguientes:

- Oleada de nuevos emprendimientos que ingresan a esta actividad —y que eventualmente abandonan— luego de su "bautismo de fuego" en esta área tan competitiva.

- Notable expansión de las empresas líderes establecidas.

- Ampliación de las ofertas de productos y servicios ofrecidos a través del canal del network marketing.

- Crecimiento significativo del volumen histórico de ventas.

- Participación de una mayor cantidad y diversidad de distribuidores de ventas.

- Innovaciones en las prácticas comerciales de la industria que permiten integrar nuevas tecnologías, particularmente en las áreas de telecomunicaciones, informatización e Internet.

- Expansión internacional y crecimiento masivo global.

- Notable incremento en el reconocimiento público positivo, en su credibilidad y aceptación, y en el compromiso de la industria para lograr un mayor profesionalismo en el ambiente del network marketing.

Examinaremos estos interesantes progresos —y diferenciaremos hechos de ficción— en el próximo capítulo. No obstante, muchos lectores desearán obtener en primer lugar respuestas a preguntas tales como: ¿Qué es el network marketing? ¿Adónde se remontan sus raíces? ¿En qué se diferencia de la venta directa y en qué se diferencian la venta directa y el network marketing de otras maneras de vender y comprar productos? El objetivo de este capítulo es presentar:

- Una breve reseña de la venta directa, entorno fundamental del cual es parte el network marketing.

- El concepto de network marketing.

- La historia del network marketing desde las décadas de los años 30 y 40.

- Los nuevos perfiles del networking y de sus participantes, a medida que la industria atraviesa desarrollos significativos y se abre paso al nuevo siglo como una alternativa atrayente para Nuevos Profesionales.

Ofrecemos esta información con la convicción de que los profesionales serios de hoy en día son trabajadores basados en el conocimiento. Quieren saber lo siguiente: ¿Cómo se desarrolló la industria a la que piensan unirse? ¿Cuáles fueron sus momentos buenos y malos? ¿Quiénes fueron sus pioneros? ¿Cuáles son los conceptos básicos sobre los que opera esta forma de negocio y cómo son puestos estos conceptos en práctica por las distintas compañías?

Existe aún otro propósito para esta discusión. Probablemente ninguna otra industria en la historia de los Estados Unidos haya sido más incomprendida. Existen en todo el país los así llamados "expertos en negocios" —analistas, periodistas, inversores, competidores y reguladores— que emiten opinión sobre esta actividad, la juzgan, y cuestionan su legitimidad fundamental sin comprender en lo más mínimo su funcionamiento. Esperamos cerrar la extensa brecha entre lo que muchas personas opinan sobre el network marketing y lo que saben de él. Nuestro objetivo no es persuadir a todos aquellos "expertos" hasta lograr que les guste, ni convencer a todos los profesionales de que se asocien. Pero sí esperamos fomentar su reconocimiento como industria genuina que cubre legítimamente las necesidades de productos y su distribución, y los requerimientos empresariales de un creciente número de compañías, consumidores y profesionales de negocios.

> Esperamos cerrar la extensa brecha entre opiniones y conocimiento acerca del network marketing.

Ya hemos destacado que un tema que surge comúnmente entre los networkers líderes es que una imagen negativa de la industria —a veces basada en una mala experiencia, pero con mayor frecuencia en desinformación y falta de conocimiento— les habría obstaculizado el camino, demorando y casi frustrando su ingreso al negocio. Deseamos que el análisis objetivo de la actividad presentado en los próximos dos capítulos —discusión de su perspectiva pasada, presente y futura— ayude a otros Nuevos Profesionales a evitar ese período de confusión. Y de esta manera puedan tomar una decisión personal firme sobre la industria y decidir si es adecuada para ellos.

LA EVOLUCIÓN DE LA VENTA DIRECTA

La venta directa ha sido parte integrante del paisaje económico desde los primeros días de la historia de los negocios, según consta en los registros existentes. Nicole Woolsey Biggart, en *Charismatic Capitalism* (Capitalismo Carismático), realizó un trabajo destacado al documentar los mayores hitos de la evolución de la venta directa en los Estados Unidos, desde la época colonial hasta la década de los 80. La Asociación de Venta Directa (Direct Selling Association) —asociación nacional que nuclea a más de 140 empresas líderes que fabrican y distribuyen productos directamente a los consumidores— define a la venta directa en general, como la venta de un producto o servicio en forma personalizada, cara a cara, en una casa u oficina, lejos de una ubicación comercial fija.

Usando esta definición, Biggart rastreó los orígenes de la venta directa en los Estados Unidos a los "vendedores callejeros Yanquis" —vendedores de la época colonial que vendían herramientas, té y linimento puerta a puerta. Estos mercaderes itinerantes, por lo general originarios del norte de Europa, operaban inicialmente en Nueva Inglaterra, cerca del centro de la economía colonial. Con el transcurso del tiempo, los inmigrantes del este de Europa emigraron al sur y trabajaron en las colonias. Hasta la década de 1840, los vendedores callejeros constituían un importante canal de distribución que brindaba servicio tanto para los granjeros rurales aislados, como para el almacén de ramos generales, emergente fenómeno de venta minorista.

Con la llegada del ferrocarril y el desarrollo de las comunicaciones, los fabricantes se expandieron a mercados más extensos. Los dueños de comercios rurales podían hacer pedidos directamente a los fabricantes ubicados en ciudades distantes y recibir la mercadería. Así comenzó a desarrollarse en las comunidades rurales un canal de venta minorista en expansión. Muchos vendedores callejeros abrieron locales. Alfred D. Chandler comentaba en su libro La mano visible (*The Visible Hand*), "la creación de estos nuevos comercios, junto al progreso en el transporte y el surgimiento de vendedores mayoristas que los abastecían, llevaron al vendedor callejero a su fin como instrumento de distribución en los Estados Unidos."

Sin embargo, el vendedor independiente siguió funcionando como canal de ventas pero con diferentes actividades. Luego de la Guerra de Secesión, los vendedores independientes comenzaron a vender solamente los productos de un único fabricante y así comenzó a desarrollarse la fuerza de ventas de las compañías de venta directa.

Con el desarrollo de las tiendas departamentales y su amplia gama de productos competidores, los fabricantes estaban perdiendo el control de su canal de distribución. Algunos fabricantes querían representación exclusiva para diferenciarse de la competencia. Biggart destaca que "algunos creían que una presentación personal sincera o demostración inteligente mostraría mejor las ventajas de los productos. Los fabricantes trataron de volver a aprovechar las ventajas de la venta personal... pero bajo condiciones que les aseguraban cierto nivel de control."

Durante la era que transcurrió entre 1900 y 1920, la dinámica de administrar la fuerza de la venta directa cambió. La típica organización de ventas "con oficina en el hogar" implicaba un equipo de ventas indefinido, con escasa organización. Los vendedores directos eran asociados por circulares y avisos en periódicos y revistas. El vendedor pedía los productos por correo a la compañía y los vendía como podía (en aquellos días, la mayoría de los vendedores eran hombres). La comisión del vendedor resultaba de la diferencia entre el precio que él pagaba por el producto y lo que le cobraba al cliente. El vendedor pagaba sus propios gastos. El único contacto que tenía con la oficina central era por correo. No recibía otra capacitación sobre técnicas de venta, ni información sobre los productos que no fuera por correo. No había auspicio local ni supervisión.

En 1915, la Fuller Brush Company, fabricante de cepillos y productos para el hogar, se reorganizó como compañía con "sucursales". Fuller Brush abrió sucursales que asociaban, entrenaban y supervisaban a los grupos de ventas regionales. El gerente de la sucursal era un empleado de la compañía o bien un vendedor independiente que recibía una "comisión por gerenciamiento" sobre las ventas de la sucursal, y una comisión normal por sus ventas personales. Las compañías con sucursales pagaban los gastos de las instalaciones regionales para desarrollar un mejor control sobre el proceso de asociación, capacitación y supervisión de la organización de ventas.

Los historiadores de la industria estiman que en 1920, más de doscientas mil personas vendían puerta a puerta. A finales de esa década, vemos la formación de algunas leyendas de la industria de la venta directa, como la California Perfum Company (Avon Corporation), Electrolux, fabricante de aspiradoras; W.T Raleigh, que finalizó como fabricante de especias y productos para el hogar y The West Bend Company, fabricante de piezas de cocina. En 1925, la Asociación Nacional de Compañías de Venta Directa (National Association of Direct Selling Companies -NADSC), antecesora de la actual DSA se convirtió en organización de comercio y vocera de la industria de la venta directa.

> **L**os historiadores de la industria estiman que más de doscientas mil personas vendían puertas a puerta en 1920.

En la década de los 30, la industria de la venta directa siguió en expansión. Frank S. Beveridge, ejecutivo de Fuller Brush, fundó Stanley Home Products. Encyclopaedia Britannica fue lanzada por Sears Roebuck and Company por medio de su división de catálogo, quien la vendió en 1933 a una compañía de venta directa que se especializaba en productos basados en el conocimiento. Las fuentes de información de la industria han destacado que bajo el trauma económico de los años de la Depresión, las compañías que buscaban reducir los costos de distribución también se volcaron a la venta directa.

La década de los 40 resultó particularmente memorable para esta industria. Biggart informa que durante esa época ocurrieron tres desarrollos clave que tuvieron un impacto significativo en los desarrollos futuros de la cultura de la venta directa.

Primero, la industria adoptó el concepto de "contratista independiente". Implementó contratos para distribuidores, los cuales especificaban que los distribuidores ejercían el negocio por su cuenta y por lo tanto se exigía que pagaran todos los costos del negocio, incluido transporte, adquisición de muestras y materiales promocionales. El resultado fue que el estatus de contratista independiente posicionó al distribuidor como un recurso laboral más económico.

Más específicamente, las compañías de venta directa se vieron liberadas de la responsabilidad del "bienestar del empleado" y del cumplimiento de códigos de prácticas laborales que imponía el gobierno. Además, estas compañías se vieron relevadas de los gastos asociados al salario mínimo, Seguridad Social, compensación por desempleo, retención del impuesto al ingreso y otros cargos, que fueron implementados por el movimiento de reforma social del Nuevo Acuerdo del presidente Franklin Roosevelt.

El segundo desarrollo de la década de los 40 fue la creación del "plan de reuniones". Stanley Home Products fue pionera en el perfeccionamiento de este programa de ventas. Un distribuidor de la compañía le pediría a una "anfitriona" que invitara a un

> El plan de reuniones fue una excelente innovación en ventas directa creativa.

grupo de amigas a su casa para una "reunión". Luego de establecer una atmósfera interactiva, el distribuidor Stanley comenzaría a mostrar los productos, a demostrar su uso y familiarizar a las visitas con el producto. Al final de la reunión, se les invitaba a adquirir los productos por los que estuvieran interesados. La anfitriona que había organizado la reunión se hacía generalmente acreedora de un porcentaje de las ventas para ser aplicado en sus propias compras.

El plan de reuniones fue una excelente innovación en venta directa creativa. La demostración de productos y el cierre de ventas se entretejían en una reunión social de amigos. La anfitriona llevaba a cabo la mayor parte de la asociación, y manejaba la mecánica de la administración de la reunión. El distribuidor multiplicaba el impacto en sus ventas al hablarle a un grupo en lugar de hacer la presentación a un único prospecto. La atmósfera de la reunión surgía de la invitación de la anfitriona, una reunión entre amigos y conocidos, realizada en un hogar y con un compromiso implícito de hacer un éxito de la reunión, interesarse por los productos y, potencialmente, comprar.

INGRESAR AL NETWORK MARKETING

El tercer desarrollo que transformó la estructura de la industria de la venta directa fue la creación del canal de distribución multinivel. La historia temprana del marketing multinivel (MLM) se basa principalmente en documentación oral cercana a la tradición verbal. Sin embargo, los historiadores de la industria concuerdan en que la década de los 30 y el comienzo de los años 40, marcaron el comienzo de esta nueva era en la actividad.

Las pioneras entre las compañías de venta directa tradicionales, como Watkins, Fuller Brush Company y Stanley Home Products, según se dice, utilizaron el "marketing de referencia" para auspiciar nuevos vendedores. Biggart reportó a la primera mención publicada sobre marketing de referencia, como la antecesora del marketing de referencia contemporáneo/network marketing.

En aquella época, durante el año 1929, una rama de oficinas de ventas introdujo el concepto de "venta amistosa". Se impulsaba a los propios vendedores de la firma para que escrutaran a sus amigos y auspiciaran a nuevos candidatos. La lógica era simple. ¿Quién conocía las capacidades necesarias para ser un vendedor exitoso en esa compañía? Alguien que fuera un vendedor exitoso en esa compañía, era a su vez un experto con contactos.

Cuando un nuevo prospecto se asociaba como vendedor directo y compraba un kit de ventas de la compañía, el vendedor que presentaba al "nuevo miembro" cobraba un premio de cinco dólares u "honorario por descubrimiento" y se otorgaba un pequeño porcentaje de las ventas netas del nuevo asociado como comisión extra durante los primeros sesenta días. El distribuidor "auspiciante" tenía un claro incentivo financiero para capacitar y auspiciar al nuevo miembro durante esos primeros sesenta días a fin de maximizar la comisión extra.

Aunque la identidad y fecha de nacimiento de la primera compañía de network marketing está en debate, se han identificado varias de las pioneras, con planes de marketing similares a los de las compañías actuales. Doris Wood, profesional del MLM y co-fundadora de la MLMIA (Multi-Level Marketing International Association) informa que Watcher's Organic Sea Products Corporation es "la compañía de network marketing más antigua del mundo en operación continua y en manos privadas."

Carrie Minucciani, presidenta y nieta del fundador, cuenta una historia de romanticismo y fervor emprendedor. "Watcher's Sea Product Corporation fue fundada en 1932 por el científico Joseph V. Watcher. La salud de Joseph Watcher, originalmente joven músico europeo, era débil, y por ese motivo se lanzó en un viaje internacional para explorar el mundo en lo que suponía que serían sus últimos años.

"Mientras estuvo en Alaska, Joseph Watcher quedó fascinado con las culturas indígenas, sus hábitos nutricionales y métodos naturales de curación. Milagrosamente, el joven Joseph recuperó por completo su salud y se dedicó al estudio de estos alimentos poco conocidos... cosechados en los jardines del mar."

Finalmente asentado en San Francisco, Watcher organizó Watcher's Organic Sea Products para "llevar a la humanidad los beneficios de las plantas de mar" por medio de la venta directa a consumidores. Existen ciertas dudas sobre la fecha exacta en la que Watcher's adoptó un plan de compensación multinivel. Es claro que fue en la era de 1930/1940 cuando se concibió el movimiento del canal multinivel o del network marketing. Los dos hijos de Joseph Watcher, Joseph junior y Earl A., continuaron con la investigación de productos y el desarrollo de la organización de su padre.

En el año 2000, Watcher's continuaba radicada en la zona de la bahía de San Francisco, siendo propietaria de sus propias fábricas y manteniendo un rígido control interno de calidad sobre los procesos de producción. La empresa está organizada alrededor de nueve divisiones de productos, y fabrica y distribuye una completa línea de más de 150 productos de salud, nutrición y cuidado personal en más de veintiséis países. Sigue manteniendo su programa de compensación multinivel, el cual paga al menos por cuatro niveles de asociación. La página Web de la firma declara que "el plan de compensación de Watcher's es uno de los más lucrativos de la industria, con un pago del 67,5 por ciento."

En nuestra entrevista con Carrie Minucciani, ella sintetizó "Watcher's continuará su misión y seguirá siendo propiedad de la familia, operada por la cuarta generación. Nuestros hijos están preparados."

La temprana pionera del marketing multinivel que produjo el mayor impacto en la creación de nuevos canales de distribución fue Nutrilite, fundada por William Casselberry, psicólogo y Lee Mytinger. Desde 1934, la empresa vendía productos de California Vitamin Company directamente a los consumidores. En 1941, la empresa comenzó a vender Nutrilite XX mediante su Plan de Marketing C&M, un programa de network marketing.

Probablemente el Plan de Marketing C&M haya sido el primer diseño de plan de compensación de ruptura en la historia de la industria del MLM. Dicho plan de compensación incluía los siguientes elementos: una bonificación del 3 por ciento para el distribuidor sobre las ventas de las personas auspiciadas por él, una organización mayorista de ruptura cuando el volumen de ventas grupales alcanzaba los U$S 15.000, y regalías "extra" pagadas por la compañía a los auspiciantes sobre los volúmenes de ventas de todos los grupos separados.

La historia documenta que Nutrilite ha tenido un papel primordial en el lanzamiento de la industria del network marketing tal como existe hoy en día. Proporcionó el modelo de negocio –el plan de compensación de ruptura- que sería copiado y ampliamente usado en la fase inicial del desarrollo de la industria.

Frank Beveridge dejó Fuller Brush, luego organizó Stanley Home Products en 1933, y posteriormente realizó la transición al network marketing. W.T Raleigh también adoptó la estructura de network marketing.

Dentro de Stanley Home Products, tres distribuidores clave renunciaron y organizaron nuevas organizaciones de venta que tendrían un impacto dramático en la estructura competitiva de la industria de la venta directa. Mary Kay Ash fundó

Mary Kay Cosmetics. Mary Crowley creó Home Interiors and Gifts. Brownie Wise desarrolló el programa de plan de reuniones Tupperware.

Nutrilite también fue el campo de entrenamiento de dos líderes clave de la industria, Rich DeVos y Jay Van Andel, quienes anteriormente habían sido distribuidores de Nutrilite. Cuando los problemas gerenciales de Nutrilite amenazaron la provisión de productos en la década de los 50, DeVos y Van Andel formaron su propia compañía industrial, la American Way Association (padre de Amway) en Ada, Michigan. Amway, por supuesto, se convirtió en la compañía de network marketing más grande del mundo con ventas superiores a 5.000 millones de dólares en 1998.

Las décadas de los 50 y los 60 presenciaron la expansión de la industria de redes, que incluyó a Shaklee (1956), Amway (1959), Mary Kay (1962) y National Safety Associates (1970). En la década de los 70, el crecimiento del canal de network marketing ganaba impulso.

NETWORK MARKETING, MARKETING MULTINIVEL: ¿QUÉ CONTIENE ESTE NOMBRE?

Antes de describir el posicionamiento y la situación de la industria en la actualidad, nos detendremos para explorar cómo recibió su nombre el network marketing y cómo funciona.

Network marketing y marketing multinivel son sinónimos. El folklore de la industria documenta que marketing multinivel fue el título inicial que se le dio a este canal de distribución en la década de los 40. La denominación "marketing multinivel" describía los planes de compensación en los que las comisiones se pagaban por ventas hechas en "múltiples niveles" o en "múltiples capas" hacia abajo, en una organización de ventas estructurada verticalmente.

Doris Wood, del MLMIA, publicó una de las primeras definiciones formales de este canal de ventas: "El marketing multinivel es un sistema legal para comerciar productos por medio de múltiples niveles de distribución (distribuidores). Estos distribuidores compran al por mayor y actúan como intermediarios entre el fabricante y el consumidor que paga precio minorista."

En comparación, los programas tradicionales de compensación en venta directa puerta a puerta, pagaban tan sólo por un nivel sobre la base de una transacción específica de vendedor a comprador.

Desde sus comienzos, el MLM recibió muchos nombres: marketing de-boca-en-boca, distribución persona-a-persona, amigos que hacen negocios con amigos, marketing conversacional, distribución interactiva, marketing personal, marketing de relación y otros. Los críticos afirman que la industria utiliza varios nombres y títulos modernos para distinguir el proceso de venta —y distanciarlo— de los calumniados e ilegales esquemas Ponzi, programas financieros piramidales de ventas, cartas en cadena y escándalos de defraudaciones a consumidores.

Network marketing es el término preferido para el nuevo milenio. Network marketing enfatiza apropiadamente la comunicación y construcción de relaciones de persona a persona y los procesos de formación en el núcleo de este canal de marketing. El network marketing basado en la comunicación interpersonal puede unirse directamente a la informática, con el enfoque puesto en los procesos de distribución relacionados con el servicio eficiente a los consumidores y la maximización de la satisfacción y de la economía global y multicultural, que dependen en gran medida de la comunicación de persona a persona.

> Netwok marketing es el término preferido para el nuevo milenio. Network marketing enfatiza apropiadamente la comunicación y construcción de relaciones de persona a persona y los procesos de formación en el núcleo de este canal de marketing.

NETWORK MARKETING VERSUS VENTA DIRECTA

¿Cómo se distingue, precisamente, el network marketing de la venta directa? ¡Esta pregunta es una de las más frecuentemente formuladas en toda disciplina de ventas! También es una de las preguntas más desafiantes para responder con claridad. El network marketing y la venta directa comparten algunas similitudes significativas y algunas diferencias importantes.

Tanto el network marketing como la venta directa:

- Utilizan el proceso de comunicación interpersonal cara-a-cara, uno-a-uno, para transmitir ideas de persona-a-persona.

- Transmiten información, explican y demuestran ideas sobre productos y servicios.

- Operan fuera de una ubicación comercial fija (por ejemplo, tienda departamental, negocio minorista especializado, negocio minorista con descuentos, supermercado).

- Operan generalmente en una oficina u hogar.

La venta directa y el network marketing se diferencian en varias dimensiones clave, descriptas por separado en las siguientes secciones.

CONCRETAR LA VENTA/CONSEGUIR EL PEDIDO VERSUS DESARROLLAR RELACIONES

Históricamente, la venta directa ha sido criticada por enfocarse en concretar la venta y conseguir el pedido. "No sucede nada hasta que se realiza una venta" es la acusación que se le hace a la cultura de la venta directa.

Durante los años que Charles King pasó en la universidad, fue vendedor directo a medio tiempo para una empresa que vendía enciclopedias. La empresa lo capacitó en la clásica venta directa puerta-a-puerta, desarrollada típicamente en un suburbio de clase media en ascenso.

King describió ese proceso de venta directa: "El objetivo inicial del contacto era lograr una invitación para realizar una presentación del producto en el hogar del consumidor. La presentación estaba diseñada para exponer el producto y responder preguntas de índole informativa y motivacional. El proceso luego continuaba con el manejo de las objeciones. Finalmente, el foco de atención cambiaba: presentar el contrato de venta, concretar la venta, lograr la firma del contrato de venta, recibir el primer pago e irse —antes de que el cliente cambiara de parecer respecto a la compra."

¡Concretar la transacción mediante el pago de la misma era el objetivo desde el primer golpe en la puerta, durante la presentación, y hasta el cierre y el momento de irse!

> **E**xiste un compromiso psicológico para preservar y desarrollar la red social.

Obviamente, el proceso de venta directa ha madurado y se hizo más sofisticado, con un discurso que se fue suavizando desde la década de los 60 y hasta principios de los 70. Pero muchos programas todavía están orientados hacia la venta y el cierre del trato.

Actualmente existe una literatura masiva que resume el proceso de venta, lo que incluye prospectar, presentar el producto, identificar los beneficios y características clave de los productos, manejar las objeciones, concretar la venta, completar el pedido y llevar a cabo hasta el final el plan ganador y más. Existe toda una industria de entrenadores de ventas y consultores en gerenciamiento de fuerza de ventas para desarrollar y ajustar el proceso.

COMPARTIR INFORMACIÓN Y DESARROLLAR RELACIONES

En el network marketing, el énfasis está puesto en compartir información, y en desarrollar y mantener una relación personal que se mantenga con el paso del tiempo. El profesional del networking interactúa en general con amigos y familiares o nuevos contactos... que probablemente se conviertan en amigos.

El objetivo será seguramente presentar al presunto comprador el concepto de producto/servicio, y toda información relevante, y lograr que el amigo compre y pruebe el producto. Sin embargo, el objetivo a largo plazo es desarrollar y mantener esas relaciones interpersonales más allá de la venta inicial. Existe un compromiso psicológico para preservar y desarrollar la red social.

ESTATUS DE CONTRATISTA INDEPENDIENTE

El networker, comúnmente llamado distribuidor, asociado de ventas o consultor, es casi universalmente un contratista independiente. Las estadísticas de la Encuesta sobre Crecimiento y Perspectivas de la Venta Directa que tuvo lugar en 1998, indicaban que el 99,8 por ciento de la fuerza de venta directa, incluyendo a los profesionales del network marketing, trabajaba como contratista independiente.

El contratista independiente de network marketing es un agente libre que puede vender en cualquier lugar, en cualquier territorio o región de su país o en cualquier país extranjero donde opere su compañía. Los contratistas independientes dirigen sus propias operaciones de venta, virtualmente no tienen jefes o supervisores, tienen "libertad de tiempo" para organizar sus propios horarios de trabajo, pagan sus propios gastos y reciben comisiones por los productos/servicios vendidos directamente por ellos o por su grupo de ventas.

Sin embargo, los distribuidores independientes deben operar según las políticas y procedimientos descriptos por la compañía. Sus políticas y procedimientos definen típicamente reglamentaciones específicas referidas a reclamos que pueden hacerse sobre los productos, al uso de publicidad, ubicaciones o lugares especiales donde pueden o no pueden realizarse ventas, detalles específicos del plan de compensación, procedimientos administrativos diversos y otros puntos.

> **El** distribuidor asocia y luego entrena prospera en ventas en red y duplicación de esas técnicas para que a su vez, ellos desarrollen sus propias organizaciones de red.

Por el contrario, el vendedor profesional puede ser empleado de un fabricante, con relación contractual de trabajo que incluye salario/comisión y beneficios adicionales. Este vendedor trabajará bajo la supervisión de un gerente de ventas local, regional o nacional.

DESARROLLO DE LA ORGANIZACIÓN DEL NEGOCIO

El network marketing le ofrece al distribuidor independiente la oportunidad de desarrollar una organización de ventas en la que el distribuidor puede ganar comisiones sobre la base de las ventas de la red que haya construido.

Como desarrollador de negocios, el distribuidor asocia prospectos y luego los entrena en las "mejores prácticas comerciales" relativas a las ventas en red y en la duplicación de dichas técnicas para el desarrollo de sus propias organizaciones de red. Los distribuidores líderes desarrolladores de negocios, aconsejan a sus organizaciones de ventas. Su propio éxito es creado sobre la base de la actuación exitosa de su organización de red. Los líderes son responsables de asociar, capacitar y apoyar a sus grupos.

Como recompensa por sus esfuerzos de auspicio y entrenamiento, el distribuidor líder gana una comisión extra por la productividad en las ventas del grupo que ha asociado y capacitado.

LA ESTRUCTURA DEL PLAN DE COMPENSACIÓN

En venta directa, el plan de comisiones suele pagar basándose únicamente en las ventas individuales. En el ejemplo de la venta de enciclopedias, King recibía una comisión del 48 por ciento sobre el monto de la transacción cuando se aprobaba el pedido y era procesado por la editorial. Y ese era el "fin de la transacción —¡y a seguir con la próxima!"

En el network marketing, casi al igual que en el proceso de venta directa, también se paga una comisión por la venta inicial de un producto o servicio. Por lo tanto, el empresario de red vende activamente productos a clientes al igual que en venta directa y logra una comisión por esas ventas.

Sin embargo, los planes de compensación de network marketing están diseñados además para capitalizar las ventas repetitivas a ese cliente inicial. El distribuidor original, quien desarrolló la relación con el cliente, sigue cobrando comisiones por las ventas consecutivas a dichos clientes.

Tal como se destacó anteriormente, aquellos distribuidores que son desarrolladores de organizaciones de negocio pueden ganar una comisión extra por las ventas del grupo que han asociado y entrenado como distribuidores de network marketing. Mientras que cada compañía de network marketing tiene casi siempre un plan de compensación diseñado para su línea de productos y estrategia de marketing particulares, los planes suelen pagar comisiones por muchas generaciones de asociados —a veces miles de distribuidores, decenas de miles, cientos o miles de miles de distribuidores— lo que representa un volumen de millones de dólares en ventas de productos.

Dentro de esta amplia estructura de compensación de network marketing, cada compañía tiene sus propios planes de compensación a distribuidores, diseñados alrededor de sus productos en particular, de las estrategias de marketing y de los objetivos financieros de la empresa. Es fundamental que el plan de compensación, generalmente llamado plan de marketing, de una compañía de MLM, sea estudiado y comprendido por el distribuidor. Explica cómo la empresa calcula las comisiones del distribuidor sobre la base de ciertos criterios de desempeño en las ventas.

En general, la industria tiene una terminología compleja que describe varios tipos de fórmulas de compensación, como el plan de ruptura, el binario, el de matriz, el de nivel único y planes híbridos que incluyen elementos seleccionados de varios de estos programas genéricos. Existen libros que describen ampliamente estas variadas estructuras genéricas de compensación. El manual líder en el campo del network marketing, Ventas Directas: una Vista General, del Dr. Keith B. Laggos, presenta una visión general en cinco capítulos sobre distintos planes de compensación.

En el actual ambiente emocionantemente competitivo, las compañías agresivas de network marketing están re-evaluando las estructuras de compensación tradicionales para hacerlas más atractivas para la asociación y motivación de distribuidores. Los Nuevos Profesionales que investigan esta actividad, deberían revisar con cuidado los planes de compensación de todas las compañías candidatas y comprender cómo operan, antes de unirse a cualquier organización de network marketing.

EL CANAL DE NETWORK MARKETING: DESCRIPCIÓN

El papel fundamental del canal de network marketing es acelerar el movimiento de productos y servicios —brindarle "velocidad al mercado"— usando la técnica de distribución más eficiente del marketing como disciplina: la comunicación de-boca-en-boca. Conceptualmente, el canal tradicional de distribución de productos para consumo mueve un producto a través de los siguientes intermediarios:

> **El papel fundamental del canal de network marketing es acelerar el movimiento de productos y servicios -brindarle "velocidad al mercado" - usando la técnica de distribuición más eficiente del marketing como disciplina: la comunicación de-boca-en-boca.**

Fabricante - vendedor corporativo – consignatario de comida - vendedor mayorista regional – vendedor mayorista local – negocio minorista.

Es caro organizar este canal y a veces se requieren millones de dólares para lograr representación mayorista y saturación de los negocios. Una vez que la estructura del canal está armada y con varios miembros en actividad, se necesita un amplio sistema logístico de transporte, depósito y administración de inventario para proveer y brindar servicio a los miembros del canal. A su vez, todos los miembros de este canal deben cobrar un margen porcentual para cubrir sus costos operativos y ganancias. Además, el típico producto de comida empaquetada será promocionado mediante campañas publicitarias regionales o nacionales, que probablemente impliquen presupuestos millonarios. Por ejemplo, Procter and Gamble, ícono del marketing de comidas empaquetadas, gastó aproximadamente 3 mil millones de dólares en publicidad en 1998.

Por el contrario, el network marketing implica un canal mucho más directo, más corto y menos costoso:

Fabricante – red de distribuidores minoristas/mayoristas – consumidor.

Mediante el uso que hace el network marketing de la comunicación boca-en-boca y de la entrega directa del fabricante al consumidor, se pueden llevar adelante economías significativas sobre la base de:

- Penetración más rápida del mercado al que se apunta; logrando de esa manera disminuir la inversión en desarrollo del mercado y acelerar las ventas positivas del canal y el flujo de dinero durante la etapa de inicio de la producción.

- Reducción de los costos de publicidad, al reemplazarla por la comunicación boca-en-boca.

- Eliminación de costos marginales por la existencia de intermediarios innecesarios.

EL PROCESO DE NETWORK MARKETING: ACTIVIDADES ESPECÍFICAS

El proceso de network marketing comprende tres actividades básicas:

1) Uso del producto:

El distribuidor compra y usa el producto y los servicios que representa. Por medio de su uso, aprende y experimenta sus beneficios. Dicho en el lenguaje empleado por la industria, el usuario de un producto o servicio "se convierte en producto del producto". El distribuidor obtiene rédito económico al comprarle a la compañía a un precio mayorista reducido. En algunos planes de compensación, puede ganar además una comisión o bonificación por desempeño sobre dicho consumo personal, si se lo incluye como parte del total de las ventas grupales del distribuidor.

2) Venta mayorista/minorista del producto a los clientes:

El distribuidor puede vender el producto o servicio directamente a los clientes. Sobre la base de estas transacciones, el distribuidor puede obtener:

a) ganancia minorista (el precio que se le cobra al cliente menos el costo de los productos adquiridos al fabricante o compañía de network marketing) o

b) comisión por ventas o bonificación por desempeño por los productos o servicios vendidos, premio que paga directamente la compañía proveedora.

3) Creación y administración de una organización de ventas:

El distribuidor puede crear una organización de ventas asociando, capacitando y administrando un grupo de vendedores. Como recompensa por su esfuerzo de administración de las ventas, el distribuidor/gerente de ventas cobra una combinación de extras, comisiones y bonificaciones por las ventas de todo el grupo que haya asociado, entrenado y administrado.

CUESTIÓN DE LEY Y DE LEGITIMIDAD: ¿EL NETWORK MARKETING ES UN NEGOCIO "REAL"?

El ambiente legal para la industria del network marketing ha sufrido constantes cambios en los últimos sesenta años. Richard Poe, en *Ola 3*, el clásico que describe la maduración de la industria, señalaba el año 1979 como el "final de los 'duros días pioneros'... cuando la Comisión Federal de Comercio (FTC) dictaminó que Amway era un negocio legítimo —no un esquema piramidal."

El análisis de los registros legales, sin embargo, indica que desde 1979 las procuradurías generales, la FTC y la SEC (Comisión de Títulos y Cambio) han perpetrado intensos ataques contra la industria en diferentes momentos de la historia —los más recientes comenzaron en 1999 y siguieron en el año 2000. Observadores legales informan que estas oleadas investigadoras han sido causadas por varios factores:

- Crecimiento destacado de empresas visiblemente nuevas en la industria, que exigían atención de los reguladores.

- Creciente interés de la comunidad reguladora por la industria del network marketing en general.

- Reconocimiento por parte de los reguladores que la industria podría ser un lucrativo "coto de caza" legal para multas y penas significativas que respaldaría mayores presupuestos regulatorios.

- Ingreso a la industria de muchas compañías que recién se inician, sin una absoluta credibilidad, que desplazaron el límite de las prácticas comerciales aceptables según la perspectiva de los reguladores.

Jeffrey A. Babener, abogado de renombre en el network marketing que representa a muchas firmas importantes de la industria, tiene una vasta experiencia en tratar con reguladores y litigios en la corte. Ha destacado que el historial regulador de la industria se ha caracterizado por "ciclos en los que el clima legal ha transitado entre el desafío y el apoyo..." Aunque aún sin desafíos legales —y prácticos— en general, las compañías de venta directa legítimas son bien recibidas en los Estados Unidos.

Sin embargo, el sistema regulador y legal relacionado con el network marketing, es todavía un mosaico cambiante de leyes superpuestas sin uniformidad, que cambian según el país y el lugar. Por lo tanto, es esencial que el Nuevo Profesional que investiga esta actividad como alternativa comercial, comprenda en un sentido bien amplio el clima legal relacionado con el canal de distribución.

LISTA DE VERIFICACIÓN LEGAL PARA HACER LAS DILIGENCIAS DEBIDAS

¿Qué debería saber y tener en cuenta un Nuevo Profesional cuando decide ingresar a esta industria y elegir una compañía en particular? Este es un breve antecedente legal y un resumen de una lista de verificación de temas clave que han sido identificados en la jurisprudencia, estatutos relevantes y códigos de ética industriales, para ayudar al proceso de "diligencias debidas" del Nuevo Profesional:

- En el ámbito empresarial, las agencias reguladoras federales y estatales han llevado adelante una guerra contra los esquemas piramidales, cartas y otros tipos de cadenas interminables, juegos de lotería y esquemas de Ponzi; todos los cuales se han presentado como operaciones de venta directa legítima. Con frecuencia, estos casos de gran resonancia pública han ejercido influencia negativa sobre las percepciones del público sobre las compañías legítimas de network marketing.

- La SEC y la FTC han definido pautas tempranas para detectar esquemas ilegales y otras cadenas empresariales ilegítimas durante los casos judiciales Dare to Be Great (1973) y Koscot Interplanetary Inc. (1975).

- A partir del histórico litigio de Amway entre 1974 y 1979, la Corporación Amway triunfó ante la FTC y estableció al marketing multinivel/network marketing como canal legítimo de distribución. La decisión produjo lo que se denomina "La Regla de Garantías de Amway" que da detalles de los estándares legales más significativos para determinar la legitimidad de una compañía de network marketing.

Frente a esta base legal, presentamos una lista de verificación de temas clave para usar en la evaluación de la legalidad y legitimidad de las empresas de network marketing:

- Las compañías de network marketing deben ser organizaciones de venta genuinas que vendan productos genuinos a los consumidores.

- Los productos vendidos deben tener un mercado inserto en "el mundo real" y un valor intrínseco y realista medido por la relación precio-calidad.

- Los precios de los productos deberán ser competitivos y no estar sobredimensionados.

- Los planes de compensación no deben exigir a los distribuidores la acumulación de stock de mercadería (operación llamada "carga frontal").

- Los distribuidores deben involucrarse en venta minorista y calificar bajo "la política de los diez clientes minoristas"; es decir, los distribuidores deben hacer diez ventas a consumidores minoristas como calificación de idoneidad para recibir comisiones y bonificaciones por las ventas/compras de otros distribuidores de su red.

- Los distribuidores deberían poner el énfasis en las ventas minoristas a consumidores que no participan de la organización de network marketing.

- Los distribuidores deben previamente usar o vender personalmente un mínimo del 70 por ciento de la mercadería comprada, antes de hacer un nuevo pedido. El objetivo es minimizar la acumulación de stock.

- Los planes de compensación no deben fomentar ni exigir compras obligatorias de productos o servicios periféricos.

- Las comisiones se pagan únicamente por los productos o servicios adquiridos por los distribuidores para su uso personal o para la venta a otros distribuidores o consumidores no asociados.

- Los planes de compensación no deben pagar comisiones a los distribuidores por perseguir o asociar, en los casos en que el énfasis del plan de compensación está puesto en asociar antes que en vender el producto.

- Los costos de ingreso deberían ser bajos, sin que se exijan inversiones importantes de dinero. Los kits de ventas se deberían ofrecer a los distribuidores prácticamente al costo.

- Las compañías deberían tener una política de "re-compra" de productos no vendidos, que no hayan sido abiertos y que se puedan reingresar al stock, lo cual podría incluir un cargo razonable por renovación de existencia. Esta política debería aplicarse a distribuidores que compran por de más o que deciden abandonar la organización antes de vender o usar todos los productos.

- Los distribuidores que además sean "desarrolladores del negocio", o sea que construyen una red de ventas, son responsables de brindar supervisión genuina, apoyo a la distribución, capacitación sobre los productos, o bien pedir capacitación/apoyo/auspicio para que su red de ventas logre mover el producto o servicio hasta el consumidor final.

- Las compañías de network marketing no deberían hacer manifestaciones sobre supuestas ganancias a menos que las mismas estén basadas en un historial de estadísticas de ventas.

LA ACTUALIDAD SOBRE LA VENTA DIRECTA Y EL NETWORK MARKETING EN LOS ESTADOS UNIDOS

Analicemos el estado actual de la industria. ¿Qué cantidad de negocios realizan los profesionales de red? ¿Qué productos o servicios venden? ¿Dónde los venden? ¿Cuánto tiempo pasan desarrollando sus negocios independientes y de qué ámbitos provienen?

La DSA realiza encuestas anuales entre fabricantes, miembros y no miembros que distribuyen por el canal de venta directa, acerca de las ventas de productos y

servicios que realizan. Tal como verán, la parte correspondiente al network marketing es la más importante.

Los "por qué" de vendedores directos y profesionales de red

¿Por qué la gente se involucra en el network marketing? Personas de todo tipo de procedencia —amas de casa, obreros con ansias de ascender socialmente, ejecutivos intermedios, propietarios de pequeños co-
mercios, profesores universitarios, abogados, den-
tistas, personas con discapacidades y otros— trabajan a tiempo completo o a medio tiempo en venta
directa. En la Encuesta sobre Actitudes frente a la
Venta Directa realizada en 1997 por Wirthlin
Worldwide, fueron detectados representantes de
venta directa (antiguos y actuales) en el 19 por ciento de los hogares escrutados, de los cuales un 6 por
ciento tiene representantes en actividad.

> **L**os distribuidores deben previamente usar o vender personalmente un mínimo del 70 por ciento de la mercadería comprada, antes de hacer un nuevo pedido.

Históricamente, el mantra de los promotores
de la industria era "MDLT" —Mucho Dinero y Li-
bertad de Tiempo. Según el folklore de la industria, la gente ingresa a la actividad
de la venta directa y del network marketing para lograr ingresos impresionantes y
tener libertad de tiempo para hacer todo aquello que deseen, siendo sus propios jefes. Aunque indudablemente algunos vendedores directos y distribuidores han ingresado a la industria por tales motivos, la DSA y algunos informes confidenciales
cuentan una historia más amplia. La realidad es que la mayoría de la gente se ha
incorporado a la venta directa y al network marketing por una variedad de razones que van más allá del MDLT.

Los actuales representantes de venta directa expresaron ante Wirthlin
Worldwide estas cinco razones primordiales como motivo para ingresar al negocio, en orden de importancia (en escala de 1 a 5, donde 5 indica una razón suma-
mente importante):

Oportunidad de conocer nuevas personas	4,1
Recibir reconocimiento por sus logros	3,6
Potencialidad para ganar dinero	0,6
Una manera de comprar productos con descuentos	3,4

Una diversidad de encuestas patentadas por compañías de network marketing muestran que también ingresan a la industria vendedores directos y profesionales de red, por los siguientes motivos:

• Comprar productos específicos y de calidad a precio mayorista o con descuento.

- Cumplir un objetivo financiero a corto plazo (por ejemplo, comprar un automóvil, irse de vacaciones, etc.)

- Incorporarse a un emprendimiento bajo la filosofía de "mucho trabajo"/ "gran recompensa": "A mayor trabajo, mayor potencial para ganar dinero."

- Contar con una fuente de ingreso suplementario y constante.

- Desarrollar un nuevo camino empresarial sobre la base de la "equidad de esfuerzo" y de una inversión relativamente pequeña.

- Conocer personas y tener mayor roce social.

- Mejorar el desarrollo personal.

- Contribuir al desarrollo de otras personas.

- Formar parte de un negocio junto con un amigo o familiar.

> La mayoría de la gente se ha incorporado a la venta directa y al network marketing por una variedad de razones que van más allá del MDLT (Mucho Dinero y Libertad de Tiempo).

La Encuesta de Fuerza de Ventas Nacional de la DSA de 1999, volvió a confirmar estas conclusiones. Mientras que el 32 por ciento de los encuestados afirmó que la principal razón para convertirse en representante de venta directa era lograr un ingreso adicional, el 68 por ciento enumeró otros motivos: 20 por ciento dijo "creer en el producto", 10 por ciento manifestó desear "productos con descuentos, por mayor o gratuitos", y el 38 por ciento restante dio los motivos ya enumerados en la encuesta anterior.

Desde 1994, Charles King y un grupo de especialistas con autoridad en networking, llevan adelante en la Universidad de Illinois, Chicago, el Seminario Certificado de Network Marketing de dicha universidad, para profesionales del tema. Es el primer programa de su tipo auspiciado por una universidad de primer nivel y sigue siendo el principal programa universitario de su estilo en el mundo. Incluye técnicas comprobadas para planificar, desarrollar y administrar una organización de network marketing.

En dicho programa, una clase es dedicada a los "porqué" del network marketing. Los participantes definen la misión de la industria desde la perspectiva del distribuidor. Las definiciones escritas por aquellos participantes profundamente involucrados brindan poderosas percepciones acerca del network marketing. Aquí van algunas de ellas:

- "Por medio del marketing de relación, potenciamos a otras personas para que alcancen un alto nivel de dominio de sí mismos empleando integridad, honestidad, compasión, responsabilidad y ética. Brindamos a las personas libertad personal e independencia financiera para que logren una vida de abundancia."

- "Cuidar y proteger el ambiente, en donde las personas, más allá de sus antecedentes, educación o experiencia –con una inversión mínima de capital- puedan lograr independencia personal y financiera, y al mismo tiempo ayudar a otros a hacer lo mismo."

- "Por medio de los esfuerzos de cooperación y la fe aplicada por individuos de toda edad, sexo, raza, educación y religión, el network marketing se erige solitario como el mayor vehículo en el mundo para lograr libertad personal, éxito empresarial y una vida familiar enriquecida."

- "Promover la comprensión y aceptación del network marketing para que, así, se convierta en la primera elección que faculte a la gente a maximizar su potencial, aumentar su libertad y crear riqueza personal."

Anuncio de la DSA:
Ventas Minoristas y Cantidad de Vendedores Directos en 1999

En junio del 2000, Neil Offen, presidente de la Asociación de Venta Directa (DSA, sigla en inglés) presentó los datos preliminares acerca de la industria de la venta directa para el año 1999 en la Convención de la entidad en Boca Raton, Florida.

- Las ventas directas minoristas totalizaron 24.540 millones de dólares en 1999; un 5,9 por ciento superior a la cifra de 1998.

- La cantidad de profesionales se incrementó a 10,3 millones en 1999; un aumento del 6,2 por ciento.

Offen resumió: "este es el decimosexto año récord seguido para la venta directa. Los felicito por este logro de toda la industria. Todos ustedes ayudan a mantener vivo y en buenas condiciones el Sueño Americano, aquel que implica ser uno mismo su propio jefe y lograr una relación directa entre el esfuerzo y la recompensa."

La información definitiva correspondiente a los años subsiguientes, no está disponible al momento, debido a que aún existen análisis adicionales pendientes.

Crecimiento histórico en venta directa y fuerza de ventas: 1993-1998

Las ventas en dólares y el número de distribuidores involucrados en venta directa y network marketing en el período 1993-1998 (los datos más completos de que se dispone), se resumen en el cuadro 4.1.

Cuadro 4.1: Ventas Directas en EE.UU, 1993-1998

Año	Ventas Minoristas (en millones de dólares)	Cantidad de Vendedores (en millones)
1993	14.980	5,7
1994	16.550	6,3
1995	17.950	7,2
1996	20.840	8,5
1997	22.210	9,3
1998	23.170	9,7

Nota: estas estadísticas son estimativas de toda la industria e incluyen tanto a empresas que forman parte de la DSA como a aquellas que no.

Cuadro 4.2: *Programas de Compensación Multinivel versus de Nivel Unico, 1998*

	Multinivel	Nivel Único
Porcentaje de empresas	80,4	19,6
Porcentaje de ventas en dólares	73,5	26,5
Porcentaje de vendedores	81,7	18,3

- Desde 1993 a 1998, la venta directa creció de 14.980 millones de dólares a 23.170 millones, (incremento mayor al 54 por ciento).

- De igual modo, el número de distribuidores involucrados en el network marketing aumentó en ese período de cinco años, de 5,7 millones a 9,7 millones, un incremento superior al 70 por ciento.

Estructura de compensación

El cuadro 4.2 compara los programas de compensación MLM con los de nivel único.

Este cuadro presenta algunos datos importantes. En primer lugar, los programas de compensación de network marketing, dominan actualmente la industria de la venta directa en todas las mediciones significativas de actuación. En 1994-1995, Neil H. Offen, en ese entonces director ejecutivo de la DSA, informaba que la DSA había enfrentado "un cisma creciente entre los miembros estructurados de manera tradicional y los miembros multinivel. En ese momento la membresía estaba dividida casi en mitades exactas, pero casi todos las presentaciones para convertirse en miembros de la DSA eran de compañías multinivel.

Segundo, los planes de compensación multinivel:

- Se utilizan en el 80,4 por ciento de todas las empresas de venta directa.

- Generan el 73,5 por ciento de las ventas totales.

- Incluyen al 81,7 por ciento de los distribuidores de venta directa.

De acuerdo con la información de los cuadros 4.1 y 4.2 podemos determinar las ventas específicas y el impacto ocupacional del network marketing en la actualidad, frente a la industria de la venta directa en su conjunto:

- 23.170 millones de dólares de ventas directas totales (73,5 por ciento de ventas correspondientes al canal network marketing = 17.030 millones de dólares en ventas hechas mediante network marketing).

- 9,7 millones de distribuidores (81,7 por ciento correspondiente a distribuidores de network marketing = 7,2 millones de distribuidores de network marketing).

PORCENTAJE DE VENTAS DE LOS GRUPOS DE PRODUCTOS MÁS IMPORTANTES

El cuadro 4.3 presenta el porcentaje de ventas totales en dólares de los grupos de productos más importantes reportados en el año 1998.

Cuadro 4.3 Porcentaje de ventas totales en dólares por grupos de productos,1998.

Grupo de productos	Porcentaje
Cuidado del hogar y de la familia (productos de limpieza, ollas y cubiertos)	32,2
Cuidado personal (cosméticos, joyas, cuidado de la piel, etc.)	25,9
Servicios/misceláneos/otros	18,2
Productos para el bienestar (para perder peso, vitaminas, etc.)	17,9
Productos educativos/de entretenimiento (libros, juegos, Juguetes, enciclopedias, etc.)	5,8

Estas son, entre otras, las conclusiones del cuadro 4.3:

- La proporción producto/servicio que se distribuye en el canal de venta directa ha variado en años recientes. Los productos de cuidado familiar/del hogar siguen siendo la categoría dominante y representan más del 32 por ciento del volumen total de ventas (23.170 millones de dólares en 1998), pero así mismo representan una disminución respecto al 38,8 por ciento correspondiente al año 1995.

- Los productos de cuidado personal estaban en el segundo puesto con un 25,9 por ciento, pero esta cifra también cayó, desde el 34,4 por ciento del año 1995.

- Los productos misceláneos/servicios han ido logrando porcentajes cre-cientes, hasta alcanzar un 18,2 por ciento de las ventas, desde un 10,4 por ciento en 1995; 4,8 en 1985 y 4,0 en 1980.

Estrategia de ventas

La estrategia de venta, o método utilizado para generar ventas, representado como porcentaje del total de ventas en dólares, se presenta en el cuadro 4.4.

Cuadro 4.4 Estrategia de venta como porcentaje de ventas totales en dólares, 1998

Estrategia	Porcentaje
Venta individual (uno a uno)	71,9
Venta grupal (en reunión)	26,3
Pedidos de clientes directamente a la empresa (luego de una presentación personal)	1,6
Otros	0,2

A partir de este cuadro podemos obtener las siguientes conclusiones:

- En términos de estrategias de venta utilizadas, las ventas individuales (uno a uno) representaron 71,9 por ciento de las ventas totales en dóla-res que se movieron en el canal.

- Cuando el 1,6 por ciento de "pedidos de clientes directamente a la em-presa (luego de una presentación personal)" se considera como una ex-tensión de las ventas del tipo individual (uno a uno), el total asciende a 73,5 por ciento.

- En comparación, la venta grupal (en reunión) representó solamente el 26,3 por ciento de las ventas totales en dólares y ha caído en años recien-tes por la presión de "escasez de tiempo" del consumidor.

Ubicación de las ventas

El cuadro 4.5 informa la ubicación de las ventas como porcentaje del total de ventas en dólares.

Cuadro 4.5 Ubicación de las ventas como porcentaje de ventas totales en dólares, 1998

Ubicación	Porcentaje
En el hogar	69,5
Por teléfono (como seguimiento luego de una proposición cara a cara)	10,9
En el lugar de trabajo	10,7
En ubicación temporaria (feria, exhibición, centro comercial, etc.)	6,1
Otra ubicación (oficina del representante, correo directo, etc.)	2,8

De este cuadro podemos sacar las siguientes conclusiones:

- El hogar sigue dominando como principal ubicación en la venta directa y representa el 69,5 del total de ventas directas en dólares.

- Las ubicaciones "que siguieron de cerca a la primera" fueron "por teléfono" o "en el lugar de trabajo", totalizando 10,9 y 10,7 por ciento respectivamente.

- La combinación de respuestas "en el hogar", "por teléfono" y "en el lugar de trabajo" representó el 91 por ciento de las ventas totales en dólares.

Demografía de la población relacionada con venta directa

El cuadro 4.6 presenta un breve perfil demográfico de la población relacionada con venta directa.

El perfil demográfico de la población relacionada con la venta directa en EE.UU. ha sido recientemente investigada por la DSA en dos estudios diferentes: la Encuesta sobre Crecimiento y Perspectiva de la Venta Directa del año 1999 y la Encuesta sobre la Fuerza de Ventas Nacional también de 1999. Las encuestas muestran datos relevantes sobre el perfil que presentaba el distribuidor en el año 1998.

Según resumió la DSA: el representante "típico" de venta directa es "una mujer caucásica de 43 años de edad, casada, que ha finalizado alguna carrera terciaria, sin discapacidades permanentes ni temporarias y su primera lengua es el inglés. Su ingreso bruto anual promedio antes de deducciones, proveniente de su trabajo como distribuidora, es menor a 12.000 dólares y no tiene un empleo adicional."

Los datos detallados se encuentran en el cuadro 4.6:

Cuadro 4.6 Demografía de la población de venta directa. Porcentaje de población total de venta directa, 1998

Tipo de empleo			
Contratista independiente	99,8 %	Empleado	0,2%
Horas de trabajo por semana			
Menos de 30 horas	82,8%	40 horas o más	10,8 %
30-39 horas	6,4%		
Género			
Femenino	57,9%	Equipos de dos personas	15,7%
Masculino	26,4%		
Total de personas en el hogar			
Promedio	3,3		
Total de niños en el hogar			
Cero	45%	Tres	10%
Uno	18%	Cuatro o más	6%
Dos	20%	No responde	1%
Raza			
Caucásico	83%	Estadounidenses nativos	1%
Afro-Americanos	8%	Otros	1%
Hispanos	4%	No responde	2%
Asiáticos	1%		
Edad			
Promedio	43.4	45-54	24%
18-24	5%	55-64	12%
25-34	22%	65 y más	6%
35-44	30%	No responde	1%
Educación			
Menos de escuela secundaria 3%		Título asociado	9%
Secundario completo	23%	Título terciario	25%
Terciario incompleto	30%	Universitario	10%
Discapacidad			
Tiene una discapacidad	6%	Temporaria	10%
Permanente	87%	No responde	3%

Podemos sacar las siguientes conclusiones del Cuadro 4.6:

- Los contratistas independientes controlan la fuerza de venta directa, representando el 99,8 por ciento de la industria.

- Aunque las mujeres siguen representando la mayor parte de la población de venta directa, el 57,9 por ciento, la tendencia actual ha ido claramente hacia el incremento del número de hombres y de equipos de dos personas (generalmente hombre y mujer). En 1996, por ejemplo, las mujeres representaban el 70,4 por ciento de la fuerza de venta directa y los equipos de dos personas eran el 19,3 y 10,3 por ciento respectivamente.

- La mayoría de los profesionales de red trabajan a medio tiempo, o bien trabajan menos de cuarenta horas por semana, por elección o necesidad.

- El análisis de la distribución de sexos a través de diferentes accesos al campo de ventas arrojó estas conclusiones: las mujeres representan el 92 por ciento de la fuerza de ventas de los planes grupales, mientras los hombres representan sólo el 8 por ciento; por comparación, los hombres representan el 30 por ciento de la fuerza de ventas del tipo individual (uno a uno).

- Los vendedores directos tienen familias relativamente pequeñas. El hogar promedio incluía 3,3 miembros; 45 por ciento de los hogares no tenían hijos y el 38 por ciento tenían dos hijos o menos; sólo 16 por ciento de las familias tenían 3 o más hijos.

- Los caucásicos representaban un 83 por ciento de los distribuidores; los afro-americanos representaban el 8 por ciento del total; mientras que un 4 por ciento de hispanos estaban involucrados en la venta directa. Dentro del segmento plan de reunión, los afro-americanos representaban sólo un 3 por ciento y los hispanos el 1 por ciento de los participantes.

- La edad promedio de los vendedores directos era 43,4 años; 76 por ciento de los vendedores directos tenían entre 25 y 54 años; 12 por ciento tenían entre 55 y 64 años; 6 por ciento tenía 65 años o más.

- En cuanto a educación, 23 por ciento de todos los distribuidores contaban con secundario completo; 74 por ciento cursó el terciario; 25 por ciento tenía un título universitario; y un 10 por ciento, título universitario.

- 6 por ciento de los vendedores directos tenían una discapacidad permanente o temporaria.

EXPANSIÓN GLOBAL: VENTA DIRECTA INTERNACIONAL

La Federación Mundial de Asociaciones de Venta Directa (siglas en inglés: WFDSA) coordina información estadística recogida de aproximadamente cincuenta diferentes asociaciones de venta directa de todo el mundo. Los datos estadísticos que reflejan desafíos son significativos. Las organizaciones de venta directa operan:

- En diferentes idiomas y culturas según se desprende de los informes estadísticos.

- Con niveles ampliamente distintos de sofisticación operativa entre los países con una organización de venta directa organizada.

- Sobre la base de tasas de tipo de cambio variable.

- Con diversos sistemas de recolección de datos y reporte de ciclos cronometrados.

A pesar de las dificultades, los datos de la WFDSA brindan una informativa descripción de la industria global de la venta directa.

Esta industria, según expresa Neil Offen, presidente de la DSA de EE.UU, experimentó un impactante crecimiento en el desarrollo del mercado mundial en la década de 1990.

- En junio de 2000, la Federación Mundial de Asociaciones de Venta Directa (WFDSA) presentó su más reciente Encuesta Estadística Internacional de Compañías de Venta Directa. Sumando los datos actualizados preliminares de 1999 presentados por Offen, resultaron las siguientes conclusiones: El volumen de ventas directas globales superó los 84.000 millones de dólares. Sin embargo, esta cifra no refleja la verdad del impresionante crecimiento en ventas unitarias, debido al impacto de las crisis económicas en Corea, Malasia, Tailandia, Indonesia y varios mercados más. El clima económico negativo también tuvo impacto en Japón, el mercado más grande de la venta directa del mundo, en cuanto a volumen se refiere. Las ventas directas de Japón se mantuvieron estancadas durante varios años, reflejando las fluctuaciones cambiarias japonesas y la incertidumbre económica de la era.

- Si se hace un análisis global, el número de distribuidores supera actualmente los 34 millones de personas, incremento superior al 39 por ciento desde 1996. Aproximadamente 18 millones de personas se han incorporado a la comunidad del network marketing desde 1993; un aumento del orden del 132 por ciento.

- Estimaciones conservadoras sobre la industria pronostican que más de 200 millones de nuevos distribuidores serán asimilados alrededor del mundo en los próximos diez años.

Cuadro 4.7 Ventas directas minoristas y fuerza de venta globales estimadas, 1993-1999

Año	Ventas minoristas (millones de US$)	Cantidad de vendedores (millones)
1993	61.670	14,9
1994	67.570	17,7
1995	74.900	21,0
1996	79.320	24,9
1997	80.470	30,9
1998	81.870	33,7
1999	84.510	34,6

Este cuadro presenta los últimos datos de la WFDSA referidos a ventas globales y fuerza de ventas en el período que va desde 1993 a 1999.

A partir de las estadísticas de 1997, 1998 y 1999 de los países miembros de la WFDSA —las más recientes que están disponibles- se ha conformado una lista de países donde está establecida la industria y cuyas ventas superan los "miles de millones de dólares". En el cuadro 4.8 se enumeran junto con la información estadística más reciente sobre ventas y población de distribuidores. Si bien estas cifras por país, quizás no cumplan con los rígidos estándares de los economistas académicos, brindan un amplio panorama comparativo de los países líderes de esta actividad.

Cuadro 4.8 Países donde la venta directa supera los "miles de millones de dólares"

País	Ventas minoristas (millones de dólares)	Cantidad de vendedores (millones)
Japón	$31.000 (1999) •	2 •
Estados Unidos	$24.540 (1999) •	10,3
Alemania	$ 3.570 (1998) •	0,455
Francia	$ 3.570 (1998) •	0,200
Brasil	$ 2.650 (1999) •	1,165
México	$ 2.650 (1999) •	1,700
Italia	$ 1.850 (1999) •	0,260
Corea	$ 1.400 (1998) •	0,818
Reino Unido	$ 1.340 (1999) •	0,424
Taiwán	$ 1.220 (1998) •	2,781
Australia	$ 1.200 (1997)	0,650
Malasia	$ 1.120 (1999)	2
Argentina	$ 1.100 (1998) •	0,394
Canadá	$ 1.050 (1998)	1,300
Total	$78.290 (92,6%)	23,447 (67,8%)
Total otros países	$ 6.220 (7,4%)	11,139 (32,2%)

Verificación

$78.290 (92,6%)	23,447 (67,8%)
$ 6.220 (7,4%)	11,139 (32,2%)
$84.510 (100%)	34,586 (100%)

Ventas directas minoristas
internacionales
aproximadas $84.510 (100%)   34,586 (100%)

• *Los cálculos de ventas minoristas estimados por la WFDSA incluyen a compañías miembros y a las que no lo son. Datos extraídos de la Encuesta Estadística Internacional de la WFDSA, datos sobre ventas directas mundiales, junio 2000.*

Del cuadro 4.8 surgen varias conclusiones impresionantes:

- En 1999 se vendieron más de 84.000 millones de dólares en todo el mundo por medio del canal del network marketing.

- Más de 34,6 millones de distribuidores participaron de la industria en 1999.

- La actividad está fuertemente concentrada: existen algunos países con ventas superiores a los miles de millones de dólares estadounidenses.

- Los países "donde las ventas superan los miles de millones de dólares" representan el 92 por ciento de las ventas globales, pero solamente un 67 por ciento del total de distribuidores en todo el mundo.

- Japón es el país líder en ventas, con el 36,7 por ciento del total de ventas a escala mundial.

- Los Estados Unidos están en segundo puesto con el 29 por ciento de participación en el mercado de ventas directas globales.

- Japón y Estados Unidos representan juntos el 65,7 por ciento de las ventas directas a escala mundial.

- Alemania y Francia representan individualmente cerca de un 4 por ciento de participación del mercado de las ventas directas globales.

- Brasil, México, Italia, Corea y el Reino Unido tienen una participación del mercado de entre un 3,2 y 1,5 por ciento, cada uno.

El poder del bloque asiático en el network marketing

Los países del bloque asiático tienen una fuerte cultura de comunicación interpersonal y una infraestructura competitiva bien establecida para la actividad de venta directa. El cuadro 4.9 presenta la información más reciente para identificar a los países asiáticos más importantes en venta directa.

Cuadro 4.9 Países asiáticos y Venta Directa

País	Ventas Minoristas (en millones de dólares)	Cantidad de vendedores (en millones)
Japón	$31.000 (1999)•	2
Corea	$ 1.400 (1998)•	0,818
Taiwán	$ 1.200 (1998)•	2,781
Malasia	$ 1.120 (1999)	2
Tailandia	$ 550 (1998)•	2,5
Indonesia	$ 210 (1998)	2,580
Filipinas	$ 170 (1997)	1,008
Hong Kong	$ 110 (1999)•	0,077
Singapur	$ 50 (1999)•	0,014
Total	$35.830	13,778

• *Las ventas minoristas de la WFDSA incluyen a las empresas que son miembros de DSA y a las que no..Datos extraídos de la Encuesta Estadística Internacional de la WFDSA, datos sobre ventas directas mundiales, junio 2000.*

Varios temas significativos deben destacarse:

- Como reflejo del poder económico del bloque asiático en la venta directa, estos países representan aproximadamente 35.830 millones de dólares en volumen estimado de ventas, superando el 42 por ciento de las ventas totales mundiales. Estos países tienen casi catorce millones de distribuidores, más del 39 por ciento de la comunidad mundial de venta directa.

- Japón es el país con más ventas en el mundo y lidera el bloque asiático.

- Corea, Taiwán y Malasia también se cuentan entre los países con compañías que superan los miles de millones de dólares en ventas.

- A pesar de su importante posición en la industria y su enorme potencial de desarrollo y expansión a largo plazo en esta actividad, la mayoría de estos países tienen economías del Tercer Mundo. Sus inestabilidades económicas intrínsecas pueden demorar el crecimiento de las ventas en el corto plazo.

PREPARADOS PARA EL FUTURO

El network marketing tiene raíces profundamente afincadas en el pasado estadounidense. Actualmente es un movimiento empresarial y de ventas que arrasa al mundo. Aunque sus ventas representan una pequeña porción del total de las ventas directas a consumidores, su impacto va más allá de los montos en dólares involucrados. Vale la pena subrayar el resultado de la encuesta de Wirthlin Worldwide, que afirma que el 19 por ciento de los hogares estadounidenses tienen al menos una persona que participa o participó en alguna forma de venta directa. Tomemos en cuenta además a Taiwán, que tiene en la isla una población total menor a 21,5 millones de personas, ¡y 2,78 millones de vendedores directos! Estas y otras estadísticas indican un compromiso o al menos un nivel de experimentación significativo con esta forma de desarrollo empresarial.

Tal como hemos visto y veremos en este libro, muchos Nuevos Profesionales están descubriendo al network marketing como una de las mejores oportunidades de reconstituir sus vidas, culturas de trabajo y planes financieros. Si la industria del network marketing de la década de 1990 se hubiera mantenido tal como estaba, es bastante improbable que estuviéramos viendo una incorporación de personas más preparadas y exitosas a dicha actividad. La venta directa y el network marketing seguirían siendo una actividad social para trabajadores de medio tiempo, en lugar de convertirse en un plan que abarque tanto la vida como la profesión.

Pero la industria no se mantuvo como estaba. Está atravesando cambios substanciales y mayoritariamente positivos —desarrollos impactantes que llevan a muchos importantes profesionales a mirar de manera seria e imparcial por primera vez al modelo de emprendimiento menos caro y más prometedor que existe.

El network marketing hoy tiene una nueva cara ¡y describírsela a ustedes significa que es momento de pasar a otro capítulo!

* Publicado en español por TIME & MONEY NETWORK EDITIONS, Buenos Aires, Argentina.

CAPITULO 5

La Nueva Cara del Network Marketing

El network marketing es una industria rica en historia, con un pasado extenso aunque polémico —un pasado profundamente enraizado en las tradiciones del arte de la venta cara-a-cara, una ocupación honrada en muchas sociedades pero a menudo menospreciada en la nuestra.

En la década de 1990, tal como se documentó en el capítulo 4, la industria había logrado un nivel de aceptación y legitimidad nunca antes conocido. Actualmente, su impacto en la economía y la sociedad se extiende más allá de su todavía relativamente pequeña participación en el total de ventas al consumidor, o de la fuerza de distribución involucrada y, por diversas razones, atrae a un amplio grupo de participantes individuales. Esta actividad, está claramente posicionada como un atractivo estilo de vida profesional alternativo para los trabajadores, y es vista como un efectivo canal alternativo de distribución para las compañías de productos y servicios de consumo que luchan por ser escuchadas en un mercado fragmentado y manejado por Internet.

¿Por qué? ¿Cómo pudo pasar que una industria cuyos orígenes se remontan al vendedor puerta-a-puerta de cepillos Fuller, la señora de Avon, la anfitriona Tupperware y el embanderado distribuidor de Amway, se convierta en tan poderoso canal de distribución para un creciente número de compañías líderes de productos y servicios? ¿Qué convirtió al network marketing en una ruta de empresariado tan atractiva para tantos profesionales capacitados y experimentados?

En los cambios ajenos a la industria puede encontrarse tan sólo una parte de la respuesta —cambios económicos, sociales y tecnológicos que obligan a las compañías y a los profesionales a buscar nuevas oportunidades de distribución y de generación de ingresos. Gran parte de la respuesta está en lo que sucede con el network marketing en sí.

Los estándares industriales de desarrollo de producto, marketing, gerenciamiento, sistemas financieros, tecnología y ética comercial han aumentado considerablemente en años recientes, lo que le ha dado al network marketing una "nueva cara" basada en la realidad y no en la acostumbrada y esperada publicidad industrial exagerada.

El network marketing se ha convertido en una industria de alcance internacional, impulsada por nueva tecnología, colmada de innovadores productos patentados —y eso es totalmente compatible con el renovado interés que denotan los Nuevos Profesionales respecto de la familia, el estilo de vida, la planificación de la jubilación y la libertad de tiempo.

En este capítulo, delinearemos las siete tendencias más importantes que están conformando la definición de la nueva cara del network marketing, tendencias que alimentarán su crecimiento así como su impacto económico y social en años venideros. Pero para comprender totalmente estas tendencias, es necesario aclarar primero algunas percepciones erróneas acerca de esta industria, generadas por algunos miembros, que aún hoy en día suelen exagerar sus logros.

Desde el principio, prometimos una visión aguda de los logros y el potencial de la industria, para que los aspirantes a Nuevos Profesionales puedan evaluar cuidadosamente tanto sus intereses como su panorama dentro del network marketing. Esta industria ha sido objeto de grandes críticas, estereotipos e incluso acoso excesivo de competidores y reguladores a lo largo de los años, pero algunos de estos ataques han sido causados por los mismos profesionales de red.

Las "mentiras" del network marketing

La historia temprana del network marketing fue escrita por fuertes personalidades de la venta con una poderosa capacidad de comunicación. Estos individuos del "Tipo A", transformaron la manera de contactar y vender productos, que pasó de la tradicional venta puerta-a-puerta llena de convincentes argumentos, a una actitud de venta persistente, agresiva y de fuerte carga emocional. Esta actitud de venta agresiva, además de prometer un producto decente y un buen ingreso, ¡ofrecía una oportunidad de cambiar la vida, superar adicciones, reconstruir matrimonios fracasados, y cambiar el mundo!

. La "historia de venta" tenía que ser carismática, cautivante y precisa, para hacer el cierre y mantener motivados a los distribuidores. La exageración y la hipérbole estaban a la orden del día.

Las afirmaciones que se hacían sobre los productos generalmente no se podían verificar. La supervisión a los vendedores por parte de las compañías era ineficaz —o inexistente. El network marketing no era la única actividad insensible a los intereses del consumidor. El movimiento moderno de protección al consumidor y la ética de satisfacción al cliente estaban en una etapa infantil con respecto a todo el proceso económico.

En esta cultura de la afirmación exagerada, algunos profesionales de red explotaban el mercado; otros eran engañados. Stephanie Mehta, periodista de la redacción de The Wall Street Journal identificó un artículo de 1984 usado para asociar distribuidores, que se supone culpable de haber alimentado la ola de desinformación y distorsión de los hechos, que plagó a la industria en los últimos quince años, y que todavía hoy se usa de referencia.

> Esta industria ha sido objeto de grandes críticas, estereotipos e incluso acoso excesivo de competidores y reguladores.

Mehta explica que el artículo "de la consultora de multinivel Beverly Nadler, afirma, sin atribuir la autoría de la frase, que en Harvard se enseña marketing multinivel. También afirma que entre 50 y 65 por ciento de todos los productos y servicios se venderán por métodos multinivel en la década de 1990." The Wall Street Journal nunca publicó esta información.

Mehta comenta que Nadler nunca pudo ser contactada para hacer comentarios. Pero en su libro "Congratulations, you lost your job" (Felicitaciones, has perdido tu trabajo), publicado en 1992, admitió que algunos datos de su artículo original no fueron verificados.

La clásica crítica de las debilidades de esta industria, "*The lies of MLM*" ("Las mentiras del MLM"), escrita por John Milton Fogg, debería estar en la lista de lectura obligatoria de todo profesional de red o prospecto que tenga relación con esta cultura. Fogg documentaba algunas de las "mentiras" más comunes:

- "El Wall Street Journal afirma que en el año 2000, entre 60 y 70% de todos los productos y servicios se venderán por medio de network marketing." Periodistas y personal del periódico negaron que alguna vez se haya hecho esa afirmación. Es lógicamente inválida, resultando una aserción fatua.

- "Se enseña MLM en las escuelas de negocios de Harvard y Stanford y en otras facultades y universidades líderes." Profesores y administradores de Harvard negaron que alguna vez hayan enseñado network marketing como parte del plan de estudios de la universidad. Thomas Bonoma, profesor de la Facultad de Economía de Harvard, enfatizó en Marketing News: "no enseñamos ese tipo de método [MLM]. . . No forman parte del plan de estudios... No se enseñan ni en esta ni en ninguna otra facultad de economía de este país."

- "Alrededor del 20 por ciento de los millonarios de este país crearon su fortuna con el network marketing." En su libro de comienzos de la década de 1990, Fogg informó que "90 por ciento de los millonarios crearon su fortuna mediante los negocios inmobiliarios." Fogg reconoció que algunos profesionales de red ganan un millón de dólares por año, mientras otros ganan un millón de dólares a lo largo de sus carreras. "Pero... ¿20 por ciento de todos los millonarios del país?" escribió Fogg, "por favor, usen el sentido común."

• "John Naisbitt, en su libro best seller, Megatendencias (*Megatrends*), afirma que el network marketing es la ola del futuro." Fogg replicó: "John Naisbitt nunca mencionó al network marketing en sí, ni en *Megatrends* ni en *Megatrends 2000* (la última edición), ni en ningún otro lado."

Fogg resumió su exposición con esta potente carga contra los profesionales de red: "Insto a cada uno de ustedes a reprimir las mentiras que encuentren por ahí. Digan la verdad. La honestidad es y será siempre la mejor política. La integridad es nuestro activo más preciado."

Reivindicación de ingresos y énfasis en el dinero

El network marketing ha sido criticado por su preocupación y excesivo énfasis en "generar dinero". Los críticos argumentan que hay demasiado énfasis en "hacerse rico rápidamente, sin trabajar".

Lo cierto es que la industria del network marketing contiene muchos ejemplos de personas que, con un origen relativamente modesto, han alcanzado importantes fortunas. Por ejemplo, Dexter Yeager, indiscutiblemente uno de los profesionales más ricos dentro del network marketing, se inició como distribuidor de Amway, desarrolló la organización más poderosa que existe en esa empresa, luego se expandió al negocio de "herramientas para networkers", produciendo materiales de ayuda para ventas, desarrollando finalmente un imperio financiero familiar diversificado. Mark Yarnell, ministro religioso, comenzó su carrera en el network marketing a mediados de la década de 1980 en Nu Skin, y alcanzó un ingreso anual multimillonario a mediados de la década de 1990, con una organización de distribución de alcance mundial que supera los 250.000 miembros. A partir de ese éxito, Mark se ha convertido en autor de best-sellers*, educador y vocero de la industria.

Jeff Roberti, distribuidor con el ingreso más alto de NSA (National Safety Associates) en la década de 1990; el difunto Ken Pontious, distribuidor más importante de Enrich; Todd Smith y Randy Schroeder de Rexall Showcase; Brian Bumpas de Mannatech; Craig Byrson, Dave Johnson, Richard Kall, Laura Kall, Russ Karlan y Craig Tillitson de Nu Skin —y la lista sigue y sigue— todos han alcanzado ingresos anuales multimillonarios.

Nu Skin informa que en 1998 en Estados Unidos, su grupo de distribuidores con mayores ingresos, los "Diamantes Azules", ganaron en promedio más de u$s 840.000 anuales. En 1995, Nu Skin organizó su Club de Millonarios para distribuidores que han ganado un millón de dólares o más en comisiones en Nu Skin International. Hasta junio de 2000, ese grupo de elite estaba compuesto por 264 miembros.

Si bien el grupo de "quienes ganan mucho dinero" es notable, cientos de miles de otros profesionales de red logran ingresos substanciales, aunque no pertenezcan al grupo de millonarios. Otras decenas de millones de personas en todo el mundo contribuyen de manera importante a su ingreso personal, mejoran su salud física y psíquica, realzan su nivel de vida y amplían su experiencia humana... ¡gracias a la cultura del network marketing!

¿Todos los profesionales de red ganan "Dinero Grande"? Por supuesto que no. Lo destacado es que algunos pueden y logran tener ingresos impresionantes. ¡La oportunidad para alcanzar la riqueza esta allí!

Sin embargo, tal como se dijo en el capítulo 4, el 68 por ciento de todos los distribuidores ingresan a la actividad por una amplia gama de razones más allá de "ganar dinero". De acuerdo a lo informado por la DSA (Asociación Americana de Venta Directa) en su "perfil del distribuidor", se evidencia un menor compromiso con el "desarrollo del negocio", ya que solamente un 5 por ciento de los profesionales de red trabaja a tiempo completo o cuarenta horas o más por semana; el 52 por ciento trabaja nueve horas o menos por semana.

Por supuesto, una menor inversión de tiempo tiene consecuencias en el ingreso. Tal como se destaca en el perfil de ingresos de la DSA, el distribuidor promedio gana menos de u\$s 12.000 al año. Muchas compañías publican desmentidas sobre las declaraciones de ingresos, para reducir las malas interpretaciones del mito "hacerse rico rápidamente." Por ejemplo, Amway afirma claramente en el "Plan Amway de Ventas y Marketing" –algo que todo distribuidor debería revisar– que "El ingreso bruto mensual promedio de 'distribuidores activos' de u\$s 65... Se encontró que aproximadamente al 46 por ciento de todos los distribuidores asociados se hallaban en actividad."

El tema central es, sin embargo, que la oportunidad para generar riqueza significativa en el network marketing, existe realmente. Un distribuidor comprometido puede aprender la mecánica de la distribución a través de redes y lograr un ingreso significativo, y además experimentar otros beneficios. Cualquiera puede tener éxito. De todas maneras, la mayoría de la gente no define sus objetivos específicos ni tiene el compromiso necesario de tiempo y energía para alcanzarlos.

El mito de la saturación

Críticos del network marketing —algunos economistas matemáticos y estadísticos teóricos, muchos reguladores y personas comunes que desconocen el proceso real del network marketing— proclaman el mito de la saturación en el crecimiento de esta industria. Lo que sigue es una explicación del tema de la saturación: si el network marketing sigue creciendo, todos en el mundo ingresarían como asociados a alguna compañía en algún momento. Dentro de la industria, miembros entusiastas pero desinformados promocionan: "aquí está su chance de ingresar a una oportunidad de negocio en su nivel inicial, antes de que el mercado se sature."

Las dimensiones dinámicas sociales/económicas/tecnológicas/culturales del cambio que se documentó en los capítulos 2 y 3 alimentarán el crecimiento del network marketing en la primera década del siglo. A manera de repaso, en los Estados Unidos el tejido social contemporáneo y los estilos de vida personales, se hallan bombardeados constantemente por cambios estructurales:

- Más de dos millones de personas se casan todos los años.

- Alrededor de cuatro millones de nacimientos ocurren cada año con un potencial impacto profundo en la unidad de las familias.

- Anualmente, más de un millón de divorcios se procesan en los juzgados.

- Aproximadamente dos millones de estudiantes secundarios finalizan sus estudios cada año.

- Más de dos millones de personas mueren por año, causando generalmente un profundo impacto en los familiares sobrevivientes.

- Más de un millón de títulos universitarios se entregan cada año.

- Se estima que cada año se entregan cuatrocientos mil títulos de postgrado.

- Todos los años se logran aproximadamente cuatrocientos mil doctorados en medicina avanzada, ingeniería, áreas técnicas, economía, comercio, ciencias sociales y otros temas.

- Cada año, innumerables millones de trabajadores profesionales, capacitados o no, pierden sus trabajos y luego experimentan prolongados períodos de desempleo, cambian de trabajo o cambian por completo su ámbito laboral.

Los investigadores de esta industria están casi unánimemente de acuerdo en que el factor único más crítico que influye en la decisión de ingresar al network marketing de un potencial distribuidor, es un cambio profundo en la vida de esa persona. Este alboroto acelerado y tan actual, garantiza "ventanas de oportunidad" que alientan a los Nuevos Profesionales a hacer una reevaluación de sus opciones laborales a tiempo completo y a medio tiempo.

Dentro de la cultura de la venta directa y el networking, existen tres potenciales niveles de penetración y saturación del mercado:

- Exposición al mensaje de la industria y/o a la propuesta comercial de una compañía en particular.

- Prueba de un nuevo producto o servicio como usuario.

- Ingreso a una compañía como comprador/usuario mayorista y/o como desarrollador de la red de negocio.

Un análisis del estado actual de la industria en términos de penetración y saturación del mercado revela que varias cifras son relevantes:

- En términos de penetración de patrones de compras y uso/búsqueda del producto, la investigación de Wirthlin Worldwide de 1997 sobre representantes de venta directa, comentada anteriormente, también descubrió que la venta directa no saturó los patrones de ventas masivas.

- Como ejemplo de penetración en el mercado, sólo el 51 por ciento de la población alguna vez compró un producto o servicio mediante el canal de venta directa ¡en sus vidas! Solamente el 29 por ciento ha hecho una compra en el último año; y sólo 11 por ciento en el último mes.

- En comparación, prácticamente todos han hecho una compra minorista, y un 80 por ciento una compra por correo.

- Como otra medida de saturación, de los U$S 23.100 millones en ventas directas minoristas de 1998, el canal de venta directa representó menos del 1 por ciento del total de U$S 2.700 millones en ventas minoristas de ese año en los Estados Unidos.

- En términos de penetración de distribuidores, en 1998 los 8,7 millones de miembros de organizaciones de venta directa representaban el 3,6 por ciento de los 270,6 millones de habitantes totales de Estados Unidos, y el 7,4 por ciento de los 131,5 millones de empleados que conforman la fuerza laboral estadounidense.

De acuerdo con todas estas cifras, es claro que la venta directa y el network marketing no están saturados en la economía estadounidense. ¡La amenaza de saturación es un mito!

La realidad del desgaste o agotamiento

El agotamiento, expresado como deserción o rotación de personas, es predeciblemente alto en la venta directa. Los profesionales de este campo operan en un ambiente altamente competitivo. El "desarrollador de negocio de network marketing" también enfrenta los desafíos del empresariado. El riesgo de fracaso es una realidad. Sin embargo, las recompensas del éxito, en términos de riqueza y desarrollo profesional, pueden ser extraordinarias.

Las causas del desgaste son numerosas y complejas. Por lo general, los distribuidores ingresan al campo del network marketing sin comprender adecuadamente todo lo relacionado con el proceso, sin un modelo de negocio y un plan de trabajo claros y con expectativas, y con metas de desempeño y horizontes temporales, poco realistas. A veces, los nuevos distribuidores no reciben entrenamiento ni ayuda adecuada. El proceso "líder entrena a su red" suele no funcionar porque es probable que el líder sea un nuevo asociado inexperimentado con conocimientos limitados; o bien un entrenador, comunicador o instructor débil; o quizás esté demasiado ocupado para apoyar adecuadamente a su nuevo distribuidor.

Muchos distribuidores experimentan con el network marketing y nunca tienen un compromiso a largo plazo ni perseverancia. Otros alcanzan sus objetivos a corto plazo (por ejemplo, financiarse unas vacaciones, pagar un préstamo, comprar un televisor de pantalla grande) y se retiran. A algunas personas les falta el nivel de energía o la ética de trabajo, se fatigan y abandonan. Muchas personas son víctimas del desgaste organizacional: ingresan a una organización y participan un tiempo, luego pierden interés y se retiran; o mantienen su entusiasmo, avanzan a varios niveles de logro dentro del grupo, pierden ímpetu, se retiran de la acción y desaparecen en el "agujero negro" del espacio del network marketing.

No hay información definitiva sobre las tasas actuales de desgaste en la venta directa o el network marketing. La información estadística actual sobre deserción en la venta directa es principalmente anecdótica o realizada sobre la base de estudios individuales de alcance muy limitado.

- Voceros de varias compañías importantes de venta directa informaron confidencialmente tasas de deserción de vendedores entre 80 y 110 por ciento.

- Buss anunció en un artículo publicado en Nation's Business en 1997 que "la deserción en algunas compañías MLM es del 100 por ciento al año."

- Wotruba, Sciglimpaglia y Tyagi, en conferencia frente a la American Marketing Association, dieron a conocer informes según los cuales "las tasas de deserción en la venta directa varían entre un porcentaje mínimo de 43,3% a un máximo de 145,1%... según el procedimiento usado para el cálculo."

- Smith escribió en Multilevel Marketing que la mayoría de las organizaciones de venta directa tienen tasas anuales de deserción superiores al 100 por ciento.

- Wotruba desarrolló otra encuesta de vendedores independientes para algunas compañías MLM y descubrió que la deserción es del 100 por ciento por año en cuatro compañías de venta directa (Mary Kay Cosmetics, SaladMaster, Tupperware y United Consumers Club), y que en promedio los distribuidores habían permanecido en la industria 8,6 meses.

La DSA, fuente de la información más analítica y abarcadora con respecto a toda la industria, utiliza tres medidas distintas para el ingreso y salida de la fuerza de ventas a la comunidad estadounidense de venta directa:

1. *Tasa de deserción* —**el número de personas que abandonaron durante el año, como porcentaje del número total de vendedores de ese año.**

2. *Tasa de rotación* —**el número de personas que abandonaron durante el año como porcentaje del promedio de vendedores al comienzo y al final de cada año.**

3. *Tasa de retención* —**la diferencia entre el número de vendedores al final del año y el número asociado durante el año, expresado como porcentaje de vendedores al principio del año.**

Tomando como base estas cifras, la DSA brinda las estadísticas de desgaste de la industria en los años 1997 y 1998, expresadas en el cuadro 5.1, como las cifras que representan la información más completa y actual disponible.

El rastreo del desgaste en la industria resulta aún más confuso por otros varios temas. No existe una definición común para "distribuidor activo". El período de tiempo requerido para alcanzar los criterios de "activo" también varía según la compañía:

• Amway, por ejemplo, define como distribuidor "activo" a la persona que (1) intentó hacer una venta minorista de productos Amway, (2) le presentó a un prospecto el Plan de Ventas y Marketing de Amway, (3) recibió una bonificación de parte de la compañía, o (4) asistió a una reunión de la compañía o de distribuidores en el último mes.

• Por el contrario, Nu Skin International exige que los distribuidores "activos" tengan un volumen de compra de productos de 100 puntos mínimo (equivalente a U$S 100) en el último mes.

• Avon International define como distribuidor "activo" a quien haya hecho al menos una compra de producto en seis campañas de comercialización en un período de tres meses.

• Muchas compañías de network marketing registran a todos los distribuidores "asociados" como "activos" mientras le sigan pagando a la empresa su tarifa anual de renovación más allá de sus compras personales o de su actividad comercial.

• Otras compañías incluyen a todos los distribuidores asociados como "activos", no requieren tarifa anual de renovación y los mantienen en la nómina de distribuidores, independientemente de compras de productos o actividad comercial, hasta que soliciten formalmente ser eliminados de la nómina.

Cuadro 5.1 Cifras de deserción para la industria de la venta directa

	1997	1998
Tasa de deserción	34,9	35,2
Tasa de rotación	56,9	56,0
Tasa de retención	39,4	42,9

SIETE TENDENCIAS IMPORTANTES DEL NETWORK MARKETING

Ahora analizaremos las siete tendencias industriales que definen la nueva cara del network marketing. Estas tendencias ubican a la industria en posición de crecer de manera considerable tanto en venta de productos como en el número de participantes en esta particular forma de empresariado.

Tendencia 1: un poderoso canal de distribución

El network marketing se ha convertido en un poderoso canal de distribución con una capacidad única de adaptación a la era de Internet. Las empresas de productos y de servicios lo pasan por alto, para riesgo propio. Las compañías tradicionales ahora saltan al vagón del network marketing, lo cual está trayendo cambios bienvenidos para ambas estrategias comerciales.

En el siglo XXI el marketing se enfrentará con una innumerable cantidad de desafíos combinados, a saber:

- Los canales de distribución tradicionales se verán sobrecargados por olas de nuevos productos.

- El exceso de comunicación masiva saturará los canales de comunicación tradicionales, como periódicos, revistas, radio y televisión y la promoción en los puntos de venta del mercado.

- A finales del siglo, la industria de la publicidad volcó más de u$s 115.000 millones en esta cacofonía de ruido y obstrucción comunicativa, con impacto decreciente en el comportamiento comprador del cliente.

- El cliente se verá hastiado y posiblemente traumatizado por el exceso de opciones.

- Los gastos de marketing y distribución, que ya se aproximan al 60 o 75 por ciento del costo total del producto en algunos sectores de la industria, seguirán trepando frente al aumento de bajo desempeño de los nuevos productos bajo la presión del exceso de oferta.

Es claro que la disciplina comercial necesita una inyección de eficacia comunicativa y eficiencia en la distribución. El network marketing puede ser una solución poderosa. Puede acelerar la velocidad de ingreso del producto, prueba rápida de mercado y aceptación por parte del consumidor. El network marketing puede brindar eficiencia en la comunicación mediante el vehículo más poderoso del arsenal del marketing: la comunicación personalizada, de boca en boca. El canal también puede proveer una conexión de distribución más directa y con menor costo entre el fabricante o proveedor de servicios y el consumidor final.

> **El network marketing brinda eficiencia comunicativa mediante el vehículo más poderoso del arsenal del marketing, la comunicación de boca en boca.**

En los últimos veinte años, a medida que el poder del network marketing como canal de distribución se ha documentado y hecho público en la cultura económica, compañías que antes lo habían evitado ahora lo adoptan. No pueden darse el lujo de no hacerlo.

Compañías de venta directa se pasan al network marketing

Desde la década de 1980, muchas compañías tradicionales de venta directa se pasaron al canal del network marketing:

- Watkins, a través de "el Hombre Watkins", uno de los proveedores más antiguos (desde 1868) de productos de nutrición, cuidado personal y de limpieza y remedios caseros, cambió por el network marketing.

- Fuller Brush, otra venerable veterana en la venta directa de productos para el hogar desde 1905, y una de las organizaciones más grandes en el mundo de su tipo en la década de 1940, cambió por el network marketing.

- Para documentar esta tendencia, la DSA afirma que más del 80 por ciento de quienes emplean venta directa, utilizan ahora planes de marketing multinivel, un incremento importante en la cifra de años recientes.

LAS CORPORACIONES TRADICIONALES ESTADOUNIDENSES SE DIVERSIFICAN INCORPORÁNDOSE AL NETWORK MARKETING.

Además, se ha visto que algunas corporaciones tradicionales estadounidenses han adquirido divisiones de network marketing, han establecido nuevas organizaciones de network marketing o desarrollado alianzas estratégicas/joint ventures con compañías de network marketing como estrategia planificada de diversificación en este lucrativo campo de distribución. Aquí damos algunos ejemplos:

- La DSA afirma que más del 80 por ciento de los vendedores directos ahora emplean planes de marketing multinivel.

- En 1973, Gillette adquirió Jafra Cosmetics, una compañía de network marketing, como parte de su diversificación corporativa. Gillette fue propietaria de Jafra durante diecisiete años; en ese lapso experimentó una tasa de crecimiento compuesto de 18,5 por ciento y alcanzó ventas por U$S 229,5 millones en 1997, cuando se vendió a un comprador financiero.

- En 1977, Colgate Palmolive adquirió Princess House, comerciante de cristalería y productos para el hogar.

- A principios de la década de 1980, Amway y MCI desarrollaron una joint venture para ofrecer los servicios larga distancia de MCI en el Catálogo Personal del Comprador Amway.

- En 1982, Pre-Paid Legal Services, que había comercializado sus productos por venta directa basándose en comisiones tradicionales, agregó una fuerza de ventas de network marketing para concentrarse en ventas individuales, mientras que su equipo de hogar se concentra en ventas a grupos más grandes.

- En 1984, Sprint Inc. y Network 2000, una compañía recién organizada, estructuró una joint venture para asociar nuevos suscriptores al servicio larga distancia de Sprint como prolongación de su programa de marketing multicanal para adueñarse de la participación en el mercado de AT&T. En un período de tres años, Network 2000 obtuvo tres millones de suscriptores nuevos por medio del canal network marketing.

- En 1989, Shaklee U.S. fue adquirida por Yamanouchi Pharmaceutical Company Ltd., segunda empresa farmacéutica más grande de Japón, como maniobra de diversificación.

- En la década de 1990, AT&T experimentó con una alianza estratégica con Shaklee para vender servicios de telecomunicaciones mediante ese canal de distribución. Ese negocio fue posteriormente abandonado.

- En 1991, Rexall Sundown creó una división de network marketing con productos patentados especiales, al mismo tiempo que seguía vendiendo otros productos mediante canales más tradicionales.

- Desde la década de 1990, Primerica, compañía descendiente de A.L. Williams, vende servicios financieros por medio de sus más de 153.000 distribuidores independientes, usando un plan de compensación multinivel —con lo que demostró ser una importante fuente económica para su padre corporativo, Citigroup.

- En 1998 Teleglobe, el gigante canadiense de telecomunicaciones, adquirió Excel Communications, considerando a su base de dedicados vendedores y clientes como principal activo de la empresa.

Esta mezcla de enfoques de venta y distribución se convertirá en modelo para muchas compañías, ansiosas por no dejar opción sin revisar en su búsqueda de participación en un mercado fragmentado. En los años próximos, veremos:

- Compañías tradicionales que adquieren compañías de network marketing.

- Compañías de network marketing que desarrollan canales de distribución más tradicionales y equipos de venta desde el hogar para complementar sus equipos de distribuidores independientes.

- Corporaciones estadounidenses que incorporan divisiones de network marketing a su combinatoria de enfoques de ventas.

- Compañías en busca de mercados extranjeros, especialmente en países en desarrollo con abundante trabajo de mano de obra nativo, que dirijan su enfoque al network marketing.

¡Lo que sea necesario para captar nuevos clientes! Esto también explica porqué la comunidad del network marketing se ha convertido en un objetivo viviente y pulsante por derecho propio. Un creciente número de fabricantes y vendedores de productos para el consumo tradicionales ahora venden sus productos a los distribuidores de red mediante el canal del networking.

"Exhibit A" es el catálogo para consumidores de Amway y Quixtar (su página Web), que vende una amplia gama de productos de primeras marcas. Por ejemplo, los distribuidores Amway y

> **P**arece ilógico que las compañías tradicionales menosprecien a las compañías de network marketing cuando muchas de esas mismas compañías se están subiendo al tren.

sus clientes pueden encontrar productos con marcas tales como Adidas, Christian Dior, Disney, Frito-Lay, General Electric, Goodyear, Kodak, Rubbermaid, Whirlpool, Wrangler y otras cientos. Otras compañías de network marketing, como American Communications Network (ACN), Big Planet, Market America, PricenetUSA-.com y Rexall Showcase hacen lo mismo, usando comercios virtuales por Internet.

Empresas de servicios, desde aseguradoras y clubes automovilísticos hasta fabricantes de computadoras, están trabajando con entusiasmo por alcanzar acuerdos con empresas de network marketing para proveer sus productos a los ejércitos de distribuidores independientes.

Fusiones, adquisiciones y alianzas estratégicas

Paralelamente al crecimiento de la infraestructura del network marketing, han salido a la luz en los últimos años una serie de fusiones, adquisiciones, joint ventures y alianzas estratégicas entre compañías líderes. Algunos ejemplos:

- En la primavera boreal del 2000, Royal Numico N.V. anunció planes de fusión con Rexall Sundown, madre de Rexall Showcase, su subsidiaria de network marketing, y Enrich International. Estas fusiones fueron precedidas por una adquisición similar de General Nutrition Corporation por parte de Numico en agosto de 1999. Estas transacciones en su conjunto, reforzaron la estrategia de Numico de ser el líder global en el mercado de suplementos nutricionales. Estos agregados le dan a Numico un puesto fuerte en todos los canales del creciente mercado nutricional estadounidense y una poderosa plataforma de crecimiento en los Estados Unidos y el resto del mundo.

- Nutrition for Life International (NFLI) anunció las adquisiciones de Advanced Nutraceuticals Inc.(ANI) y Bactorlac Pharmaceutical Inc. (Bactorlac). Esta maniobra le brindó a Nutrition for Life, organización de network marketing que vende una amplia línea de suplementos nutricionales de marca propia y otros productos de consumo, capacidad de fabricación cautiva. El objetivo estratégico de NLFI es "fomentar una conciencia positiva en expansión de nuestras estrategias de crecimiento... un potencial de creación de valor para la comunidad inversora y una potencial adquisición de candidatos."

- Big Planet e I-Link han organizado una alianza estratégica en la que los representantes de marketing de I-Link y sus volúmenes de ventas pasarán intactos a Big Planet. Según esta alianza la fuerza de ventas combinada de I-Link Worldwide y de Big Planet, venderían productos y servicios mejorados de telecomunicaciones para mercados residenciales y pequeñas empresas. Big Planet compraría además los productos y servicios de I-Link al por mayor y asumiría la responsabilidad de brindar servicio a los clientes ya existentes de I-Link.

- Fuller Brush, pionero de las ventas directas y del network marketing y filial del grupo financiero CPAC, ingresó a un joint venture con Quixtar, el sitio Web de comercio electrónico de Amway, como negocio asociado.

- Prodigy Communications Corporation, en la tercera adquisición desde su IPO (Oferta Pública Inicial) en febrero de 1999, adquirió FlashNet Communications. La misión de FlashNet es "llevar el poder de Internet al público —manera accesible, confiable y conveniente." Al anunciar la adquisición, Prodigy informó: "en una sola transacción, Prodigy adquiere un talentoso equipo de empleados dedicados y refuerza significativamente nuestra infraestructura, operaciones de servicio al cliente y canales de adquisición."

- Procter and Gamble, gigante del marketing en Estados Unidos, enemigo por años de la industria de venta directa y del networking, crítico feroz y atacante legal de Amway, ha llegado a un acuerdo con Tupperware Corporation para hacer promoción mutua de los productos. Brad Casper, vicepresidente de Planeamiento y Diseño de Estrategias Globales de Procter & Gamble, anunció: "esta relación cooperativa les da a las marcas de P&G la oportunidad de vincularse con sus consumidores mediante la experimentación de sus producto y de los productos de alta calidad que brindan Tupperware y sus representantes... La relación ha demostrado ser exitosa. Esperamos un crecimiento continuado en 2000-2001."

- Pre-Paid Legal Services, establecida en 1972, ha lanzado una estrategia agresiva de adquisición y alianzas. Como importante expansión en el campo del network marketing, la empresa compró The People´s Network, sus treinta mil distribuidores y su capacidad de comunicación, el "Success Channel", en la red satelital digital de Primestar. Reflejando un instinto innovador de marketing y su compromiso con el crecimiento por medio de alianzas estratégicas, Harold C. Stonecipher, presidente del directorio y gerente general, ha experimentado con numerosos acuerdos únicos: ventas de Pre-Paid Legal Services a cargo de CNA, compañía de seguros con sede en Chicago; cuentas de clientes existentes y nuevos grupos; la venta de planes legales de Primerica por parte de sus más de cien mil analistas financieros personales; un programa piloto con Staples, proveedor mayorista de artículos para oficinas y venta de planes legales a sus clientes de pequeñas empresas.

- Para extender su estrategia de diversificación en el mercado de suplementos vitamínicos, Nu Skin adquirió Pharmanex, importante compañía fito-farmacéutica. Nu Skin comentó sobre la unión: "esta operación combina al productor de suplementos para la salud más innovador con el canal de distribución más potente para estos productos... La adquisición... refleja nuestro compromiso con la innovación y diferenciación en productos y nos acerca a nuestra aspiración de convertirnos en líderes mundiales en salud natural y venta directa."

- Para reflejar aún más ese movimiento de restauración, Avon Products había vendido anteriormente Discovery Toys. Avon anunció que "Es improbable que Discovery Toys alcance un tamaño suficiente para ocasionar un impacto significativo en los resultados globales de la empresa... Concentramos nuestros recursos en el negocio de la belleza."

A modo de resumen de esta sección, podemos afirmar que los desarrollos estratégicos en el canal del network marketing son contundentes e impresionantes. La creatividad del marketing y la dinámica organizativa recuerdan a las empresas del ránking Fortune 100 que van "por el carril rápido". La industria atraviesa una fase de recesión, consolidación y restauración.

El cambio es una realidad. Las compañías "de productos poco necesarios" con efusividad excesiva hacia los compradores, ventas informales y enfoques comerciales son una especie en peligro. No pueden competir en este mercado cada vez más sofisticado y en el mundo de los Nuevos Profesionales.

Estos casos ilustran la envergadura de las potenciales aplicaciones de este poderoso canal de distribución. Además, la migración del network marketing a la corriente tradicional de negocios y la correspondiente migración de la economía tradicional hacia el network marketing, tiene interesantes implicancias para ambas comunidades —y para los Nuevos Profesionales que están considerando escapar de las corporaciones estadounidenses hacia esta industria. Si explotar el potencial de este modelo comercial es bueno para empresas como General Electric, AT&T y Kodak, tal vez también sea suficientemente bueno para profesionales que encuentran atractivos su potencial de ingreso y su calidad de vida, pero se preocupan por su estatus, imagen y "lo que la gente pueda pensar".

De hecho, parecería ilógico en el mejor de los casos —e hipócrita en el peor— que las compañías tradicionales, y quienes las impulsan en los medios y en los mercados financieros, continúen con la práctica frecuente de menospreciar compañías de network marketing cuando esas mismas compañías se montan al tren por interés.

Pero el creciente número de uniones entre network marketing y enfoques comerciales más tradicionales también representa cambios para la cultura de la distribución en redes. Muchos profesionales de red son fervientes creyentes en la venta y la asociación individual. Buscan compañías que consideran totalmente comprometidas con la distribución independiente.

Sin embargo, la historia de la industria está repleta de casos en los que estas fuerzas de venta se estancaron o inclusive se dividieron por un desaire concreto o percibido proveniente de la parte gerencial. Quizás haya sido un cambio perjudicial en el plan de compensación o incrementos importantes de precios y honorarios por membresía, materiales y capacitación. Quizás la compañía no logró desarrollar una cultura en la que los líderes ayuden a desarrollar, capacitar y motivar a su grupo. O quizás no mantuvo el ritmo del mercado desarrollando y presentando productos nuevos y atractivos.

En este clima de sensibilidad, muchos profesionales de red pueden considerar que una compañía que combina diferentes enfoques de ventas y de marketing no está totalmente comprometida con el evangelio del network marketing. La existencia de una fuerza de ventas que opera desde su hogar, y que paralelamente vende productos por la cadena minorista normal o por Internet "sin distribuidores", y los casos de ventas de compañías a una corporación más grande, pueden sin dudas originar oleadas de rumores e incertidumbre. En una época de pleno empleo (por lo menos en los Estados Unidos) y feroz competencia en la industria por una cantidad limitada de potenciales distribuidores, las compañías deberán demostrar hábilmente la dedicación a su propia fuerza independiente de ventas a la vez que se diversifican sus estrategias comerciales.

> El cambio de actitud y cultura tanto en empresas tradicionales como en compañías de network marketing es una situación ideal.

Por su parte, los profesionales de red devotos, deberán ampliar sus perspectivas y apreciaciones de lo que deben hacer las compañías en una economía global, no sólo para mantenerse por delante de la competencia sino también simplemente para sobrevivir.

Para el Nuevo Profesional, el cambio de actitud y cultura, tanto en empresas tradicionales como en compañías de network marketing —y el acercamiento de cada una de ellas a los mejores atributos de la otra— es una situación ideal. Se ha hecho más aceptable comprometerse en enfoques de network marketing, y más profesional, atractivo e interesante una vez que se llega a ello.

Tendencia 2: el Nuevo Profesionalismo

Las compañías de network marketing se hallan aumentando significativamente sus inversiones en gerenciamiento profesional, sistemas de información y planificación estratégica, y están proporcionando un estilo más profesional a sus organizaciones. Las reuniones comerciales reemplazan a los encuentros informales; las personas de traje superan a las que usan bermudas, jeans y gorros simpáticos.

Uno de los desarrollos más impresionantes del network marketing ha sido el notorio aumento en el profesionalismo, que comenzó en la década de 1990. Las compañías han adoptado un estilo gerencial más profesional para sus operaciones. Empresas líderes invierten en herramientas de gerenciamiento, procesos de planificación estratégica, análisis de ubicación en el mercado competitivo, hitos corporativos, análisis de "mejores prácticas comerciales" y software de gerenciamiento basados en información; todas estas características se asocian desde hace tiempo con la cultura corporativa de las empresas Fortune 100.

Charles King, en su papel de educador, investigador, consultor industrial y testigo experto en casos de pleito, ha tenido la oportunidad de acceder a información confidencial, y a veces muy delicada, acerca de muchas empresas de network marketing grandes y pequeñas. Afirma que las compañías líderes invierten en actividades de planeamiento estratégico cada vez más sofisticadas, procesos de gerenciamiento, informatización y programas de investigación de marketing. Las empresas más pequeñas también mejoran sus herramientas de gerenciamiento dentro de sus posibilidades financieras.

> Empresas líderes invierten en herramientas de gerenciamiento asociadas desde hace tiempo con la cultura corporativa de las empresas Fortune 100.

Amway Corporation, por ejemplo, tiene un amplio programa en curso sobre planeamiento estratégico y monitoreo competitivo para ayudar a la expansión de la empresa en el mercado global. La corporación mantiene una extensa capacidad de investigación de mercado para rastrear comportamientos de consumo, explorar nuevos conceptos de productos y las reacciones de los consumidores, medir las motivaciones de los distribuidores y trazar perfiles de segmentos de distribuidores en diferentes niveles de logro.

Mientras tanto, Blake Roney, presidente del directorio, y Steve Lund, gerente general de Nu Skin International, se convirtieron en un formidable dúo gerencial para forjar el destino de Nu Skin en los últimos quince años. La empresa aplicó de manera creativa sofisticados análisis de segmentación de mercado para identificar mercados previstos como lucrativos; de esta manera fundaron la estrategia de Nu Skin de diversificación de división. Scott Schwerdt, vicepresidente de servicios de distribución y planeamiento estratégico, y gerente operativo de Big Planet, junto con el equipo de gerentes operativos que llevó a cabo la tarea encomendada por Roney-Lund, tipifican el calibre y enfoque del talento ejecutivo que se ha desarrollado en muchas compañías de network marketing.

Mary Kay Cosmetics, tal como Richard Bartlett informó en su libro The Direct Option (La Opción Directa), ha llevado históricamente adelante un programa continuo de investigación de marketing. Bartlett desarrolló una amplia investigación de marketing con la finalidad de investigar los motivos por los cuales las mujeres se asocian a organizaciones de venta directa, y de delinear los perfiles psicológicos de distintos grupos de distribuidores sobre la base del éxito de sus ingresos por venta directa. Para la investigación resultó de sumo interés que vendedores "exitosos (de venta directa y de network marketing) tienen un estilo comunicativo o social que alienta la creación de relaciones con sus clientes... Los distribuidores más exitosos combinan adecuadamente el modo de relacionarse y la orientación hacia la tarea" (en sus estilos comunicativos).

Las empresas de network marketing están incorporando sistemas de informatización sofisticados a sus sistemas gerenciales de información. Grupos de empleados se comunican en su totalidad por teléfono celular. La mayoría de las compañías cuentan con abarcativos correos de voz satelitales y otros programas de co-

municación corporativos para distribuidores. Actualmente se utiliza el correo electrónico y una amplia gama de conexiones para comunicación electrónica para ingresar pedidos, rastrear inventarios, despachar productos y efectuar envíos. Son
comunes las llamadas en conferencia entre tres personas, fax a pedido y presentaciones de productos por Internet.

Un mayor profesionalismo en el séquito ejecutivo se ha infiltrado en la cultura organizativa de muchas empresas. Jim Robinson asistió recientemente a una
reunión de distribuidores de Rexall Showcase y descubrió que era muy diferente de
las reuniones de network marketing a las que asistía en el pasado. A continuación,
su comentario sobre la escena:

> *Una soleada mañana de sábado de diciembre de 1998 en Las Ve-*
> *gas, más de 1.000 hombres y mujeres bien vestidos se abrían paso a tra-*
> *vés de las máquinas tragamonedas y de las mesas de cartas para ingresar*
> *al Teatro Jubilee a las 9 de la mañana en punto. Los recibía la suave mú-*
> *sica de un saxofonista que estaba sobre un escenario adornado solamen-*
> *te con muestras de productos de Rexall Showcase International. Enseguí-*
> *da, Dave Schofield, vicepresidente de la empresa, inició la serie del día*
> *de discursos, testimonios y sesiones de capacitación con un repaso finan-*
> *ciero y estratégico del progreso de Rexall y sus planes futuros.*
>
> *Me sorprendió la seriedad del propósito puesta de manifiesto en*
> *este evento. Era una reunión de negocios, no un simple encuentro. Prác-*
> *ticamente todos estaban vestidos como profesionales. Había pocos cantos,*
> *vítores, gritos de aliento o alaridos. Nadie corría al escenario después de*
> *cada discurso para pedirle autógrafos a sus "personalidades" favoritas en-*
> *tre distribuidores o gente de la compañía.*
>
> *Las presentaciones estaban cargadas de información fáctica, desa-*
> *rrollos comerciales y tendencias sociales, con muy poco apoyo en lo que*
> *llamo uso de frases al estilo de "deben creer". La mayor demostración de*
> *entusiasmo en este grupo llegó cuando Schofield reveló que, en respuesta*
> *a una caída de los precios de las acciones en toda la industria, incluyen-*
> *do Rexall Sundown, la compañía revalorizaría las opciones de acciones*
> *en niveles bajos, para hacerlas más atractivas.*

Es evidente que este ambiente marca una salida de la atmósfera normalmente
asociada con el network marketing. Ambos autores asisten con frecuencia a reuniones
de vendedores de compañías como Amway, Big Planet, Cell Tech, Excel Communications, Kaire Nutraceuticals, Mannatech, Nu Skin, Nutrition for Life, Pharmenix, Pre-
paid Legal Services y otras similares en tono y conducta. A medida que la industria se
acerca a la corriente masiva, es probable que este estilo sea el modelo para el futuro.

Motivación, entusiasmo e incluso diversión son todos componentes críticos
para armar un equipo exitoso, ya sea que esté compuesto por empleados de una

compañía tradicional o por distribuidores independientes de un negocio de network marketing. Sin embargo, cada vez más los nuevos participantes, especialmente los que provienen del mundo profesional, dicen, tal como Joe Friday, personaje de la serie Dragnet: "Lo importante son los hechos, señora".

> El desafío del network marketing es retener su comportamiento profecional, ascendente y serio mientras se abre a potenciales asociados de otro estilo de vida

A medida que busca desarrollar su fuerza de distribuidores más allá de la población actual, el desafío del network marketing es mantener su comportamiento profesional, de alto nivel y serio a la vez que se abre a potenciales asociados de otros estilos de vida. De hecho, aunque los asistentes a la reunión de Rexall Showcase en Las Vegas parecían estar divididos de manera pareja en líneas genéricas con amplia gama de edades, se veía poca diversidad étnica o de ingresos —al menos en esta reunión. Los niños y bebés que suelen verse interrumpiendo otras conferencias de network marketing con sus llantos y travesuras, aquí no se veían por ningún lado.

Sin embargo, es probable que el proceso de maduración que se viene dando entre las fuerzas de ventas del network marketing, arroje resultados para la industria a largo plazo; aún cuando en el corto plazo pudieran asociarse un mayor número de distribuidores menos serios usando los enfoques inspiradores y apoyados en el estilo "confía y acéptalo" del pasado.

El creciente profesionalismo del network marketing también se produce en otros países. Los anales del movimiento del network marketing en Asia y América Latina, en particular en los países en desarrollo, están llenos de historias impresionantes de miles de prospectos pobres pero esperanzados parados bajo la lluvia y derribando puertas para asociarse a una pequeña porción del Sueño Americano. Pero actualmente se está tendiendo a un enfoque más profesional. Dave Schofield, de Rexall Showcase, da como ejemplo una reunión con nuevos y potenciales distribuidores de Hong Kong el año pasado, en la que lo acribillaron con preguntas detalladas sobre la capitalización de mercado de Rexall Showcase y futuras estrategias comerciales.

Hacer la transición hacia un enfoque más comercial también debería generar dividendos, ya que las compañías de network marketing enfrentan a los auditores gubernamentales en los Estados Unidos y en el exterior. Aunque pueda ser injusto, una compañía cuyo sector gerencial y sus finanzas no estén a la vista del escrutinio público, y que opere bajo un velo de secreto al mismo tiempo que intente despertar en miles de ciudadanos al furor por su oportunidad comercial, es probable que genere sospechas y paranoia de muchos gobiernos, en un espectro que vaya de los procuradores generales de los Estados Unidos hasta los de regímenes más autoritarios en el extranjero.

Tendencia 3: Expansión Global

Tanto las compañías de network marketing como sus participantes, mirarán al extranjero en busca de sus más importantes oportunidades de ventas e incorporación de nuevos miembros, desarrollando negocios multinacionales lucrativos e interesantes desde sus sedes centrales u oficinas hogareñas. Las oportunidades de viajar al extranjero, la exposición a culturas diferentes y las sofisticadas transacciones comerciales internacionales enriquecerán aún más la experiencia del network marketing para los Nuevos Profesionales.

Noventa y cuatro por ciento de la población mundial no reside en los Estados Unidos. Por lo tanto, es obvio que la mayoría de los mercados, consumidores y distribuidores del futuro existen fuera de los límites de dicho país.

Industrias de todo tipo han reconocido esta nueva realidad económica global. Las exportaciones representan casi un tercio del total de la economía estadounidense, lo que significa un gran incremento en los últimos veinte años. Estas oportunidades internacionales no están reservadas solamente a las corporaciones más grandes. Cada vez más, pequeñas y medianas empresas comienzan a adoptar ese accionar —y las estadísticas demuestran que, en conjunto, las empresas que se involucran en negocios internacionales pagan comisiones más altas, son más rentables y tienen menos probabilidades de quebrar que las que no participan.

> **L**as estadísticas demuestran que, en conjunto, las empresas que se involucran en negocios internacionales pagan comisiones más altas, son más rentables y tienen menos probabilidades de quebrar que las que no participan.

Para los profesionales de red —que se enorgullecen de una ética comercial en la que se desarrolla la propia prosperidad ayudando a que otros hagan lo propio— las oportunidades de aplicar esa ética a escala global, particularmente en países en desarrollo, son inmensas. Actualmente, más de 33 millones de personas participan en la industria de la venta directa en todo el mundo. Neil Offen, presidente de la DSA, estima que el número se podría elevar hasta doscientos millones en los próximos diez años.

Muchas empresas del sector han extendido su alcance a todo el mundo. ¡No tiene poca importancia que una corporación como Amway, cuyo nombre deriva de la compañía que le dio origen (que se llamaba American Way, "estilo americano"), opere en cincuenta mercados en todo el mundo y realice el 70 por ciento de sus ventas fuera de los Estados Unidos!

Amway no está sola. Nu Skin opera en treinta países. Mary Kay está presente en veintiocho. Enrich vende sus productos en catorce naciones y Forever Living puede encontrarse en sesenta y tres.

Re-encender el milagro Asiático

Miremos nuevamente a Asia, que es el principal foco de la agresiva estrategia internacional de expansión del network marketing. Aún frente a su reciente crisis económica, el potencial de Asia para muchas industrias, y especialmente para el network marketing, es enorme.

En su reciente libro, *Megatrends Asia*, el futurista John Naisbitt escribió: "El continente asiático representa ahora la mitad de la población mundial. Dentro de cinco años o tal vez menos, más de la mitad de los hogares asiáticos estará en condiciones de comprar una amplia gama de bienes de consumo —refrigeradores, televisores, lavadoras, computadoras y cosméticos. Y quinientos millones de personas compondrán lo que Occidente considera clase media."

"Ese mercado tiene aproximadamente el tamaño de los Estados Unidos y Europa juntos."

Naisbitt identificó otros desarrollos que hacen de Asia un candidato natural para una compañía que ofrezca productos enfocados en un estilo de vida saludable y moderno:

- El número de asiáticos pobres ha bajado de 400 a 180 millones desde el final de la Segunda Guerra Mundial, aunque en ese período la población aumentó otros 400 millones.

- La creciente clase media, sin incluir la japonesa, habrá ganado entre 8 y 10 billones de dólares en poder adquisitivo anual en los primeros años del siglo veintiuno.

- Actualmente, más de ochenta millones de chinos del continente ganan entre 10.000 y 40.000 dólares por año. En Corea del Sur, 60 por ciento de las personas que se describen como clase media ganan más de 60.000 dólares por año. Un millón de familias en el Gran Bangkok, Tailandia, ganan más de 10.000 dólares por año.

El análisis de Naisbitt fue finalizado antes de que la crisis financiera golpeara a muchas economías asiáticas. No cabe duda de que algunas de sus proyecciones se han demorado o torcido por esa crisis. Pero cuando evaluamos el panorama asiático de recuperación y viabilidad como mercado para los Nuevos Profesionales, es importante mantener varios factores en perspectiva:

- Aún frente a la agitación financiera global, economías como las de Taiwan, Singapur y China siguen creciendo, si bien con tasas de crecimiento menores.

- La mayoría de los analistas creen que en Tailandia, Corea y Hong Kong ya pasó lo peor, y que esos países se hallan en recuperación.

- Las culturas asiáticas tienen largas tradiciones de empresariado que las convierten en objetivos de preferencia para el network marketing, aunque se trate de economías debilitadas. Más aún, muchos líderes industriales ofrecen líneas de productos relacionados con salud, belleza y rejuvenecimiento. Los consumidores demandan con insistencia estos productos en Asia.

- La inseguridad económica tradicionalmente estimula, antes de desanimar, el interés en las oportunidades de network marketing. Esto es particularmente cierto en Asia, donde la red de seguridad social está mucho menos desarrollada que en las economías occidentales. Una economía moderna, como por ejemplo la de Hong Kong, ni siquiera tiene un programa gubernamental de seguro de desempleo. Si se queda sin trabajo, usted pierde su suerte.

La revista Far Eastern Economic Review se concentró en el ejemplo de Tailandia: "décadas de rápido crecimiento económico han dejado a los funcionarios sin preparación para enfrentar el creciente índice de desempleo generado por la recesión. Contrario a sistemas de bienestar al estilo occidental, el gobierno enfrenta un creciente malestar sobre su visible indiferencia al desempleo."

Aún frente a ese tipo de críticas, no busque gobiernos con amarras fiscales en la región para intentar acercarse ahora. "Tailandia, al igual que el resto de Asia, ha sido reacia a lanzar una costosa red de seguridad social como las que suelen brindar los países occidentales," prosigue el artículo. Un consejero económico del primer ministro tailandés citado entonces por la revista Review, presentó un interesante enfoque alternativo: "Tailandia no aspira a emular el esquema occidental de seguro de desempleo... Antes que limosnas, la actual administración prefiere créditos blandos para el establecimiento de pequeños negocios."

> **La inseguridad económica tradicionalmante estimula el interés en las oportunidades de network marketing.**

La revista inmediatamente destacó que el "crédito blando" estándar imaginado por la oficina del primer ministro es nada más que de U$S 235, lo cual no hará mucho para crear pequeñas empresas, según afirma la revista. De hecho, conocemos un solo negocio que puede despegar con esa cantidad: ¡un emprendimiento de network marketing!

Review también informa que en cualquier otro país de Asia "la necesidad es la madre de la invención... para trabajadores despedidos que huyen en manada a convertirse en sus propios jefes." Por ejemplo, el programa de reforma económica de China, que se concentra en el cierre o reestructuración de empresas estatales ineficientes o que producen pérdidas, podría generar la sorprendente cifra

> **C**ientos de millones de asiáticos convierten a esta región en un objetivo principal del network marketing.

de 17 millones de trabajadores urbanos despedidos en todo el país. El gobierno alienta activamente a los trabajadores afectados a emprender pequeños negocios, y destaca a aquellos que triunfaron con la esperanza de que otros sigan su ejemplo.

Según la revista, una pareja de Shangai perdió hace varios años su trabajo en una fábrica. Con un hijo pequeño al que criar, sobrevivían limpiando de noche restaurantes y oficinas. Apenas pudieron ahorrar suficiente dinero, desarrollaron su propio servicio de limpieza, asegurándose varios contratos con edificios de oficinas de primer nivel de Shangai. La compañía tiene actualmente treinta y cinco empleados, casi todos trabajadores despedidos y la pareja cuenta con U$S 2.500 mensuales de ganancias. "Ojalá me hubieran despedido antes," afirma el hombre.

El hecho de que muchos asiáticos respondan a la adversidad convirtiéndose en empresarios es otro motivo más por el que el milagro asiático, mencionado con tanta frecuencia en la década de 1980, se reavivará. Los cientos de millones de asiáticos que aspiran a pertenecer a la clase media, y que buscan tanto nuevas oportunidades como nuevos productos para sus renovados estilos de vida de mayor nivel, hacen de esta región un objetivo primordial para el network marketing.

Miremos a Taiwán. Como se destacó anteriormente, esta próspera economía isleña con 21,5 millones de habitantes alberga ya a más de 2,7 millones de personas comprometidas con la venta directa, más del 10 por ciento de la población, los cuales generan en conjunto entre 1.000 y 2.000 millones de dólares por año en ventas. Eso es un porcentaje sorprendentemente alto de la población que ha abrazado este modelo comercial.

La promesa de Japón

Japón, segunda economía más grande del mundo y país asiático más importante, sufre hoy su peor crisis nacional desde el final de la Segunda Guerra Mundial:

- La economía no sólo dejó de crecer, sino que en 1998 sufrió una reducción. En 1999 las evidencias indicaban una lenta recuperación.

- Los sistemas bancarios y financieros, sobrecargados con más de un billón de dólares de deudas morosas, necesitan una seria reforma.

- El sistema político, extremadamente confiado en consenso y en acuerdos ocultos entre grupos de interés, suele ser incapaz de acciones decisivas.

- Una nación que revolucionó la industria automovilística y la de electrodomésticos, trata ahora de ponerse a la par abarcando la informática.

- El contrato implícito de empleo de por vida, por el cual los profesionales japoneses se quedarían en una compañía toda su vida laboral a cambio de salario y seguridad de jubilación, ha sido víctima de los despidos al estilo Americano.

- El sistema de distribución contiene múltiples capas de intermediarios, lo que hace que los consumidores japoneses paguen precios exorbitantes por los productos básicos.

- Políticas ineficaces sobre uso de tierras, que este país sobrecargado no puede afrontar, han obligado a muchas familias a vivir en residencias extremadamente pequeñas para los estándares occidentales y generalmente ubicadas a más de dos horas de tren de sus lugares de trabajo.

No es sorprendente que muchos observadores líderes hayan descubierto una crisis de confianza y de espíritu entre los japoneses. Pero sería un error menospreciarlos.

Tengamos en cuenta los logros de este extraordinario pueblo. Aproximadamente 127 millones de japoneses habitan esta isla más pequeña que California —estado que con 36 millones de habitantes se considera superpoblado. Esta densidad de población, junto con el aislamiento geográfico de la isla, ha dado origen a un fuerte énfasis en la organización social antes que en la iniciativa individual. Japón es un país montañoso prácticamente sin recursos naturales. Toda su provisión de petróleo y muchos otros productos esenciales para una economía industrial deben ser importados.

En varias ocasiones durante el siglo veinte, las destrucciones causadas por fuego, terremotos y guerra obligaron a la sociedad japonesa a reconstruirse casi por completo. Hace apenas cincuenta años, los mayores centros urbanos del país fueron reducidos a escombros. En una generación, los japoneses habían reconstruido su país y en dos generaciones se habían convertido en una usina económica mundial.

Japón volverá a surgir una vez más, pero será un país distinto, que combinará las mejores cualidades de su cultura trabajadora, orientada al equipo y al consenso, con nuevos enfoques empresariales hacia la profesión, el negocio, la calidad de vida y el comercio.

Y allí es donde entra en escena el network marketing. Todas las tendencias que empujan a la industria y a esta compañía en los Estados Unidos, se acentúan aún más en el Japón de hoy:

- El envejecimiento de la población exige diferentes enfoques en salud y seguridad para los jubilados.

- A muchas personas los trastornos económicos y la falta de realización en los aspectos profesionales y corporativos, los han lanzado a la búsqueda de ingresos alternativos y carreras empresariales más satisfactorias.

• Una economía excesivamente reglamentada y con precios desorbitantes, malgasta la riqueza del país y de los consumidores, al tiempo que obliga a los japoneses a buscar maneras más eficientes de comprar y vender, y de hacer negocios.

> **T**odas las tendencias que empujan a esta industria en los Estados Unidos se acentúan aún más en el Japón de hoy.

Una sociedad asentada en la tradición, y con lentitud para los cambios está hoy más lista que nunca para intentar un camino diferente. Compañías pioneras como Amway, Herbalife y Nikken comprendieron hace años que ciertos aspectos de la cultura japonesa están en total sincronía con su tipo de negocio —vender basándose en relaciones, familiares y una intrincada conexión de redes. Japón alberga hoy a 2,5 millones de vendedores directos, aproximadamente, que generan más de 30.000 millones de dólares en ventas anuales, casi el 40 por ciento del total mundial. Con el ingreso al mercado de otras compañías como Mannatech, Nutrition for Life y Rexall Showcase, esos números seguirán subiendo. Analicemos en detalle cómo y por qué.

Durante años, los expertos han tratado de conciliar el hecho de que, mientras las barreras japonesas comerciales abiertas —aranceles y cupos— eran bajos según los estándares globales, el déficit comercial seguía siendo obstinadamente alto. La primera queja de exportadores y comerciantes frustrados era que el rígido sistema de distribución japonés simplemente los excluía. Podían hacer que sus productos llegaran a las costas de Japón, pero no que llegaran a los negocios japoneses.

Lo que quizás no hayan advertido estas compañías estadounidenses es que muchas empresas locales en Japón, en particular las más pequeñas de productos y servicios, enfrentaban barreras similares. Para los consumidores japoneses, el resultado fue precios finales artificialmente altos —los más altos del mundo. Tal como lo describió la revista Fortune en una oportunidad:

> *Incluso cuando la economía estaba en alza, Japón tenía un problema notorio: un sistema de distribución tan laberíntico como el palacio de un shogun. Todo lo que compraba el consumidor —hecho en Japón o importado— tenía que atravesar más de media docena de intermediarios. Algunos nunca tomaban posesión de los productos, pero todos cobraban un derecho, lo que creaba los precios más exorbitantes del mundo. Una botella de 96 aspirinas costaba 20 dólares, y no por el yen fuerte.*

Richard Johnson, que preside las operaciones de Amway en Japón, ha explicado el desafío de esta manera: "no es que el gobierno o la sociedad haya dicho que los productos extranjeros no puedan ser distribuidos. Más bien, los fabricantes más importantes han creado un canal de distribución muy disciplinado que no permite el ingreso de extraños, sean extranjeros o domésticos."

Luego cita la industria cervecera para ilustrar el tipo de "disciplina" de la que hablaba: "Hasta hace poco tiempo, Kirin Brewery Co. prácticamente dominaba la red mayorista. Era muy difícil introducir un nuevo producto, más allá de toda la publicidad que hiciera la empresa, porque los bares sólo podían ordenar lo que el mayorista podía proveer. Y el mayorista podía decir: 'Si quiere una caja de Sapporo o Suntory (otras marcas de cerveza japonesa), tiene que llevarse diez cajas de Kirin'."

Dado que el network marketing se basa en la noción de pasar por arriba de la cadena de distribución normal, esta forma de negocio representa nada menos que un ataque frontal y directo al orden comercial establecido. En el caso de Amway, Johnson recuerda: "nuestro comienzo fue muy difícil. Hicimos pocos negocios en los primeros cinco años."

No obstante, los japoneses, supuestamente complacientes y de mentalidad organizadora, han adoptado con creciente fervor la venta directa y las oportunidades comerciales que acarrea. "Toda la ansiedad, además de la nueva predisposición de los consumidores japoneses para darle una oportunidad a las innovaciones estadounidenses, están creando ocasiones para que las empresas de Estados Unidos trasladen a Japón las estrategias comerciales exitosas en su país," explica Fortune.

> **Los japoneses, supuestamente complacientes y de mentalidad organizadora, han adoptado con creciente fervor la venta directa y las oportunidades comerciales que acarrea.**

Pero la inseguridad económica y el disloque también ayudan a explicar las motivaciones de los profesionales de red japoneses. "Muchos de los distribuidores son refugiados del mundo idiotizado y jerárquico de los importantes negocios japoneses," observó Yumiko Ono en The Wall Street Journal. "Quieren trabajar por su cuenta y cobrar de acuerdo a su desempeño, no de acuerdo a su antigüedad. El creciente número de personas que lo hace, marca un gran cambio en la sociedad japonesa."

Para muchos japoneses, la actual crisis económica ha quebrado el tradicional acuerdo entre empleados y empleadores. Los graduados universitarios luchan por encontrar los trabajos que les fueron prometidos cuando ingresaron al colegio. Hombres de mediana edad se encuentran despedidos con pocas perspectivas de volver a ser contratados. Una vez más, estas son circunstancias familiares para los estadounidenses en épocas de receso económico, pero para los japoneses son desconocidas en la era posterior a la Segunda Guerra Mundial.

Sin embargo, otros empleados no son expulsados, ¡ellos quieren salir! Buscan un desafío más grande e interesante para sus vidas profesionales que ponerse el uniforme de la compañía y tener un empleo en una empresa, todos los días, desde los 25 a los 60 años.

El anhelo de opciones profesionales más satisfactorias se ha hecho fuerte principalmente entre las mujeres japonesas. Hace tiempo que las amas de casas japonesas dominan la economía del consumo en su país, a través del control del dinero del hogar y las decisiones de compras, separando asignaciones para que sus esposos "asalariados" gasten en un plato de fideos en el almuerzo y tomen cerveza después del trabajo con sus colegas.

Sin embargo, a pesar del enorme poder adquisitivo colectivo que ejercen las mujeres japonesas, para muchas la existencia ha resultado ser aburrida y sin oportunidades. Durante un breve período de su juventud, las japonesas experimentan cierta libertad: educación superior lejos del hogar, quizás un viaje internacional a Hawaii o California con compañeros de estudios, trabajo en una linda oficina en Tokio. Luego llega el casamiento, para la mayoría. Uno o ambos miembros del matrimonio se va del hogar antes del amanecer en un viaje de noventa minutos en tren hasta el trabajo y vuelve cansado después del anochecer. Si la mujer trabaja, es probable que ella regrese primero para ocuparse de los hijos y de la casa. Aunque las condiciones laborales en Japón están cambiando para las mujeres, el techo de cristal en el mundo corporativo sigue siendo una barrera formidable y presagiosa. Mientras tanto, su esposo llegará mucho después, después de que los hijos se hayan dormido, luego de confraternizar hasta tarde con compañeros de trabajo, lo que se considera una parte importante y casi obligatoria de la carrera de un hombre.

La inseguridad económica y el enérgico cuestionamiento por la calidad de vida que se recibe a cambio de todas esas horas de viaje, trabajo y socialización, han causado gran interés en alternativas como el network marketing. Un distribuidor japonés de Amway explica al Wall Street Journal: "La gente comienza a preguntarse qué podría hacer como simple miembro de una empresa. Quieren divertirse. Quieren hacer algo. Pero no tienen nada. Cuando ingresan a Amway, hay algo que cambia."

La revista Forbes ha valorado el atractivo del network marketing: "La idea de ser jefe de uno mismo puede ser recibida de manera cínica en Estados Unidos, pero en el reglamentado Japón encuentra una audiencia dispuesta, especialmente entre amas de casa y asalariados frustrados."

● ● ●

El escenario está claramente dispuesto para un boom del network marketing en Japón —aunque difícilmente sea sólo allí. Desde mercados internacionales que apoyan a la industria, como Canadá y Australia, hasta la Unión Europea y las economías emergentes de América Latina, Europa del Este y Rusia, los profesionales de red encuentran impresionantes oportunidades de expandir sus negocios y organizaciones de ventas. Decenas de networkers exitosos nos han dicho que el potencial de expansión internacional es lo que más los estimula de sus negocios. Si avanzamos un poco más, seguramente será un poderoso imán que atraerá a muchos Nuevos Profesionales al network marketing.

La idea de que se puede desarrollar una organización internacional de distribuidores desde su oficina hogareña, es algo muy distinto al viejo estereotipo de venta persona a persona, puerta a puerta. En vez de cargar el baúl de su auto y entregar productos por toda la ciudad, usted maneja un negocio internacional por todo el mundo.

Los beneficios se extienden más allá de la oportunidad de multiplicar su ingreso. También es altamente apreciada la oportunidad de viajar por el mundo y aprender sobre otros idiomas, culturas y tradiciones comerciales. Muchos profesionales de red mantienen lazos cercanos con sus raíces étnicas o su país de origen. Sus negocios les permiten volver a contactarse con sus raíces. Además, su conocimiento de la cultura y el idioma del país, así como la presencia de familiares allí, suele ayudarlos a expandir sus negocios.

Tendencia 4: Network Marketing e Internet

Si bien la explosión del comercio electrónico amenazará a muchas industrias, el network marketing facultará y será facultado por él. Los adelantos en tecnologías de comunicación on-line eliminarán los aspectos administrativos más desagradables y del trabajo más intenso del proceso de ventas y asociación, lo que permite que los profesionales de red se concentren más en el desarrollo de sus negocios internacionales.

Internet, la explosión del comercio electrónico y el rápido desarrollo de tecnologías de comunicación y de información disponibles, revolucionan el network marketing de distintas maneras.

Primero, hace más eficiente y fácil el desarrollo del negocio y, por lo tanto, más deseable para los Nuevos Profesionales. Transacciones que solían llevar horas de trabajo cuidadoso y mucha demanda de tiempo, y a veces esfuerzo físico, ahora se logran presionando un botón o el mouse de la computadora.

Veteranos de la industria recuerdan los tiempos en los que se comunicaban con clientes y prospectos únicamente cara a cara. Queda claro que este enfoque conserva su poder de mercadeo y siempre será una característica importante y un punto especial al emprender la venta directa. Pero insume muchísimo tiempo y por lo tanto limita las capacidades de las personas ocupadas, para desarrollar el negocio — en particular los profesionales que quieren comenzar a medio tiempo.

Pedir productos y llenar formularios solía hacerse a mano y luego se enviaba por correo, o bien se llamaba a la sede de la empresa. Los productos generalmente se retiraban de un depósito y luego el mismo distribuidor los entregaba. Cálculos de comisiones, beneficios y bonificaciones se procesaban a mano en la sede de la compañía y los cheques se enviaban en tandas por el correo normal del país.

¡Cómo han cambiado las cosas! Los líderes de la industria y sus "estrellas en ascenso" han hecho fuertes inversiones en tecnología para hacer la vida de los empresarios independientes tan simple y eficiente como sea posible. En muchos casos, los pedidos y las solicitudes de ingreso a sus redes se pueden entregar electrónicamente. La compañía madre maneja el cumplimiento de los pedidos, incluyendo empaque y entrega —por lo tanto, el distribuidor que vende un producto a un cliente nunca tiene que tocar el producto.

La tecnología también se emplea para mejorar la capacitación, parar motivar e informar, y para multiplicar el impacto de los esfuerzos de contacto de un profesional de red. Correo de voz, teleconferencias, transmisiones satelitales, descargas de faxes, correos electrónicos, sitios Web y otras técnicas, se perfeccionan rápidamente en muchas compañías importantes de la industria. Internet se ha convertido en una importante fuente de información, de críticas y comentarios sobre la actividad. Algo así como doscientos mil sitios Web se han identificado en los buscadores relacionados directamente con el tema del network marketing.

> **Al mismo tiempo que lo que puede hacer la tecnología es cada vez más complejo, resulta cada vez más barato y fácil de usar.**

Richard Poe, gurú de la industria, ha narrado de manera realista el impacto de varias tecnologías en el network marketing en su serie de libros "Ola", publicados en idioma inglés por Prima••. "Hoy, las compañías de network marketing más avanzadas subrayan la simplicidad por sobre todo. Emplean computadoras, sistemas de gerenciamiento y telecomunciaciones de última generación para hacer la vida del distribuidor promedio lo más fácil posible," escribe Poe. Según su concepto, la tecnología ha producido una nueva fase de empresariado individual que une la vieja venta por relaciones con tecnologías de información y comunicación económicas y fáciles de usar.

Una ejecutiva experimentada de IBM destacó recientemente que hoy es posible desarrollar y manejar un negocio multinacional redituable desde una oficina en el hogar equipada con teléfono, computadora, máquina de fax y módem... ¡y conocemos muchos profesionales de red que han hecho exactamente eso! La librería más grande del mundo, comentó, en realidad no es un negocio como tal. Es una librería "virtual" en un sitio Web de Internet llamado Amazon.com.

Lo que ha facultado a los emprendedores actuales y pone tanto potencial comercial a su alcance, es la velocidad a la que las nuevas tecnologías comunicativas están disponibles y accesibles para cualquier persona. Y al mismo tiempo que lo que puede hacer la tecnología es cada vez más complejo, resulta cada vez más barato y fácil de usar.

Tengamos en cuenta que la capacidad del microprocesador se duplica cada quince o dieciocho meses y seguirá así en el futuro previsible. La ejecutiva de IBM ejemplifica el impacto de este desarrollo recordando que hace apenas diez años intentó realizar una función particularmente compleja en el servidor más grande que su compañía podía ofrecerle —una computadora de aquellas que llenaban toda una habitación— y logró "derrotar" a la máquina. Hoy, ella hace esa misma función con facilidad ¡en su computadora portátil!

La revista Success resumió la unión del network marketing con el empresariado y la tecnología de esta manera: "[El marketing multinivel] está creando todo un mercado nuevo fuera del conjunto de publicidad televisiva, vidrieras, inventario e intermediarios, y tiene el poder de hacer obsoleto al mundo minorista convencional. Ese poder surge de la unión de la tecnología moderna — archivos computarizados y telecomunicaciones— con el antiguo arte de hablar cosas banales."

John Fogg, editor de Upline, determinó el papel que la tecnología puede y debería tener en el desarrollo de un negocio de network marketing cuando observó: "Todas las herramientas y la tecnología lo liberan para que usted se concentre en la parte más intangible de este negocio, que son las relaciones humanas. Su trabajo es desarrollar a su gente y apoyarlos a que expandan su negocio."

Al asumir las empresas gran parte de la carga de tomar pedidos, procesar y entregar, el distribuidor, tal como indicó Fogg, se ve liberado para dedicarse a el desarrollo de su organización. Además, estas tecnologías dan a la industria una sensación de modernidad y la ayudan a distanciarse de la imagen que las compañías de venta directa tenían en el pasado —en el que ser parte de este negocio significaba que su garaje, su auto y su casa estaban llenos de cajas de productos y se debería pasar muchas horas entregándolos.

Por lo tanto, la tecnología se ha transformado en un componente fundamental de la habilidad que posee la industria para atraer a más profesionales de mayor nivel, mejor educados y muy ocupados. A medida que las compañías establezcan sistemas computarizados globales ensamblados y planes internacionales de expansión, los distribuidores ganarán dinero y harán crecer sus negocios aún mientras duerman —porque estarán "abiertos" en todos los husos horarios, las veinticuatro horas del día, los siete días de la semana.

> **A** medida que las compañías establezcan sistemas computarizados globales y planes internacionales de expansión, los distribuidores ganarán dinero y harán crecer su negocio aún cuando duerman.

COMERCIO ELECTRÓNICO Y NETWORK MARKETING

Si el network marketing se hubiera quedado congelado desde el punto de vista tecnológico, confiando en "viejas herramientas" tales como reuniones de venta en los hogares, demostraciones personalizadas de productos y recepción de pedidos de procesamiento manual —sin mencionar la exigencia de que el distribuidor cobre y entregue los productos personalmente— la revolución del comercio electrónico hubiera sido una seria amenaza para esta industria.

De igual manera, si las compañías no hubieran logrado desarrollar sistemas computarizados para acreditar las ventas hechas por sus distribuidores mediante Internet —incluso aunque el distribuidor no haya participado personalmente de la venta— el comercio electrónico podría haber destruido al network marketing.

¿Por qué? Porque Internet es una comunidad global, y sin un método que permitiera identificar las ventas y acreditarlas a empresarios independientes, cuando esas ventas se realizan en la Web, los distribuidores hubieran tenido poco incentivo para enviar a sus clientes a dichas páginas Web. Su única esperanza hubiera sido retener a sus clientes usando los viejos métodos de pedido y entrega de productos, que consumen mucho tiempo —lo que estaría en franca oposición a la velocidad, diversidad de elección y conveniencia que el comercio electrónico ofrece. Es una estrategia condenada al fracaso. Sin una respuesta apropiada de parte de la industria del network marketing, el comercio electrónico tendría el potencial de destruir el concepto de bases de clientes y organizaciones de ventas pertenecientes a profesionales individuales de red.

En lugar de eso, lo que la industria ha hecho fue transformarse en un activo lucrativo e incluso invalorable para el comercio electrónico. En el proceso, la explosión del comercio electrónico fortalece al network marketing y lo hace más valorable que nunca.

> **La eficacia e idoneidad de la alta tecnología combinada con la personalidad de alto contacto de la venta a relaciones, es un acontecimiento feliz.**

De lo que se trata actualmente el comercio electrónico es de "dedos y ojos". ¿Cuántos dedos que hagan clic en su dirección puede lograr? ¿Cuántos ojos que vean su sitio Web puede lograr? Usted puede tener la mejor página, la mejor selección de productos y oferta de precios, pero si nadie ingresa a su página, no triunfará. Tal como lo discutimos en relación a la Tendencia 1, Internet está en proceso de derribar muchos enfoques probados y verdaderos sobre el marketing. Cualquier estrategia que atraviese el ruido y atraiga clientes verdaderos, leales y constantes a su sitio, vale su peso en oro.

El network marketing es una de tales probadas estrategias. Muchos de sus clientes eligen productos no sólo por su calidad y valor, sino para ayudarse a sí mismos, y a sus amigos y familiares a desarrollar sus negocios y progresar en sus organizaciones.

La eficacia e idoneidad de la alta tecnología, combinada con el perfil de alto contacto en las ventas a relaciones, por la que esta industria es célebre, es un acontecimiento feliz. Compañías de servicios y productos dentro y fuera del network marketing comprenden rápidamente el poder de esta unión.

El miércoles 1 de setiembre de 1999 a las 16:37, Quixtar.com, la división de comercio electrónico de Amway, la compañía de venta directa más grande del país, abrió sus puertas virtuales. Tal como documentó Coy Barefoot en su exitoso libro

The Quixtar Revolution (editado por Prima), el sitio recibió algo así como veinte millones de clics en su día inaugural y ha registrado entre treinta y cuarenta millones diarios desde ese momento. Este tráfico lo convierte en uno de los sitios de comercio electrónico más exitosos de la corta pero espectacular historia de la *World Wide Web*.

El sitio permite que los compradores llenen sus carros con facilidad con miles de productos, desde cereales para el desayuno a televisores de pantalla gigante. Sin embargo, quienes se registren como compradores o distribuidores Quixtar/Amway deben ingresar el número de referencia de un distribuidor independiente existente. Este paso asegura que los networkers reciban acreditación y comisiones por ventas e ingreso de nuevos asociados, y a la vez conecta a los nuevos socios a una red existente para que se puedan beneficiar con la capacitación y la motivación que experimentados desarrolladores del negocio Amway tienen para ofrecer. Quienes lleguen al sitio de Quixtar sin un número de referencia pueden seguir un proceso muy simple para asegurarse uno.

Jim Dornan, líder de Quixtar/Amway, explicó los beneficios que el comercio electrónico trae para el network marketing y viceversa:

Sesenta por ciento de cada dólar que gastan los consumidores en Internet se utiliza en marketing y publicidad... Eso significa que dos tercios de cada dólar se va solamente en tratar de atraer miradas.

Ahora bien, en la vieja economía, entre el 60 y el 80 por ciento de cada dólar se gastaba en varios intermediarios: mayoristas, corredores, minoristas, gastos generales... Pero ahora la publicidad se ha convertido en el gasto más importante porque de alguna manera usted tiene que lograr que los clientes encuentren su sitio en Internet. Y de acuerdo con la manera en que funciona Internet, eso no es fácil. Incluso si lo encuentran, ¿quién puede afirmar que volverán alguna vez?

Aquí es donde aparecemos nosotros. Sí, tenemos excelentes productos preparados, y servicios y primeras marcas. Pero hacemos nuestra publicidad a través de la palabra. No gastamos dos tercios de cada dólar en alguna agencia de publicidad. Ese dinero lo redirigimos a un paquete de compensación para pagarle a los distribuidores independientes por sus contactos logrados por el boca en boca.

Es un plan brillante. Nos da la propiedad y participación en el negocio. No somos simples clientes. Somos socios. El comercio electrónico puede representar a la nueva economía. Pero Quixtar indica la nueva fase del comercio electrónico.

Amway es un líder pero no está sola en esta fascinante historia de la aceptación por parte del network marketing de la tecnología de Internet:

- Rexall Showcase International anunció recientemente que dirigiría gran parte de sus esfuerzos de contacto, venta de productos y desarrollo de negocios a su sitio Web Rexall.com, y alentaría a sus distribuidores nuevos y existentes a hacer lo mismo.

- Shaklee Corporation, la venerable compañía de network marketing de productos al consumidor fundada en 1956, ha creado Shaklee.net, que permitirá a los integrantes de su fuerza de ventas ser dueños de sus propios sitios de comercio electrónico totalmente funcionales y a medida de cada uno.

- American Communications Network (ACN) ha lanzado "ACN Global Mall" para los representantes de ACN que trabajen con iMart, una compañía de comercio electrónico sólo por Internet, para brindarles una amplia gama de alianzas de productos y operaciones de apoyo.

- Avon, el gigante de venta directa con una división de network marketing, está desarrollando una estrategia multidimensional de sitios Web de Internet. Avon seguirá usando su clásico sitio avon.com como vehículo para relacionarse y comunicarse con consumidores y representantes de ventas, además de ser el sitio de recepción de órdenes y ventas. La empresa informa que tiene un programa Web de alta tecnología "en construcción" que mejorará significativamente la eficiencia de los vendedores, basándose en un expandido apoyo a mensajes de correo electrónico, análisis de compras de consumidores, monitoreo de desempeño en las ventas personales, planificación y demás.

Los Nuevos Profesionales ansiosos por el potencial de la tecnología para aumentar su productividad personal y multiplicar sus opciones profesionales, encontrarán que la industria del network marketing actual acepta la nueva tecnología, incluso más que el mundo comercial tradicional. Según Richard Poe, en Ola 4: "los profesionales rasos demuestran tal intimidad con la tecnología de punta que avergüenzan a la mayoría de los ejecutivos corporativos. Trabajan todos los días en el lugar virtual y descentralizado que la mayoría de los gerentes y científicos de la organización solamente conoce a través de libros."

Sin embargo, la adaptación de la venta directa a Internet ha sido un proceso evolutivo. La industria la consideró inicialmente como una amenaza a su cuidadosamente guardada estructura de "territorios" y organizaciones de ventas y distribución. Las compañías también dudaron de su capacidad de estandarizar, vigilar y asegurar la integridad de las técnicas de ventas de los distribuidores y de sus técnicas de contacto. Luego aceptaron esta tecnología como una manera de acelerar el proceso de recolección de órdenes y entrega de productos. Actualmente, se ha captado el poder de Internet como una red de tuberías de ventas y contactos, al tiempo que se le destaca al mercado en su conjunto, que es el network marketing el que puede ayudar a resolver el principal dilema de las empresas en la Era de Internet: como informar, reunir y mantener fieles a los clientes.

Por estas razones, creemos que el network marketing es una industria con una capacidad única de adaptación a la nueva economía de Internet. Quienes no lo logren sin dudas se convertirán en las industrias del pasado. El network marketing es una industria del futuro.

Tendencia 5: El Network Marketing es Respetado

Considerado durante largo tiempo como una clase de "periferia lunática" de la comercialización, el network marketing se acepta cada vez más como parte legítima y prometedora de la corriente económica predominante, tal como lo demuestra su creciente reconocimiento en los medios y en los campos profesionales y académicos.

Cuando Charles King inició su investigación sobre network marketing en 1990-1991, el primer paso fue hacer la clásica "búsqueda literaria" académica en la prensa económica. Rápidamente surgieron varias conclusiones.

En primer lugar, prácticamente no existía literatura analítica y descriptiva sobre el canal. En Business Periodicals Index, la referencia bibliográfica más importante de la literatura periódica sobre comercialización, no se incorporaba la categoría venta directa. No había palabras clave relacionadas con venta directa, marketing multinivel, MLM, network marketing, distribución en red o marketing de referencia.

En segundo lugar, en los manuales de las principales carreras de marketing, la venta se menciona al pasar, al igual que sus procesos y el arte de vender. En los índices de temas de los manuales, no había ninguna clase de referencia al campo del marketing multinivel o network marketing. En las colecciones de bibliotecas especializadas en comercio y relacionadas con ventas, había muy poca información disponible sobre la industria del MLM o del network marketing, por ejemplo, tamaño medido con respecto a volumen de ventas o número de distribuidores, principales productos distribuidos o compañías más importantes.

En tercer lugar, las noticias internas de la industria eran básicamente publicidades concentradas en contactar distribuidores, especificaciones de productos, desarrollo personal y ayuda para capacitación y ventas. El contenido editorial de la prensa comercial giraba en torno a las personalidades de la industria y sus particulares costumbres comerciales. Era muy limitada la cantidad de datos concretos.

La mayor parte de la información disponible sobre la industria se concentraba principalmente en revelaciones criminales e historias de fraudes a consumidores muy notorias —por ejemplo, conflictos legales en torno a los casos de Dare to Be Great, Koscot Interplanetary Inc. y de Holiday Magic; esquemas Ponzi; cartas en cadena y engaños piramidales.

En la actualidad, por el contrario, el mercado estadounidense ha experimentado una explosión de información que se expande continuamente. Al menos tres publicaciones se dedican exclusivamente a la industria del network marketing: Upline, una revista mensual sobre eventos y personalidades de la industria; Money Maker's Monthly, diario de formato tipo tabloide y Network Marketing Lifestyles, revista de noticias y de interés general que actualmente se publica cada dos meses. La revista Success también cubre periódicamente a la industria del network marketing de manera positiva y alentadora. (Si quiere ver una lista de las más importantes fuentes de información, consulte el apéndice.)

Aunque cada una de estas publicaciones tiene su particular estilo y misión editorial, todas buscan activamente noticias concretas sobre esta actividad, y contenido analítico. A la vez, resulta particularmente importante el hecho de que los lectores también buscan noticias concretas, información competitiva y datos sobre los mercados.

Además, en años recientes, el panorama de los medios en general cambió de las actitudes acusatorias de la década de 1980 hasta principios de los años '90. Aunque la cobertura informativa seguramente hable de delitos en la industria, el punto de vista editorial se está equilibrando. Los periodistas presentan historias más amplias con contenido más informativo, reflexivo y objetivo. En los últimos años, han aparecido reportajes equilibrados en publicaciones importantes como Wall Street Journal, las revistas Fortune, Forbes y Money, los diarios Chicago Tribune, Chicago Sun Times y otros reconocidos periódicos regionales de los Estados Unidos.

Se puede agregar que se está desarrollando una categoría de libros sobre comercio orientados al network marketing, que cubren una variedad de temas relacionados con la actividad, escritos por periodistas profesionales y por participantes experimentados. En su sitio Web, Amazon.com tiene una lista de más de 130 títulos que tratan directamente sobre el network marketing.

Prima Publishing ha creado su nicho de mercado como la editora líder del network marketing. Prima ha creado el plantel más grande y destacado de escritores de network marketing, entre los que se cuentan Richard Poe, John Milton Fogg, el coautor James W. Robinson, Mark Yarnell, Rene Reid Yarnell y Scott De Garmo. La editorial tiene quince libros disponibles y cuatro más contratados. De los disponibles, seis han alcanzado la categoría de best seller. Prima informa que vendió más de 1.280.000 copias en la categoría network marketing.***

Varios emprendedores y a la vez escritores recopilan y publican boletines y noticias actuales enfocadas en ciertos temas, como Fortune Now, de Tom "Big Al" Schreiter; Market Wave Alert Letter, de Len Clements; MLM Insider, de Rod Cook y MLM Woman, de Linda Locke. (Los boletines y libros más importantes también se enumeran en el apéndice.)

Algunas compañías agresivas de network marketing también complementan las publicaciones con sus propios órganos informativos y sitios Web que se enfocan en desarrollos relevantes de la industria para sus nichos de mercado, incluyendo información de compañías y productos, e ideas de ventas y marketing.

Los Académicos Reconocen al Network Marketing

Además del mundo editorial y de los medios, la comunidad académica es cada vez más consciente del poder económico del network marketing como canal de distribución y como potencial camino profesional a medio tiempo o a tiempo completo.

En 1994, Charles King, profesor de marketing de la Universidad de Illinois en Chicago (UIC) y Mark y Rene Yarnell, fundaron el seminario certificado de la UIC en network marketing, coordinado por Sandra King. El programa era el primer seminario de network marketing ofrecido por una institución importante de educación superior. El programa se denomina "Network Marketing: planificar, desarrollar y manejar una organización de distribuidores," y se concentra en la aplicación de tácticas probadas sobre manejo empresarial, que se enseñan en facultades de administración de empresas a profesionales de network marketing. El programa, que en el año 2000 cumplió su sexto y exitoso año, se ha realizado doce veces en los Estados Unidos, Corea y Australia, con más de doce mil participantes.

Los temas tratados en el seminario se reestructuran constantemente de un curso al otro para garantizar que el contenido incluya las últimas tecnologías relevantes para la evolución del network marketing. El temario se concentra en tres módulos: (1) el desarrollo de un plan comercial basado en objetivos específicos de desempeño para un distribuidor de network marketing; (2) las destrezas tácticas necesarias para implementar el plan y desarrollar una red de distribuidores; (3) el manejo de la organización como una operación comercial a través del tiempo.

Partiendo de los fundadores originales y líderes de seminarios, el plantel de instructores se han expandido hasta incluir especialistas en nuevas áreas temáticas —por ejemplo, uso de Internet en network marketing, actuales temas legales de última generación, y nuevos desarrollos en planes de compensación. La comunidad de líderes industriales altamente calificados que también pueden postularse para enseñar como invitados en la UIC está en crecimiento.****

Charles King ha estado defendiendo activamente el concepto de network marketing dentro de la comunidad académica, desde 1994. Aunque no se enseña network marketing en la Facultad de Ciencias Económicas de Harvard, King, que cursó su doctorado en esa Facultad, ha dado conferencias sobre network marketing a estudiantes de la Facultad de Derecho de Harvard, la Asociación de Derecho y Comercio de Harvard, y el Club de Marketing de la Facultad de Ciencias Económicas de Harvard.

Para que las universidades más importantes del país se involucren más, se necesitará establecer una plataforma para apoyar las investigaciones académicas sobre el modelo económico del network marketing. A la comunidad académica, aún hoy en día conservadora y escéptica, le falta comprender el canal del networking, al manejarse con información inadecuada para evaluar y respaldar a la industria. Esto puede cambiar. King ha propuesto la formación de un Instituto de Network Marketing fundado por las empresas del sector. Este instituto podría funcionar como centro de investigación y centro distribuidor de información sobre la industria, y ser administrado por un consorcio de universidades e institutos dedicados a la investigación.

En enero del 2000, la facultad estatal de Utah Valley lanzó un curso introductorio llamado "Oportunidades en Venta Directa". Diseñado como programa piloto, el curso debate el impacto de la venta directa en la sociedad. Específicamente, cubre "la terminología básica de la industria, las distinciones entre actividades legales e ilegales, la historia de la venta directa, planes de compensación y ética." El curso incluye debates, conferencias, invitados especiales, presentaciones y actividades grupales. Y se ha informado que otras universidades, inclusive la de Texas-El Paso, están investigando cómo participar de la industria del network marketing.

Estado de las Asociaciones Mercantiles de la Industria del Network Marketing.

Para el Nuevo Profesional que evalúa caminos profesionales alternativos, una pregunta clave es: "¿Quién supervisa la respetabilidad y la credibilidad profesional de la industria del network marketing?"

La madurez y estabilidad de una industria suelen reflejarse con más claridad en la estructura de sus asociaciones mercantiles. Estas asociaciones surgen como respuesta a los desafíos que enfrentan profesiones, negocios e industrias. Se ocupan de temas tales como estatus legal de la industria; relaciones legislativas y jurisdicciones regulatorias; criterios educativos y profesionales, y certificación; información industrial e investigación específica de mercados; marketing industrial, publicidad y desarrollo de imagen; estructuras financieras y marcos de organización; análisis de resultados operativos e identificación de "mejores prácticas comerciales", y desarrollos tecnológicos y científicos. Cuanto más abarque la infraestructura de la asociación comercial de una industria, más talento y recursos profesionales están disponibles para concentrarse en temas complejos con relación a ella.

En los Estados Unidos, la industria del network marketing cuenta actualmente con tres asociaciones mercantiles y grupos de apoyo formales muy organizados y bien fundamentados:

- DSA (Direct Selling Association): Asociación de Venta Directa

- WFDSA (World Federation of Direct Selling Association): Federación Mundial de Asociaciones de Venta Directa.

- MLMIA (Multi Level Marketing International Association): Asociación Internacional de Marketing Multinivel.

DSA (Asociación de Venta Directa): La DSA es en Estados Unidos la asociación mercantil nacional de empresas líderes que fabrican y distribuyen productos y servicios directamente a los consumidores. Neil Offen, su presidente, afirmó que al cierre del ejercicio fiscal 1999, la DSA tenía aproximadamente 180 miembros corporativos relacionados con venta directa/network marketing y 225 proveedores. Este grupo representa aproximadamente al 90 por ciento del volumen de ventas de los Estados Unidos y maneja un presupuesto estimado de 5,35 millones de dólares. Con una preocupación conservadora por su estabilidad financiera, la junta de directores de la DSA está comprometida a mantener una reserva para cubrir al menos un tercio de sus gastos anuales. A finales de 1999, tenían un fondo equitativo de reserva superior a los dos millones de dólares.

La misión de la asociación es "proteger, servir y promover la efectividad de las compañías participantes y de los empresarios independientes que representan. Asegurar que el marketing de productos de las compañías participantes y/o la oportunidad de venta directa, se maneje con el más alto nivel de ética comercial y servicio para los consumidores."

Para lograr este objetivo, la asociación ha desarrollado un código de ética que define prácticas comerciales y servicios éticos al consumidor. Cada compañía participante asegura operar bajo estos criterios. Ser miembro de la asociación se considera un sello de credibilidad entre fabricantes de la industria.

En lo que respecta a servicios, la DSA es un centro de distribución de información para la actividad. La asociación realiza la Encuesta Anual de Crecimiento y Panorama de la Venta Directa, que investiga el volumen de venta del área, y traza un perfil de la infraestructura del sector. La DSA también realiza la Encuesta Anual de Fuerza de Ventas Nacional, que indaga las actitudes, motivaciones, experiencias y distribución demográfica de los vendedores directos. Además, la asociación realiza periódicamente importantes estudios profundos y que marcan hitos, como la Encuesta de 1997 sobre Actitudes frente a la Venta Directa.

La DSEF (Direct Selling Educational Foundation, Fundación Educativa de Venta Directa), que maneja un presupuesto anual de más de 1,1 millones de dólares, es otra iniciativa educativa importante entre los programas de la DSA. La misión del DSEF es "servir al interés público con educación, información e investigación y de esa manera alentar mayor conocimiento público y aceptación de la venta directa en el mercado global." La DSEF se concentra en personalidades clave y en líderes de opinión entre grupos de defensa al consumidor, funcionarios públicos, profesores universitarios y estudiantes, para promover el marketing directo como un canal legítimo de distribución y un camino profesional viable.

Dentro de sus actividades como asociación, la DSA también tiene una variada serie de programas de educación, relaciones gubernamentales, servicios para miembros, administración organizativa, programas internacionales y comunicaciones.

WFDSA (*Federación Mundial de Asociaciones de Venta Directa*): La WFDSA, fundada en 1978 y con sede en Washington, D.C., con un presupuesto anual estimado de U$S 800.000, es una organización voluntaria no gubernamental que representa a la industria globalmente como una federación de asociaciones nacionales de venta directa de cincuenta y dos países y territorios. La DSA de Estados Unidos maneja la secretaría de la federación.

La misión de la WFDSA es "apoyar a las asociaciones de venta directa en las áreas de gobierno, educación, comunicaciones, defensa del consumidor y ética en el mercado y promover interacción personal entre los ejecutivos con respecto a temas e importancia para la industria." La WFDSA facilita el intercambio de información entre sus miembros, fomenta altos niveles en las prácticas comerciales, tomando como base los "Códigos de Conductas para Venta Directa" de la DSA de Estados Unidos, y promueve la cooperación global en la comunidad del network marketing.

Algunas contribuciones clave de la WFDSA son su recopilación de estadísticas de venta directa de las asociaciones participantes en el informe: "Encuesta Estadística Internacional: Datos Mundiales de Venta Directa," educación global sobre venta directa a través de la DSEF, y el Congreso Mundial de Venta Directa, que se realiza cada tres años.

MLMIA (*Asociación Internacional de Marketing Multinivel*): Este grupo se organizó en 1985 como una organización de comercio manejada profesionalmente, sin fines de lucro, compuesta por un grupo de profesionales experimentados y exitosos representantes del rápido crecimiento de la industria. Su lema es: "¡Lo conectamos con recursos que acrecientan su capacidad de competir!"

La MLMIA se promociona como "fuente de información central" específicamente concentrada de la industria del marketing multinivel/network marketing, el componente más grande de la comunidad de venta directa. Define su objetivo principal como "brindar educación continuamente y re-educar a sus miembros" en el cambiante ambiente competitivo que rodea a la industria.

Las actividades de la MLMIA se concentran en "la protección, apoyo y promoción de las oportunidades individuales y aspectos empresariales de la industria." Trabaja para desarrollar y mejorar continuamente herramientas y servicios, diseminar la base de conocimiento de la industria y ayudar a que sus miembros adquieran y manejen las habilidades empresariales necesarias para triunfar. La MLMIA informa que ha desarrollado, facilitado y fomentado fuertes conexiones entre la industria del network marketing y los centros externos de influencia que causan impacto en las operaciones de la industria. Entre esos centros de influencia se encuentran agencias auditoras, educadores, la prensa y el público en general. La MLMIA está comprometida, por ejemplo, con el fomento de programas educativos en universidades e institutos reconocidos en los campos de ventas, marketing y emprendimientos. En estos centros de influencia, la MLMIA trabaja para ser reconocida como fuente de datos e información imparcial sobre el network marketing.

MLMIA tiene varias categorías de membresía:

Membresía corporativa: para compañías de marketing multinivel/network marketing.

Membresía de apoyo: para compañías proveedoras de la industria, inclusive agencias de publicidad y promoción, especialistas en manejo de información y manejo basado en datos, ventas y entrenadores motivadores.

Membresía de distribución: para distribuidores independientes.

Membresía de afiliado: para fabricantes que recién se inician y que quieren conectarse con la MLMIA pero no tienen tiempo gerencial o recursos financieros para comprometerse por completo.

> Los profesionales de red tienen una infraestructura totalmente desarollada de apoyo para ayudarlos a triunfar y para documentar la legitimidad de su industria.

Cada categoría tiene un consejo responsable de representar las necesidades e intereses de sus colegas. Los miembros de cada sección eligen a los miembros de su consejo; estos son coordinados por la junta directiva de la MLMIA, que establece las políticas, programas, servicios y planes estratégicos globales para la asociación. Esta es la única organización profesional en la industria que apoya tal diversidad de constituyentes.

La MLMIA también ha establecido asociaciones afiliadas en Canadá, Inglaterra, Malasia, Hong Kong y Australia como parte de sus continuos esfuerzos de expansión internacional. Por medio de estas asociaciones afiliadas, una red mundial de personas y negocios involucrados en el network marketing están internacionalmente conectados.

Desde cobertura mediática a materiales publicados, y de programas académicos a asociaciones mercantiles, los profesionales de red actuales y del futuro cuentan con una infraestructura creciente y totalmente desarrollada de apoyo y conocimiento para ayudarlos a triunfar y para documentar la legitimidad de su industria. Apenas pocos años atrás, esto no era así.

Tendencia 6: el Network Marketing se Hace "Público"

En una impactante demostración de madurez y seguridad del network marketing, y como parte de su agresiva búsqueda de capital y participación de mercado, cada vez más compañías ingresan a los mercados financieros. Además de darles

Compañías que cotizan en la Bolsa de Valores de Nueva York (NYSE)

Amway Japan Ltd.	AJL
Amway Asia Pacific Ltd.	AAP
Avon Products, Inc.	AVP
Excel Telecommunications Inc. (Teleglobe, Inc.)	TGO
Kirby &World Book (Berkshire Hathaway Inc.)	BRKa
Nu Skin Enterprises	NUS
Partylite (Blythe Industries, Inc.)	BTH
Pre-Paid Legal Services, Inc.	PPD
Primerica Financial Services (Citigroup, Inc.)	C
Sara Lee	(SLE)
TIME-LIFE Direct	TWX
Tupperware	TUP
Westbend (Premark International)	PMI

Compañías AMEX

Advantage Marketing Systems	AMM

Compañías NASDAQ

Beauticontrol Cosmetics Inc.	BUTI
Changes International (Twinlab Corp.)	TWLB
Dynamic Essentials (NBTY Inc.)	NBTY
FlashNet Communications	FLAS
Fuller Brush and Stanley Home Products (CPAK Inc.)	CPAK

poder mediante fondos para el desarrollo de productos, adquisiciones y crecimiento agresivo, saca a la industria de las sombras de la propiedad privada y crea estímulos adicionales para los Nuevos Profesionales, como lo son las opciones de compra de acciones. Un desarrollo de particular importancia para reforzar la credibilidad de la actividad ha sido su ingreso a los mercados financieros públicos.

En años recientes, la industria de la venta directa, más específicamente un grupo de compañías de network marketing, "invadieron" las bolsas de valores al comercializarse públicamente. En un artículo de Network Marketing Lifestyles, Duncan Maxwell Anderson contabiliza al menos cuarenta empresas de network marketing que cotizan en la Bolsa de Valores de Nueva York (NYSE), la Bolsa de Valores Estadounidense, NASDAQ, y el mercado extra bursátil (Over the Counter Bulletin Board, OTCBB). [Los símbolos de comercialización correspondientes figuran más adelante.]

¿Qué significa este desarrollo para los Nuevos Profesionales que analizan la industria del network marketing?

Herbalife International	HERBL
HMI Industries	HMII
I-Link (Medcross Inc.)	ILNK
Kaire International (Natural Health Trends Corp.)	NHTC
Mannatech	MTEX
Nutrition for Life International	NFLI
Reliv International	RELV
Rexall Showcase International	RXSD
Usana Inc.	USNA
Usborne Books at Home	EDUC
OTCBB	
Akahi.com (US Assurance Group)	UASG
Cell Tech International	EFLI
Envirotech International (ETI International Inc.)	ETICE
Futurenet	FNET
Market America	MARK
One World Online.com Inc.	OWOL
Royal Body Care (Globenet International)	ROBE
Sportsnut.com International Inc.	STSN
Travel Dynamics Inc.	TDNM
Warpradio.com	WRPR
Voyager Group (Voyager Group Brazil Ltd.)	VYGP

Primero, la SEC (Securities and Exchange Comission, Comisión de Títulos y Valores) ha definido requerimientos muy estrictos para las compañías que se postulan a cotizar en bolsa o en los mercados de valores públicos. La mayoría de las empresas privadas no pueden o deciden no adherirse a esos criterios.

Segundo, el tiempo gerencial-intelectual y el compromiso financiero que se exigen para llegar a cotizar en bolsa, pueden ser difíciles de sortear o imposibles para la mayoría de las compañías que recién se inician, en crecimiento o medianas. La empresa que cotice en bolsa deberá atravesar un arduo proceso de planificación que incluye:

- Creación de visiones y misiones detalladas que describan la posición competitiva de la empresa y sus objetivos de crecimiento.

- Preparación de un plan de comercio amplio que delinee las estrategias y procedimientos de operación de la empresa.

- Desarrollo de un informe financiero inicial con declaraciones de estados financieros proyectados pro forma a tres o cinco años.

- Organización de un equipo gerencial para exponer ante el mundo inversor.

- Generación de informes financieros auditados, siendo ideal que sean preparados por una de las cinco firmas contables más importantes, para ser sometido al análisis de la SEC.

- Establecimiento de relaciones con consultores legales y financieros, y miembros de la comunidad de Wall Street.

- Resúmenes financieros y "presentaciones" relacionadas para dar a conocer la oferta pública inicial (IPO) a los analistas de inversiones, para que la evalúen y la respalden.

- Compromiso de meses y años en la planificación e implementación del proceso de oferta pública inicial.

- Gastos financieros estimados entre u$s 700.000 y 1.000.000.

> Las compañías de network marketing que cotizan en las bolsas públicas suelen lograr un nivel más alto de sofisticación organizativa y profesionalismo.

Debido al rigor de este proceso de salida a la Bolsa, las empresas que logran triunfar y cotizar en las bolsas de valores públicas han sobrevivido el clásico bautismo de fuego —un examen muy abierto y público y casi un proceso ritual de inicio.

Esas compañías de network marketing que cotizan en bolsa, por lo tanto, suelen haber logrado un nivel más alto de sofisticación organizativa y profesionalismo comparadas con muchas de sus colegas privadas que trabajan bajo el "manto de confidencialidad" de la comunidad no pública. Estas compañías, al menos al momento de su oferta pública inicial, representan organizaciones comerciales firmes. Por supuesto, su destino depende de las incertidumbres del mercado.

Tercero, una vez que una compañía cotiza en bolsa, debe cumplir rutinariamente con las detalladas exigencias de información del SEC por el resto de su vida pública. La compañía pública debe verificar continuamente y auto-vigilar sus prácticas comerciales en términos de estándares legales e industriales.

Cualquier informe de conducta comercial inapropiada puede enfocar el poder de investigación y las sanciones negativas de la SEC en la firma agraviante. Es típico que las acciones de la SEC contra una empresa tengan impacto negativo en la imagen de la empresa y en el valor de cotización de mercado.

Cuarto, las compañías de network marketing cuyas acciones cotizan en bolsa tienen una mayor gama de incentivos para ofrecer a sus distribuidores, tales como opciones de compra de acciones. La oferta pública de acciones puede indicar un agresivo intento de la compañía de reunir fondos en mercados financieros que actualmente están inundados de capital —fondos que se pueden usar en el desarrollo de nuevos productos, mejorar sistemas y tecnologías e ingresar a nuevos mercados en el mundo. Todas estas estrategias pueden producir una compañía matriz más profesional, lucrativa y rica en recursos— ¡exactamente lo que un profesional esforzado necesita para hacer que su negocio con base en el hogar sea un verdadero triunfo!

La inclusión del network marketing en Wall Street no ha sido un proceso tranquilo. Algunas compañías creen que el valor de sus acciones se ve seriamente obstaculizado por los prejuicios que albergan los analistas y expertos de Wall Street contra la industria. De hecho, podría decirse que con la posible excepción de algunos elementos de los medios periodísticos, el mayor depósito restante de ignorancia y estereotipo injusto dirigido al network marketing habita en Wall Street. Gracias a los esmerados esfuerzos de ejecutivos pioneros de compañías públicas que han pasado incontables horas educando a analistas e inversores, se está viendo un cambio gradual de estas actitudes.

Tendencia 7: Desarrollo de Productos y Servicios Innovadores y Patentados

Las compañías de network marketing invierten mucho en investigación y desarrollo —lo que mejora la calidad de los productos— y en nuevas industrias pioneras, y así contribuyen con importantes descubrimientos científicos, médicos y fabriles que benefician a la sociedad y a la economía en su conjunto. Esto mejora todavía más el atractivo y credibilidad de la industria.

En 1969, Harland Stonecipher, vendedor de seguros de Oklahoma, iba en su automóvil a una reunión cuando lo chocó de frente otro vehículo. Aunque el accidente no fue culpa suya, Stonecipher, que sufrió serias heridas, cargó con gastos legales devastadores. Descubrió que, al igual que cualquier ciudadano promedio, no sabía cómo acceder a abogados o al sistema judicial para defenderse adecuadamente y pelear.

Mientras se recuperaba de sus heridas, Stonecipher decidió que quería proteger a su familia en el futuro con el tipo de plan de protección legal que ya estaba disponible en Europa. Descubrió que este sistema no existía en los Estados Unidos y creyó que si existiera, estadounidenses de clase media tendrían un acceso al sistema judicial anteriormente reservado a las personas muy ricas. En los treinta años siguientes, Stonecipher creó la empresa de network marketing Pre-Paid Legal Services Inc., que actualmente brinda a más de ochocientos mil estadounidenses acceso ilimitado a abogados de renombre por sólo 15 dólares al mes.

Harland Stonecipher hizo mucho más que iniciar una compañía; fue pionero de toda una industria al llevar al mercado un producto innovador que antes no estaba disponible en el país. Como el producto era (y en gran medida sigue siendo) extraño para la mayoría de los estadounidenses, descubrió que el tipo de venta frente a frente que el network marketing le brinda a la ecuación de ventas era la mejor manera de hacerlo.

Stonecipher es parte de un grupo de ejecutivos de network marketing que aportan una profunda visión sobre productos innovadores y de alta calidad a una industria que ha sido más conocida por su búsqueda obstinada de vendedores. Las compañías líderes invierten actualmente en investigación y desarrollo y forman alianzas e incluso fusiones con organizaciones de fuerte orientación a la investigación. En el proceso, mejoran la credibilidad de toda la industria. Después de todo, es difícil sostener que las compañías son "falsos esquemas piramidales" cuando se visita sus sedes centrales como hemos hecho nosotros, y se conocen sus laboratorios de última generación llenos de científicos e investigadores o instalaciones fabriles tan tecnológicamente sofisticadas como cualquiera que se puede encontrar en el Silicon Valley. Entre otros ejemplos, se encuentran los siguientes:

- *Nu Skin*—En 1998, Nu Skin adquirió Pharmanex, compañía líder en investigación y desarrollo de suplementos naturales nutritivos. Pharmanex creó productos patentados de nivel farmacéutico mediante investigación y desarrollo. En 1999, la compañía anunció la puesta en marcha del Centro Nu Skin de Investigación Dermatológica en la Facultad de Medicina de la Universidad de Stanford. El centro está concentrado en investigación científica, dermatológica, cuidado de pacientes y capacitación, y llevará adelante pruebas clínicas de nuevos productos.

> **L**as empresas de network marketing comienzan a tener un papel importante en mejor e incrementar las líneas de productos y servicios disponibles.

- *Shaklee*—Luego de la mencionada adquisición por parte de Shaklee de la compañía Yamanouchi Pharmaceutical, en 1997 ambas firmas inauguraron un Centro de Investigación Yamanouchi Shaklee Pharma ubicado en el Parque de Investigaciones de Stanford.

- *Mannatech*—Esta compañía ha realizado descubrimientos importantes en tecnología de carbohidratos y los ha convertido en una línea propia de suplementos nutricionales.

- *Melaleuca*—Esta compañía de Idaho Falls suele contratar científicos calificados y técnicos de laboratorios universitarios, gubernamentales y corporativos. Su equipo de investigación y desarrollo se halla comprometido permanentemente en cientos de proyectos para desarrollar productos para consumo líderes en la industria.

- Mary Kay—Esta empresa de cosméticos ha sido pionera en no probar productos en animales y ha hecho fuertes inversiones en investigación sobre cáncer mamario y becas para mujeres que aspiran a títulos en el área comercial.

De estas y muchas otras maneras, las empresas de network marketing comienzan a tener un papel importante en mejorar e incrementar las líneas de productos y servicios disponibles para los consumidores. Los días en los que el producto de una compañía era casi un accesorio a su tarea principal de contactar posibles asociados están llegando a su fin. Los Nuevos Profesionales encontrarán líderes industriales apasionados y comprometidos tanto con productos de calidad como con la oportunidad comercial que ofrecen. Si no es así, es momento de empezar a hacer preguntas sobre esa compañía.

> **L**as compañías más exitosas de esta industria serán las que empleen una mezcla de las mejores características del network marketing y los enfoques comerciales más tradicionales.

UN NUEVO MODELO COMERCIAL Y DE TRABAJO PARA EL SIGLO VEINTIUNO

A medida que estas siete tendencias alcanzan un momento de impulso, la contribución más importante del network marketing a la sociedad norteamericana y el mundo, será la creación de un nuevo modelo económico y profesional que cambiará la cultura del comercio y trabajo en compañías y organizaciones, dentro y fuera de la industria. Elija o no asociarse a una empresa de network marketing, usted se beneficiará por este nuevo modelo económico y los cambios culturales que el network marketing promueve.

A pesar de la condescendencia que sigue existiendo en las actitudes de muchos de los llamados expertos comerciales, el network marketing actualmente tiene un impacto profundo en todo el mundo de los negocios. Las compañías más exitosas de esta industria serán las que empleen una mezcla de las mejores características del network marketing y los enfoques comerciales más tradicionales.

Por más que en el pasado hayan menospreciado a la venta directa, las empresas de productos y las de servicios se están dando cuenta de que ya no pueden darse el lujo de ignorar la potencialidad de la venta de persona a persona (o teléfono a teléfono, o computadora a computadora). Anhelan la lealtad de los clientes, que es cada vez más difícil de lograr con enfoques tradicionales de publicidad y marketing. Los cambios demográficos están causando una escasez generalizada de trabajadores. Las reglamentaciones aumentan el costo de mantener a aquellos trabajadores que encuentran. Una vez más, estas compañías miran con envidia a las compañías exitosas de network marketing, en las cuales personal altamente comprometido trabaja sin garantía de ingresos ni los gastos inherentes a un empleo fijo.

A medida que los medios de comunicación se multiplican y los consumidores se segmentan cada vez más, ¿cómo llegan hasta ellos estas empresas? ¿Cómo atraen a un público que cada vez pasa menos tiempo leyendo el periódico y viendo las cadenas tradicionales de televisión, y más tiempo conectado a Internet, viendo videos o saltando entre esos cien a quinientos canales diferentes? En los momentos en los que la nación se une, tales como el domingo del Super Bowl, ¿cuántas firmas pueden pagar el precio de ingreso a un mercado rara vez unificado —1 a 2 millones de dólares por un simple comercial de treinta segundos?

Las compañías inteligentes lograron comprender que el network marketing es una parte importante de la respuesta. La revista Inc. ha observado:

> *Del principio al fin del ranking Inc. 500, se encuentran compañías de productos y servicios que han adoptado el marketing multinivel para controlar gastos fijos, crear medios de distribución y desarrollar una fuerza de ventas con cierto presupuesto. Todas estas compañías han aprovechado a un creciente grupo de trabajadores desplazados, profesionales preocupados por su futuro, madres amas de casa y parejas —todos buscando tener un negocio por su cuenta.*

En lo que respecta a las compañías de network marketing, ¿qué necesitan de las compañías más tradicionales? Responder a esta pregunta exige comprensión del ambiente en el que operan estas compañías en la actualidad.

- Es un ambiente altamente competitivo. Al haber pleno empleo y una relativa prosperidad en los Estados Unidos, el grupo de participantes ansiosos por estos negocios es limitado y los distribuidores que se asocian rotan continuamente.

- El ambiente regulatorio se hace más complejo, particularmente en el ámbito internacional, con el que algunas empresas cuentan como parte significativa de su crecimiento futuro. A pesar de amplias mejoras en la ética comercial, estas compañías son vistas con sospecha en muchos países. En 1998, por ejemplo, China reaccionó mal frente a los abusos de operadores domésticos fraudulentos ¡y exigió el cierre de toda la industria de la venta directa durante un tiempo! Otros países exigen a las empresas de network marketing fuertes inversiones en fábricas locales y otras instalaciones antes de permitirles vender productos y asociar distribuidores.

- El desarrollo de productos y servicios únicos para ser vendidos a través de marketing de redes, es cada vez más caro. Para ser competitivo, se necesita capital. Para mantenerse en lo más alto de la competencia, se necesita gerenciamiento experimentado que comprenda a los cambiantes mercados. Se necesitan estudios de abogados que manejen todos los inevitables temas de responsabilidad legal y que mantengan a raya a todos los buitres buscapleitos.

El network marketing gradualmente elimina sus características menos atractivas, inclusive su herencia de excitación y exageración. Al mismo tiempo, sostiene la considerable fuerza de su canal de distribución de persona a persona mediante tecnología de Internet. Es una industria más profesional, y los estándares más altos que se ha propuesto, producen una imagen positiva en los medios académicos especializados y mercados financieros. Se ha transformado en una fuerza global de marketing, además de destacado participante de investigaciones y descubrimientos de productos. Está incorporando las mejores cualidades del mundo corporativo estadounidense: gerenciamiento profesional; inversiones de productividad en investigación y desarrollo, tecnología y recursos humanos; propiedad pública e incentivos accionarios para sus participantes, y hazaña global de marketing.

Al mismo tiempo, el network marketing está respondiendo con efectividad a lo peor, es decir, burocracias corporativas idiotizantes; despidos masivos aún en momentos económicos buenos; lento crecimiento del salario e inseguridad acerca de los ahorros jubilatorios, y un estilo de vida opresor que exige constantes viajes, largos traslados de ida y vuelta, e incontables horas de trabajo, dejando escaso tiempo para la familia y los intereses personales.

Al ubicarse como alternativa tan atrayente, el network marketing ha ayudado a alimentar el surgimiento de los Nuevos Profesionales, personas que esperan más de sus carreras que lo que las empresas tradicionales y otras formas de propiedad comercial pueden o quieren brindar. Pero ahora están comenzando a hacerlo, en buena parte gracias a la presión positiva que el network marketing, con su nueva cara y modelo comercial, ejerce sobre el mercado, y la feroz competencia por personas, productos e ideas.

*De sus libros, se destaca "Su Primer Año en el Network Marketing", publicado en español en Marzo de 2001 por TIME & MONEY NETWORK EDITIONS, en Buenos Aires, Argentina.

**Publicados en español por TIME & MONEY NETWORK EDITIONS.

***Algunos títulos publicados en español por TIME & MONEY NETWORK EDITIONS

****Si usted quisiera recibir más información sobre el Seminario Certificado en Network Marketing de la UIC y fechas de futuros programas, visite la página Web del seminario: www.netwkmarketing.org o www.netwkmarketing.com. También puede contactar al Profesor Charles King directamente al teléfono (630) 668-1251 en los Estados Unidos, o por correo electrónico a kings63@bigplanet.com]

Compañías Que Lideran El Camino Del Network Marketing Hacia El Futuro

El network marketing es una industria rica y variada, pletórica de modelos económicos interesantes y diversos, de estrategias de marketing y combinaciones de productos, que difiere ampliamente de la imagen en dos dimensiones que pueden tener muchos observadores.

En los capítulos 6 y 7 analizaremos modelos de negocios y estrategias de marketing de un grupo de compañías, seleccionadas entre los cientos de empresas que representarán a la industria en la primer década del siglo veinte. El análisis tiene un doble propósito. En primer lugar, ejemplificar nuestra afirmación de que el network marketing es una industria rica y variada. Segundo, ayudar a aquellos Nuevos Profesionales que están considerando ingresar a la industria a iniciar la selección de la compañía más adecuada para ellos.

La información sobre el perfil de las empresas, tal como se presenta en los capítulos 6 y 7, surge de referencias comerciales, del material promocional de cada compañía y de sus propios propios sitios Web informativos, los que reconocemos como fuente clave de gran parte de la información expuesta aquí. También hemos mantenido extensas entrevistas personales con distribuidores y ejecutivos de muchas de las empresas mencionadas.

Las compañías a describir se han categorizado en dos segmentos bien definidos:

- **Las pioneras:**
    Son las empresas tradicionales de network marketing líderes, grandes, establecidas, especializadas y enfocadas en MLM, aquellas consideradas

íconos, que han abierto muchas sendas para la industria y han persistido a pesar de sus muchas pruebas. Para el propósito de esta revisión, hemos denominado a estas compañías como miembros de nuestro "Club de los Mil Millones" —es decir, empresas cuyos ingresos se acercan o exceden los mil millones de dólares.

- • Las que marcan el paso:

  Estas son las estrellas en ascenso que también se han especializado y enfocado en el MLM, e incluyen empresas relativamente nuevas y recién iniciadas. Están explorando nuevas combinaciones de productos y servicios, nuevos programas de compensación, nuevas maneras de integrar la tecnología a sus negocios y nuevas maneras de combinar el networking con los enfoques tradicionales de marketing. Su importancia para la industria puede ser mayor que su tamaño o impacto actual. Aunque sea interesante observarlas, dado su gran potencial, no necesariamente está garantizado que se conviertan en miembros del "Club de los Mil Millones".

LAS PIONERAS: LÍDERES DE LA INDUSTRIA DEL NETWORK MARKETING

Las empresas líderes se caracterizan por sus antecedentes relativamente importantes de éxito en el network marketing, por sus grandes volúmenes de venta y organizaciones de distribuidores, y por la estabilidad de su staff gerencial; también pueden cotizar en la bolsa de valores. Como punto de corte arbitrario, empleamos además el monto de las ventas minoristas anuales superiores a los mil millones de dólares como evidencia de la importancia e impacto en el mercado.

Amway

No es probable una sobreestimación del impacto que Amway ha tenido ya sea en casi todos los aspectos del network marketing, como sobre los negocios estadounidenses y el triunfo del estilo empresarial de este país en todo el mundo. Sus fundadores la llamaron "su loca idea" y seguramente parecía así en 1959 cuando los socios Rich DeVos y Jay Van Andel comenzaron un negocio literalmente desde abajo —en el sótano de sus hogares en la comunidad predominantemente holandesa de la ciudad de Ada, Michigan.

Rich y Jay, como se los conocía y aún se los conoce, ya eran grandes amigos, socios comerciales y compañeros de aventuras desde hacía veinte años. Ellos registran el inicio de su asociación, que ya tiene más de medio siglo, en su adolescencia. El padre de Jay le había dado un Ford Modelo "A", pero Jay tenía poco dinero para el combustible. Rich necesitaba llegar al colegio al cual ambos asistían, pero no contaba con un transporte. Entonces, comenzó a pagarle a Jay veinticinco centavos por semana para combustible y así nació una de las asociaciones más lucrativas y duraderas del mundo.

Como hijos y nietos de inmigrantes y niños de la Gran Depresión, Rich y Jay estaban profundamente motivados por el deseo de alcanzar autosuficiencia e independencia económica. Al igual que muchos otros, debían encontrar una manera de hacerlo casi virtualmente sin fondos.

> El network marketing es una industria rica y variada, pletórica de modelos económicos interesantes y diversos, estrategias de marketing y combinaciones de productos.

"Tenía que haber otra manera para personas como nosotros, que querían iniciar un negocio por su cuenta" escribió más tarde DeVos. "Teníamos destreza para las ventas y mucha ambición, pero indudablemente no comenzamos disponiendo de los recursos de capital necesarios para adueñarse de un nicho del precario mercado que imaginamos."

Las primeras aventuras comerciales de Rich y Jay en los años inmediatamente posteriores a la Segunda Guerra Mundial —una escuela de aviación y un puesto de hamburguesas, entre otros— lograron un éxito razonable. Pero los socios se cuestionaban su potencial de crecimiento a largo plazo. El punto de inflexión llegó en 1949 cuando un primo segundo de Jay les habló acerca de un negocio en el que había ingresado vendiendo un suplemento nutritivo para una compañía llamada Nutrilite. Nutrilite fue fundada por Carl Rehnborg quien, prisionero en un campo de concentración chino en la década de 1920, sobrevivió comiendo plantas cocidas y huesos de animales. Rehnborg regresó a los Estados Unidos con una fuerte convicción sobre los beneficios de las vitaminas y suplementos nutritivos para la salud. Al fundar Nutrilite se convirtió en muchos aspectos en el padre fundador del network marketing, siendo además reconocido como un pionero en salud y bienestar alternativos.

No solamente los productos Nutrilite tenían un atractivo algo cautivador, sino que además la compañía presentaba un enfoque único en lo referente a marketing. Los distribuidores vendían los suplementos directamente a los consumidores. También estaban habilitados para asociar y capacitar a otros vendedores para que trabajasen con ellos como miembros de sus organizaciones de venta. Los distribuidores obtenían ingresos por los productos que vendían directamente a sus consumidores y obtenían una comisión extra por las ventas de los distribuidores que habían asociado y capacitado en su grupo o "red".

Rich y Jay se convencieron rápidamente de que esta era la fórmula ganadora. Invirtieron 49 dólares en un kit de ventas y en algunos productos y se prepararon para asociar distribuidores, basándose en las habilidades de presentación que habían pulido en sus otros negocios. En el primer año, su red de distribución sumó ganancias por 82.000 dólares; al año siguiente cuadruplicaron esa cantidad. Pronto, estuvieron entre los distribuidores Nutrilite más exitosos de los Estados Unidos.

El crecimiento comercial continuó durante la década de 1950. Pero hacia 1958, conflictos internos en el gerenciamiento de Nutrilite impulsaron al dúo, junto a los distribuidores más importantes de su organización, a crear su propia organización y línea de productos, al tiempo que seguían con las ventas de Nutrilite. La American Way Association se estableció aquel año y Amway Corporation el año siguiente, con sede central en los sótanos de los hogares DeVos y Van Andel.

Pero, ¿qué podían vender? En 1959, los socios adquirieron los derechos de un limpiador multipropósito que era concentrado y seguro para el medio ambiente. Actualmente, L.O.C. (en inglés Liquid Organic Cleanser: Limpiador Orgánico Líquido) sigue figurando primero en el ahora extenso catálogo que Amway ofrece a los consumidores.

> Si observa cualquier aspecto del crecimiento y desarrollo del network marketing descubrirá las huellas de Amway.

Con un producto propio y un plan de marketing que ponía la opción del negocio propio al alcance de la gente común, Amway comenzó su crecimiento meteórico. DeVos y Van Andel están entre las personas más ricas de los Estados Unidos y no es exagerado decir que expandieron el capitalismo al estilo estadounidense al mercado minorista de todo el mundo. Hoy en día, las ventas anuales de Amway están firmes en 5.000 millones de dólares, generadas por aproximadamente tres millones de representantes en cincuenta y tres mercados de todo el mundo.

Si observa cualquier aspecto del crecimiento y desarrollo del network marketing, descubrirá las huellas de Amway. Durante cuatro décadas ha sido la pionera, abriendo el camino para otras compañías —y a su vez el pararrayos, ya que dado que atrae tantas críticas, muchos de sus distribuidores evitan identificar la compañía a la que pertenecen en las etapas iniciales de contacto y prospección.

El sistema Amway de premiar a los exitosos con "niveles de distinción" de creciente dificultad (plata, oro, rubí, diamante, etc.) es ampliamente imitado en la industria. Con su lanzamiento en Canadá en 1962, seguido de Australia en 1970, Inglaterra en 1971, Hong Kong en 1973 y Alemania Occidental en 1975, Amway se "globalizaba" cuando la mayoría de la industria del network marketing todavía estaba aprendiendo a gatear en su país de origen.

Mientras la compañía matriz sigue en manos de las familias fundadoras, Amway Japan y Amway Asia Pacific han efectuado ofertas públicas en la Bolsa de Valores de Nueva York (NYSE). Cuando la división japonesa de la empresa ofreció sus acciones en la década de 1980, se ubicó entre las diez primeras compañías japonesas en cotizar en dicha bolsa.

A partir de su posicionamiento empresario histórico en las décadas de 1980 y 1990, Amway tiene una estrategia de marketing definida para ingresar a la primer década del siglo.

- Amway fue fundada en 1959 por Jay Van Andel y Rich DeVos. Las familias fundadoras siguen manteniendo la propiedad tanto de Amway, como de las dos compañías que cotizan en bolsa, Amway Japan Limited y Amway Asia Pacific Ltd.

- Amway tiene cuarenta años de historia. Durante ese tiempo, la compañía debió enfrentar en repetidas ocasiones desafíos competitivos, organizativos y legales, pero experimentó a su vez crecimiento en ventas y rentabilidad.

- La "canasta de productos" Amway incluye una amplia gama de miles de marcas básicas propias, de alta calidad y precio competitivo, y productos de otras marcas para consumo.

- La estrategia de ventas Amway tiene como objetivo "redireccionar" el gasto del consumidor: haciendo que los consumidores cambien de una marca previa a la marca Amway sin que necesariamente aumenten sus gastos personales.

- Las ventas totales se basan principalmente en el consumo a precios mayoristas de los distribuidores de la red, la mayoría de los cuales no desarrollan activamente el negocio. Por lo tanto, el énfasis de la venta está en "aumentar el número de negocios independientes" —asociados independientes de Amway— que usan los productos y servicios.

- Otro objetivo es aumentar el número y volumen de productos Amway que los asociados adquieren —basándose en el concepto de bonificación sobre "las ventas totales de clientes" tanto de productos como de servicios Amway.

- Amway ha sido el líder del network marketing, tomando como medida sus ventas globales —superiores a los 5.000 millones de dólares en valor minorista estimado— y número de distribuidores —tres millones en todo el mundo y aproximadamente un millón en los Estados Unidos en 1999.

- Los beneficios brutos de las principales categorías de productos sustentan el sistema de distribución y el plan de compensación de los distribuidores.

- En términos de rentabilidad, la firma ha tenido ingresos estables, según resulta del beneficio neto por ventas de sus compañías públicas, Amway Japan Limited y Amway Asia Pacific Ltd.

- En términos de panorama, actualmente Amway opera en ochenta países y territorios y planea un crecimiento continuado en el mercado local y mayor expansión global.

El liderazgo ha tenido su precio, pero inclusive los propios errores de Amway y las presiones externas que ha enfrentado, han ayudado a otros a evitar tales errores y a manejar presiones similares. La compañía debió lidiar con prolongados problemas legales en Canadá. Los litigios repetitivos, que enfrentó la empresa con su rival más tradicional en productos de consumo, Procter & Gamble, han alimentado estereotipos injustos que presentan a la organización con una cultura al estilo de una secta.

Vigilar la conducta de grupos de distribuidores poderosos pero díscolos no siempre ha sido fácil y su accionar a veces ha generado coberturas periodísticas negativas y acciones legales.

> Parece ser que los partidarios de Amway se preocupan menos por nichos de productos o servicios particulares y más por el modelo de negocio en sí.

En 1998, luego de invertir decenas de millones de dólares en China, tanto en instalaciones productivas como en desarrollo del negocio, el gobierno de dicho país inhibió por un tiempo a Amway y a otras empresas de venta directa —un mensaje serio para todas las compañías de network marketing respecto de realizar grandes inversiones en países con gobiernos autoritarios o caprichosos.

Tal como se trató anteriormente, la investigación que llevó adelante la Comisión Federal de Comercio (FTC, en inglés) para determinar si Amway era una pirámide legal, produjo indudablemente noches de insomnio y momentos de angustia para la compañía. Pero la decisión de 1979 no fue favorable únicamente para Amway; también sentó las reglas básicas a través de las cuales se juzga a las empresas de network marketing actualmente.

A pesar de todo, Amway se impulsa a sí misma y a la industria hacia la próxima frontera competitiva. Un ejemplo es su valiente movida a su sitio Quixtar de comercio electrónico. Como su gama de productos es tan amplia, parece ser que los partidarios de Amway se preocupan menos por los nichos de productos o servicios particulares y más por el modelo de negocio en sí. Un resultado son las repetidas escenas de frenesí cuando Amway ingresa a un nuevo mercado en desarrollo en el exterior. No es inusual ver miles de personas de humilde condición, llenando estadios, resistiendo el calor y la lluvia, ansiosos por comprar una pequeña parte del Sueño Americano.

Existe una razón por la que los periodistas del área económica que escriben sobre otras compañías de network marketing suelen describir la venta de sus productos o servicios como un sistema "al estilo Amway": saben que prácticamente todos sus lectores oyeron hablar de Amway. Tanto para los fanáticos como para los críticos, la compañía sigue siendo el modelo sobre el que se juzga a la actividad en general. Y es por eso que algunas empresas de la competencia, tratando de distinguirse, suelen hacerlo explicándole a sus prospectos en qué son "diferentes de Amway". Por todas estas razones, creemos que la compañía seguirá siendo la pionera y el pararrayos del network marketing. También seguirá siendo muy, muy exitosa en todo el mundo.

Excel Comunications

La intersección entre el canal de distribución del network marketing y la comunicación telefónica de larga distancia en expansión a un área más amplia de telefonía, puede ser una de las grandes colisiones en la evolución de estos dos fenómenos del siglo veintiuno.

A principios de la década de 1980, AT&T enfrentó las últimas batallas contra la desregulación de la industria telefónica de larga distancia y la pérdida de su monopolio en la provisión de ese servicio en Estados Unidos. En 1984, AT&T perdió esa batalla a manos del Departamento de Justicia de Estados Unidos.

El mercado telefónico de larga distancia ahora estaba abierto. MCI, un inexperto participante en la incursión del desregulado mercado telefónico de larga distancia, lanzó un paquete de estrategias de marketing que incluían telemarketing, venta directa, correo personal, publicidades televisivas, programas de fidelización y otros más, a fin de penetrar la presencia de AT&T y arrebatarle participación de mercado. Una de ellas involucraba una alianza estratégica con Amway Corporation para vender servicios de larga distancia a los distribuidores de la compañía y hacerlo parte de la historia de Amway. De la noche a la mañana, MCI había logrado la exposición al mercado por parte de cientos de miles de representantes de Amway y sus contactos. Por medio del network marketing, MCI se había asegurado una importante cabeza de playa de penetración de mercado.

Sprint, una empresa con sede en Kansas City, entre las primeras de la lista de empresas en expansión en el mercado telefónico de larga distancia, también aspiraba a una estrategia de marketing de múltiples canales. Uno de esos canales estaba relacionado una alianza estratégica con una compañía de network marketing recién formada, Network 2000, fundada por un emprendedor en busca de oportunidades, quien formalmente era promotor de ventas y marketing de televisión por cable.

Las pionetas

- **Amway:** www.amway.com
- **Exel:** www.excel.com
- **Forever Living Products:** www.foreverliving.com
- **Herbalifer:** www.herbalife.com
- **Mary Kay:** www.marykay.com
- **Nikken:** www.nikken.com
- **Nu Skin Enterprises:** www.nuskinenterprises.com
- **Primerica:** www.pfsnet.com
- **Shaklee:** www.shklee.com

Network 2000 se organizó específicamente para vender suscripciones al servicio de larga distancia Sprint por medio de un programa de compensación de network marketing. En tres años, Network 2000 asoció, en forma estimativa, a tres millones de suscriptores al servicio larga distancia de Sprint. La alianza Sprint-Network 2000 finalmente desenmarañó una áspera batalla legal. ¡Sin embargo, el canal network marketing había demostrado su poder y había hecho otro gol!

El Grande (AT&T) y las Dos Pequeñas (MCI y Sprint) trabaron batalla por el servicio telefónico de larga distancia. El combate estaba destinado a ser sangriento y las víctimas numerosas. La participación de mercado de AT&T en el servicio de larga distancia descendería de 90 por ciento en 1984 a 50 por ciento en la década siguiente. El ingreso de Excel Comunications al mercado telefónico de larga distancia generó una pelea. Kenny A. Troutt, fundador de la compañía, creció en un barrio pobre de East Saint Louis, Illinois. Pero, con habilidad para los emprendimientos y capacidad atlética, pudo salir de la pobreza mediante proyectos comerciales juveniles y una beca de deportes.

Luego de recibirse en la Universidad de Southern Illinois, Troutt se mudó a Nebraska y estableció compañías exitosas de construcción y bienes raíces. Durante el auge de la energía, desarrolló una exitosa compañía de exploración petrolera y gasífera en Dallas. Pero, debido a los altibajos de la industria tejana, su éxito financiero pendía de un hilo y comenzó a buscar la próxima "gran idea". La encontró.

En 1998, aprovechando la oportunidad creada por la separación de AT&T, Troutt lanzó Excel como revendedora de servicios telefónicos de larga distancia. Se unió con Stephen R. Smith para diseñar un poderoso programa de network marketing como canal de distribución primario de la compañía.

En doce años, Excel Communications creció hasta convertirse en la cuarta compañía de larga distancia de Estados Unidos, basándose en ingresos y capacidad, logrando ubicarse en el ranking Fortune 1000 y alcanzando ingresos de 1.300 millones de dólares para el año 1998. La compañía ofrece a sus suscriptores servicios de larga distancia residenciales y comerciales, servicios de discado directo, tarjetas de llamado, acceso a Internet y servicios de radiollamada. Los desarrollos más recientes incluyen expansión internacional y una incursión en la comunicación inalámbrica. Los productos se venden en todo el país a clientes residenciales y comerciales mediante las subsidiarias Excel y Telco —principalmente por medio de un comprometido equipo de profesionales de red denominados representantes independientes.

Excel lidera al network marketing en el cruce de las nuevas fronteras en el ámbito de los servicios. Su crecimiento, desde una pequeña empresa de capacidad excedente que revende a escala regional servicios de larga distancia, a miembro del "Club de los Miles de Millones" ha sido veloz, según se detalla:

• En 1988, Kenny A. Troutt, presidente y CEO, fundó Excel Communications Inc.

- En 1989, Excel U.S. comenzó a operar con el modelo de negocios del network marketing.

- En 1993, Excel U.S. logra superar los 30 millones de dólares en ganancias.

- En 1995, Excel U.S. supera los 500 millones de dólares en ganancias.

- El 10 de mayo de 1996 Excel U.S. comienza a cotizar en la Bolsa de Valores de Nueva York.

- En 1997, Excel U.S. alcanza 1.400 millones de dólares en ganancias.

- En 1997, Excel U.S adquiere Telco Communications Group.

- En noviembre de 1998 Excel Communications Inc. se fusiona con Teleglobe Inc., lo que convierte a Excel en la cuarta prestadora de telecomunicaciones de los Estados Unidos.

- El 1 de marzo de 1999 Excel comienza su expansión internacional con el lanzamiento de Excel Canadá.

Mientras Excel analiza el futuro, se espera que la compañía continúe con su agresivo uso de diversas estrategias que potencien su expansión en el mercado y en el desarrollo de productos. Podría decirse que el credo de la empresa es "hacer en un año lo que otras hacen en diez". Por ejemplo, en vez de construir lentamente una red telefónica física propia, Excel comenzó comprando capacidad de llamada excedente de las empresas más importantes. La estructura de clientes que construyó le aportó el dinero para comprar más adelante su propia red. En lugar de plantar cimientos durante años para ingresar a los mercados extranjeros, la fusión con Teleglobe de Canadá le permitió acortar igualmente dicho proceso. En el mundo actual de los negocios, particularmente en el campo de la tecnología de las comunicaciones, ¿existe otra manera de alcanzar el éxito?

Ahora Excel está también adquiriendo el talento gerencial necesario para ejecutar agresivas estrategias globales. Recientemente nombró a Christina Gold vicepresidenta y CEO de Excel Communications. Gold ingresó a Excel luego de una prestigiosa carrera de veintiocho años en Avon Products Inc. En Avon, Gold se desempeñó en el manejo ejecutivo en varios puestos estratégicos, tales como vicepresidente, encargada de desarrollo global de venta directa, presidente y presidente ejecutivo de Avon Canadá, además de haber sido presidente de Avon de Norte América, cargo desde el cual logró hacer un cambio sustancial en el posicionamiento de la compañía. En 1997, la revista Business Week la nombró "una de los veinticinco gerentes del año".

El 10 de noviembre de 1998 Excel completó su fusión con Teleglobe. Como resultado de la fusión, cada acción ordinaria de Excel se cambió por 0,885 acciones de Teleglobe. (Teleglobe cotiza en las bolsas de Toronto y Nueva York

> **P**odría decirse que el credo de Excel es " hacer en un año lo que otra hacen en diez".

bajo el símbolo TGO.) El 15 de febrero de 2000, Teleglobe aceptó ser adquirida por BCE, la compañía de comunicaciones más importante de Canadá, pero tanto Teleglobe como Excel seguirán operando con sus propios nombres en Montreal y Dallas, respectivamente.

El ingreso de Excel al mundo de las finanzas globales y su consolidación corporativa presenta un nuevo paradigma para el profesional de red. Algunos quizás se pregunten cómo puede uno encajar en un conglomerado internacional cuya división de network marketing se describe como una "unidad" de la compañía global.

Sin embargo, el 1 de abril de 2000, tales cuestionamientos no surgieron cuando Excel presentó un tremendamente exitoso "relanzamiento" de su oportunidad. La compañía convocó a decenas de miles de sus doscientos cincuenta mil profesionales estadounidenses en actividad y los conectó a once mil sitios web mediante una transmisión simultánea.

Los participantes conocieron los nuevos productos de Excel (llamadas locales e inalámbricas), los nuevos mercados (Reino Unido en el otoño boreal de 2000), la primera campaña publicitaria nacional y un plan de compensación más atractivo. Jim Robinson, coautor de este libro, asistió a la reunión y la describió como muy entusiasta, sin que se notara ninguna disminución de la energía que tan rápido llevó a Excel tan lejos.

Forever Living Products international

Forever Living es el fabricante mundial más grande de productos de aloe vera y de productos de colmena; incluye bebidas nutritivas, suplementos, productos de cuidado de la piel y cosméticos. La división Forever Resorts se ha diversificado incorporando la administración de propiedades recreativas, con énfasis en la relajación y la vida saludable en ambientes naturales, como apoyo a la organización de distribuidores Forever Living y como centro de ingresos alternativos.

Forever Living Products International es otra compañía "multimillonaria" pionera en el network marketing, que cuenta con una estrategia propia de posicionamiento diferenciada de las anteriores, que se construye en tres dimensiones:

1. **Creación de un nicho de productos basados en la tecnología del aloe vera y productos de colmena.**

2. **Integración vertical en la producción de productos naturales y formulación final del producto.**

3. **Diversificación en administración de propiedad recreativa como plataforma de apoyo a la organización de distribuidores Forever Living, y como centro estratégico de ganancias independientes.**

Forever Living Products fue fundada en 1978 por Rex Maughan, presidente y CEO, ex vicepresidente de Del Web, empresa promotora de bienes raíces de Phoenix. Por intermedio de algunos amigos, Maughan conoció a varias empresas de network marketing a mediados de la década de 1970. En 1978, el empresario decidió enfocarse en los consumidores de productos de cuidado personal con un concepto nuevo y único: el aloe vera.

Naval Ghaswala, vicepresidente ejecutivo, y Linda Marena, gerente de marketing, documentan la historia de Forever Living. La compañía ha experimentado un crecimiento substancial desde sus inicios, expandiéndose desde 700.000 dólares en 1978, año de su lanzamiento –pasando por 256 millones de dólares en 1990- a más de 1.100 millones de dólares en 1999. La fuerza de distribución supera los 5,5 millones de personas en todo el mundo.

La empresa logró el sexto lugar en la lista elaborada por la revista Inc., con las compañías estadounidenses de más rápido crecimiento en 1997. Ese mismo año, Rex Maughan apareció en el listado de la revista Forbes entre las "400 personas más ricas de Estados Unidos". En 1999, Forever Living encabezó el ranking de compañías privadas de Arizona, según el periódico comercial de Phoenix The Business Journal.

El enfoque de producto está puesto en el aloe vera. De acuerdo con la investigación de la empresa, el aloe vera, una hierba medicinal, se ha usado en varias aplicaciones con distintos propósitos desde la época de los antiguos egipcios. Para obtener sus beneficios, el gel puede o bien ser ingerido, dados sus efectos nutritivos, o se puede combinar con otros productos para elaborar cremas tópicas y lociones para nutrir y mejorar la piel. Los productos de aloe vera fueron los primeros en obtener el Sello de Aprobación del Consejo Internacional Científico del Aloe, por su calidad y solidez.

Para controlar la calidad del producto natural y asegurarse una provisión constante, la empresa ha organizado un amplio proyecto de plantación en el sur de Texas, en la República Dominicana, en el Caribe y en México. La empresa mantiene un estricto control de calidad sobre sus plantas fabriles de Texas y República Dominicana.

La compañía también opera una de las instalaciones apícolas más grandes del mundo en el alto desierto de Sonora en Arizona, cuya pureza de ambiente y abundante variedad de plantas con flores, lo convierten en una excelente fuente de productos apícolas. Los investigadores de la empresa se han asegurado patentes por sus métodos de elaboración de productos puros de abeja —productos tales como Miel de Abejas Forever, tabletas de Polen de Abeja Forever y Propóleos Forever de Abeja, eficaz antibiótico natural.

En 1981, la firma se diversificó hacia la administración de propiedades recreativas operada por la división Forever Resort. Aunque originariamente la intención era que complementara a la organización de distribuidores Forever Living, esta división se ha convertido en una poderosa fuente de ingresos para apoyo de los otros programas de network marketing de Forever Living.

Al comenzar la década del 2000, La división Resort se ubica de manera estratégica para capitalizar el creciente mercado de recreación vacacional y para brindar incentivos vacacionales a la comunidad de distribuidores Forever Living. Maughan compró inicialmente Calville Bay Resort & Marina en el lago Mead y Cottonwood Cove Resort & Marina en el lago Mohave, ambas en Nevada. La división Resort se ha expandido y actualmente incluye una red de propiedades en Alaska, Arizona, California, Colorado, Florida, Indiana, Georgia, Kentucky, Missouri, Texas y Wyoming.

Forever Living ofrece una oportunidad de negocio popular y familiar para muchos profesionales de red. Su plan de marketing brinda a los distribuidores tres áreas de ingresos:

• **Ventas personales:**

Haciendo ventas minoristas a sus clientes, le significará un ingreso inmediato del 35 al 48 por ciento, mientras crece su negocio.

• **Bonificación por liderazgo:**

Por desarrollar un equipo de personas como usted, que deseen un ingreso extra, usted cobrará una comisión de entre 3 y 18 por ciento por las ventas que ellos realicen.

• **Bonificación por regalías:**

Si mantienen el éxito por un período de tiempo, estos profesionales de red recibirán un ingreso pasivo por los equipos que hayan ayudado a convertirse en negocios independientes. El ingreso pasivo adicional de entre 2 y 9 por ciento ofrece ingreso residual a largo plazo.

La compañía también cuenta con un programa de automóviles corporativos y ofrece incentivos para viajes internacionales y participación en los beneficios.

Forever Living Products tiene expansión global y comercializa sus productos en sesenta y cinco países. Como prueba de la orientación global de su línea de productos, también ha obtenido los Sellos de Aprobación Islámico y Kosher.

Forerver Living Products International, con sus productos exclusivos, es líder entre las muchas compañías de network marketing que apuntan a un mercado mundial preocupado por la salud. El crecimiento sin interrupciones de la compañía, su poder de permanencia y su condición de selecto miembro del "Club de los Mil Millones" atestiguan su enfoque en la industria y su valentía comercial.

Herbalife

Herbalife es una compañía multinacional de nutrición con ventas anuales de casi 1.700 millones de dólares. La compañía nació por la tragedia personal de Mark Hughes. Cuando tenía dieciocho años, su madre murió por una sobredosis accidental de pastillas para adelgazar. Eso convenció al carismático fundador de la compañía a dedicar su vida a ayudar a otras personas a perder peso y mejorar su salud en forma segura y efectiva.

En febrero de 1980, Hughes lanzó Herbalife International. En su primer mes las ventas alcanzaron los 23.000 dólares. Al finalizar el primer año, las ventas ascendieron vertiginosamente a 2 millones de dólares.

Aunque en la actualidad es una sociedad pública que cotiza en el NASDAQ, Herbalife se inició en Berverly Hills, California, donde está ubicada actualmente su sede mundial. Con su agresiva política de expansión, Herbalife opera actualmente en cuarenta y seis países, y planea nuevas aperturas en años próximos. Además de sus esfuerzos internacionales de expansión, Herbalife está incrementando sus actividades comunitarias mediante la Fundación Familiar Herbalife, que participa en gran cantidad de tareas sociales y programas de caridad.

Herbalife es miembro de la DSA y cuenta con 750.000 distribuidores independientes en todo el mundo. La compañía pone su énfasis en el uso de hierbas y otros ingredientes naturales en sus líneas de productos nutritivos, de cuidado personal y de pérdida de peso. Sus exclusivas fórmulas atraen el creciente interés del consumidor por productos naturales y herbales —particularmente en los importantes mercados asiáticos.

> **H**erbalife brinda tecnologías para hacer el proceso de desarrollo y venta lo más eficiente posible para los profesionales de red.

Herbalife realiza grandes inversiones en tecnología de las comunicaciones. Por medio de televisión satelital, sistemas de fax, conferencias telefónicas y ahora Internet, Herbalife aporta una base tecnológica para hacer que el desarrollo del negocio y el proceso de venta sea lo más eficiente posible para los profesionales de red.

Esto ha ayudado a atraer y retener a Nuevos Profesionales tales como Ron Rosenau, cuya historia se destaca en el sitio Web de la empresa.

Antes de convertirse en distribuidor Herbalife. Ron era un exitoso corredor de bolsa y asesor financiero con un ingreso de seis cifras en los Estados Unidos.

"Aunque tenía un estilo de vida aceptable, mi trabajo me creaba mucha tensión y estrés" afirma Ron. "No me gustaba tener que atender a mis clientes o mi jefe. Y, debido a las limitaciones de tiempo, no podía viajar o planificar mi día como quería."

El descontento de Ron con su trabajo, lo incitó a responder un aviso en el diario sobre la oportunidad del negocio Herbalife. Eventualmente experimentó grandes resultados con los productos, lo que lo convenció de dejar su profesión y trabajar a tiempo completo para Herbalife. Muchos de sus clientes y amigos notaron el cambio y siguieron su ejemplo. Actualmente tiene una organización internacional, y su panorama de crecimiento se presenta altamente positivo.

Según Ron: "Debido a Herbalife, puedo cambiar las vidas de las personas tanto en lo nutritivo como financieramente. Y ahora puedo hacer lo que quiero, cuando quiero, inclusive viajar y jugar al golf con frecuencia. Puedo tener un estilo de vida increíble, pero nunca pierdo de vista el hecho de que Herbalife es el vehículo que me impulsa a esa vida."

Como una de las compañías importantes del network marketing que capitalizó el interés creciente en productos naturales para la salud y la pérdida de peso, Herbalife ha marcado el camino para otras muchas compañías del área, que ofrecen estas líneas de productos. Como pionera, ha sido en ciertos momentos blanco de controversias y mala prensa. Inversores y analistas de la industria también se han desconcertado por las acciones del fundador Hughes. Por ejemplo, en 1999 anunció su intención de comprar todas las acciones y volver a llevar a la empresa al ámbito de las compañías que están en manos privadas. En la primavera boreal del año 2000, anunció que abandonaba el intento debido a la falta de financiamiento adecuado. A las pocas semanas, Hughes murió por causas naturales a los cuarenta y cuatro años. El equipo directivo se sorprendió y entristeció por la tragedia, pero actuó velozmente para asegurar la continuidad del negocio.

Herbalife es adaptable. Su agresiva expansión internacional en respuesta a la débil demanda nacional es un buen ejemplo. La penetración que ha logrado últimamente en el mercado de Japón resulta por lo menos asombrosa. Herbalife es una compañía competitiva con una línea de productos oportunos, ideal para quienes quieren desarrollar organizaciones que se extiendan a Rusia, Japón y a través de Asia.

Mary Kay

Al igual que otras importantes compañías de network marketing, Mary Kay Inc. obtuvo su identidad inicial e impulso de una fundadora extremadamente carismática y visionaria: Mary Kay Ash. Su historia es material de leyendas.

Los historiadores de la empresa afirman que en 1963, luego de una exitosa carrera en venta directa, Mary Kay Ash decidió retirarse por un mes. Durante ese mes, decidió escribir un libro para ayudar a otras mujeres a triunfar en el mundo de los negocios. Sentada a la mesa de su cocina, hizo dos listas: una contenía las cosas buenas que había visto en las empresas para las que había trabajado; la otra enumeraba lo que pensaba que se podía mejorar.

Cuando revisó las listas notó que sin darse cuenta había creado un plan de marketing para su propia compañía. Con 5.000 dólares ahorrados durante toda la vida y la ayuda de su hijo de veinte años, Richard Rogers, lanzó Mary Kay Cosmetics el 13 de setiembre de 1963.

Desde entonces, Mary Kay Inc. ha pasado de ser una pequeña empresa de venta directa a convertirse en la principal vendedora directa de productos para el cuidado de la piel y la marca más vendida de productos de cuidado facial y maquillaje en Estados Unidos (según datos de ventas recientemente publicados). La compañía tiene actualmente más de medio millón de consultoras independientes de belleza en veintinueve mercados mundiales. Mary Kay Inc. apareció tres veces en la lista anual de "Las 100 mejores compañías para las que se puede trabajar en los Estados Unidos."

En 1980 Mel, esposo de Mary Kay, murió de cáncer. Desde entonces ella centró su atención y compromiso en financiar la investigación y fomentar la conciencia para la lucha contra la enfermedad. En 1996, estableció la Fundación Benéfica Mary Kay Ash, una fundación pública sin fines de lucro que financia la investigación de los principales tipos de cáncer que afectan a las mujeres. Mary Kay se convirtió en presidenta emérita de Mary Kay Inc. en 1987.

El crecimiento y éxito de la empresa han sido constantes e impresionantes:

- 1963: Mary Kay Ash establece Mary Kay Cosmetics Inc. —una vidriera de 50 metros cuadrados en Dallas, con la ayuda de su hijo de veinte años, sus 5.000 dólares en ahorros y nueve consultoras de belleza.

- 1964: Mary Kay se convierte en una de las primeras empresas de cosmética en presentar productos para cuidado de la piel exclusivos para hombres. Actualmente, Mary Kay se adjudica el 17 por ciento del mercado de productos masculinos para cuidado de la piel.

- 1969: Mary Kay entrega los primeros Cadillacs rosados a las primeras cinco directoras independientes de ventas. Comienza la construcción de las instalaciones fabriles de Mary Kay. Hoy es una de las instalaciones para la fabricación de cosméticos más grandes del sudoeste de Estados Unidos, con un tamaño aproximado de tres estadios de fútbol.

- 1971: Inaugura su primera subsidiaria internacional en Australia.

- 1976: La compañía comienza a cotizar en la Bolsa de Valores de Nueva York.

- 1978: Inaugura su subsidiaria canadiense.

- 1979: La primera consultora independiente de belleza de Mary Kay supera la marca del millón de dólares en comisiones.

- 1980: Mary Kay abre sus puertas en Argentina.

- 1981: Se publica la autobiografía de la fundadora, Mary Kay, llegando a vender más de un millón de copias.

- 1983: En el vigésimo aniversario de Mary Kay Cosmetics Inc. las ventas anuales exceden los 300 millones de dólares a nivel mayorista.

- 1985: Mary Kay vuelve a ser propiedad de la familia luego de una compra apalancada.

- 1986: Se inaugura la subsidiaria en Alemania.

- **1987:** Mary Kay Ash es nombrada presidenta emérita.

- **1988:** Se inaugura la subsidiaria en México.

- **1989:** La compañía toma una posición de liderazgo en la industria cosmética al dejar de hacer pruebas en animales.

- **1991:** Las ventas minoristas superan los mil millones de dólares.

- **1992:** Mary Kay Inc. debuta en la lista de empresas Fortune 500.

- **1993:** Por segunda vez, la lista de "Las 100 mejores compañías para las que se puede trabajar en los Estados Unidos" menciona a Mary Kay Inc., siendo una de las cincuenta y cinco compañías que figura en ambas ediciones. También aparece en la lista de las diez mejores compañías para mujeres. Las ventas superan los 1.400 millones de dólares en el nivel minorista. Se inaugura la sucursal en Rusia.

- **1994:** Las ventas sobrepasan los 1.500 millones de dólares. Las operaciones se expanden a veintidós mercados, incluyendo Japón.

- **1996:** La compañía experimenta su décimo año consecutivo de ventas récord. Las ventas mayoristas superan los mil millones de dólares, igualando los más de dos mil millones de dólares en el nivel minorista. La compañía ingresa en Asia.

- **1997:** Las operaciones se expanden a veintiséis mercados, Ucrania y República Checa inclusive. Por quinto año consecutivo, Mary Kay es la marca más vendida de productos de cuidado facial y maquillaje en Estados Unidos, según datos sobre ventas de la industria recientemente publicados.

- **1998:** En honor a su trigésimo quinto aniversario, Mary Kay moderniza su flota de autos profesionales con el agregado del nuevo utilitario blanco GMC Jimmy "edición Mary Kay" y un nuevo tono rosado de Cadillacs. La flota Mary Kay, la flota comercial de autos de pasajeros de GM más grandes del mundo, incluye nueve mil automóviles valorados en 140 millones de dólares.

- **1999:** Las operaciones se expanden a veintinueve mercados, inclusive Hong Kong y El Salvador.

En los Estados Unidos, Mary Kay es un fabricante de drogas registrado en la FDA (Food and Drug Administration, Administración de Alimentos y Drogas). Esto le permite fabricar y distribuir ciertos productos clasificados como drogas no inscriptas, tales como bronceadores y productos para el tratamiento del acné. La compañía desarrolla, prueba, elabora y empaqueta la mayoría de sus propios productos.

La mayoría se fabrican en las instalaciones de Dallas, cuyo predio tiene más de 25.000 metros cuadrados.

En abril de 1995, se inauguró una fábrica en Hangzhou, China, para servir a las subsidiarias de Mary Kay en el Cinturón del Pacífico y en enero de 1997, se abrió otra fábrica en La Chaux-de-Fonds, Suiza, para la región europea, incluyendo Rusia.

Durante muchos años, Mary Kay enfatizó ser una compañía de venta directa, no de marketing multinivel. Sin embargo, los voceros de Mary Kay informaron a los autores de este libro que utilizan un plan de compensación multinivel, que paga comisiones hasta dos niveles de cada organización. El hecho de que Mary Kay sea probablemente más conocida por sus productos que por la modalidad de venta directa y network marketing que utiliza, revela el enfoque puesto en el producto por esta dinámica compañía internacional.

Nikken

Nikken es una de las compañías de venta directa/network marketing más grandes del mundo. El posicionamiento de Nikken en la industria es impresionante, si se consideran los hitos de desempeño presentados por los voceros de la compañía, que incluyen:

- 1.750 a 2.000 millones de dólares en ventas globales proyectadas para el año 2000.

- Sólido crecimiento de ventas en Estados Unidos —de 3 millones de dólares en 1989 a más de 600 millones en Estados Unidos y Canadá en 1999.

- 300.000 distribuidores en Estados Unidos y Canadá, y varios cientos de miles más en todo el mundo.

- Importante base de clientes en Japón, lo que incluye uno de cada ocho hogares japoneses y la convierte en una de las proveedoras más importantes de productos para la salud de Japón.

- Más de 30 millones de clientes en todo el mundo.

- Amplia selección de productos terapéuticos, desde ropa de cama y vestimenta a suplementos nutritivos y de cuidado de la piel.

- Capital suficiente para sostener crecimiento futuro.

En 1973 Isamu Masuda, fundador de Nikken, vislumbró una compañía que ayudaría a las personas a lograr un total bienestar. Dos años después, formó Nikken en Fukuoka, Japón. Nikken —la compañía, los productos y la oportunidad de negocios— se construye sobre una filosofía corporativa concentrada en el concepto de Massuda de bienestar total. Este concepto va más allá del mero alcance de la salud física, y abarca cinco zonas clave de la vida que deben alcanzar un estado de equilibrio. Estas cinco zonas se conocen en Nikken como "Los cinco pilares de la salud", a saber:

1. Cuerpo sano
2. Mente sana
3. Familia sana
4. Sociedad sana
5. Finanzas sanas

La compañía se enorgullece de ser una innovadora que aplica tecnologías de punta para ayudar a las personas a disfrutar de libertad en medio de la incomodidad, de un sueño más descansado, de desempeño atlético mejorado, nutrición más completa y piel con aspecto más sano. Las tecnologías de punta de Nikken incluyen los siguientes ítems:

• Tecnología Avanzada del Sueño.

• Diez Pasos para un Sueño Nocturno Perfecto.

• Tecnología Infrarroja

• Tecnología de la Comodidad

• Tecnología Flexible Kenko

• Tecnología Magnética Acuática

• Nutrición Biodisponible de Avanzada

• Cuidado de la Piel mediante Botánica Suiza

• Tecnología Kenko para Mascotas

Actualmente, la compañía tiene presencia global con pleno funcionamiento en diecinueve países, incluyendo Japón, Hong Kong, Taiwan, Estados Unidos, Portugal, Tailandia, España, Francia, Canadá, México, Inglaterra, Suecia, Holanda y Alemania. La empresa reporta que en 1999 Nikken Europa ha experimentado un crecimiento substancial. Finlandia abrió sus puertas en marzo de ese año y, sumado a la apertura en Irlanda a finales de octubre de 1999, Nikken ha incrementado su mercado europeo a diez países. Además, con el agregado de Taiwan a la lista de países Nikken en octubre de 1999, los distribuidores tienen ahora seis unidades de mercado —sumadas a Japón— entre las cuales pueden elegir cuándo expandir su negocio a escala internacional:

1. **América del Norte** (Estados Unidos, Canadá, Puerto Rico, República Dominicana)

2. **Europa** (Reino Unido, Suecia, Países Bajos, Alemania, Portugal, España, Italia, Francia, Finlandia, Irlanda)

3. **México**

4. **Filipinas**

5. **Hong Kong**

6. **Taiwan**

Actualmente, la operatoria de Nikken en América del Norte recibe soporte de su sede estadounidense en Irvine, California y de sus dos instalaciones de distribución en Toronto y Vancouver, Canadá.

> **N**ikken - la compañía, los productos y la oportunidad de negocios- se construye sobre "Los cinco pilares de la salud".

Todas las oficinas y fábricas de esta empresa están comunicadas con la sede central por una sofisticada red de comunicaciones. Tal como se mencionó en el capítulo anterior, su iniciativa eNikken Internet ha puesto en la red muchas de las funciones de venta y desarrollo de negocio.

Llamamos a esta compañía el "gigante silencioso" del network marketing. No hace mucho ruido de mercadeo en Estados Unidos —¡simplemente gana dinero! En mercados como el de Japón y Asia particularmente, que son bastante escépticos respecto a compañías que recién comienzan, el largo historial de Nikken, su buena reputación y su concentración en un estilo de vida sano y holístico le brindan un buen posicionamiento entre los pueblos japonés y occidental.

Nu Skin Enterprises

Nu Skin Enterprises Inc. ha pasado de ser un pequeño proyecto inicial estadounidense a convertirse en una corporación multinacional con casi mil millones de dólares en ventas anuales. En 1984, Blake Roney, cofundador de Nu Skin, acababa de terminar la universidad cuando reunió a un pequeño grupo de profesionales para desarrollar una línea de productos de cuidado personal de primera calidad, con la premisa de utilizar únicamente componentes beneficiosos.

Con menos de 5.000 dólares de capital de inicio, Blake Roney, Sandie Tillotson, Nedra Roney y varios socios más, fundaron Nu Skin en junio de 1984, lanzando doce productos de cuidado personal. En las etapas iniciales de la empresa, dado que tenían un capital muy limitado, los fundadores negociaron con una compañía de

Arizona para que formulara los productos de cuidado capilar y de la piel, les otorgaran crédito a noventa días y enviaran los productos en envases de treinta y ocho litros al departamento de Nedra Roney. Desde allí, los fundadores distribuían los productos, llenando manualmente envases plásticos y tarros de comida para bebé con productos de cuidado personal.

Nu Skin afirma que optó por distribuir sus productos mediante marketing de persona a persona, para que un grupo de vendedores capacitados pudiera brindar educación personalizada sobre los beneficios únicos de los productos. También quería evitar el alto costo de la publicidad tradicional y la infraestructura mayorista/intermediario.

En 1991, Nu Skin International había logrado una tasa de crecimiento mensual en ventas de dos dígitos, alcanzando los 500 millones de dólares en volumen mayorista anual. Nu Skin fue una de las compañías de network marketing de mayor crecimiento de la historia.

En 1992, presentó el concepto de "diversificación divisional", como piedra angular de su modelo de negocio para la industria del network marketing. Típicamente, las compañías de network marketing presentan nuevos productos que simplemente se agregan extendiendo el catálogo de ventas.

Para potenciar su continuo crecimiento, Nu Skin se diversificó en una nueva categoría que incluía productos vitamínicos, nutritivos y de control de peso, resultando una división totalmente nueva, IDN (Interior Design Nutritional, Diseño Nutricional Interior). La nueva división apuntaba a un nicho del mercado: el consumidor interesado en la salud y la nutrición. IDN desarrolló una estrategia diferenciada y una nueva organización de distribución para distribuir los nuevos productos.

La nueva división, financiada por Nu Skin, ofrecía la oportunidad de crecimiento de una empresa que recién se inicia, sin el alto riesgo financiero y organizativo de trabajar para una compañía nueva en una empinada curva de aprendizaje. En 1996, IDN había alcanzado un volumen estimado de ventas mayoristas de entre 200 y 300 millones de dólares.

Al ingresar en la primera década del siglo XXI, Nu Skin ofrece más de doscientos productos distribuidos en tres estratégicas unidades de negocio (o SBU, tal su sigla en inglés):

1. Nu Skin, que comercializa productos de primera calidad para cuidado facial, capilar y del cuerpo.

2. Pharmanex, compañía que comercializa suplementos nutritivos naturales y de prevención.

3. Big Planet, compañía que proporciona tecnología y servicios de Internet.

Nu Skin

Nu Skin es líder en la creación y distribución de productos de cuidado personal, con el énfasis puesto en el cuidado de la piel. Tal como se mencionó anteriormente, fue fundada en 1984 y desde entonces se ha expandido a más de treinta mercados en todo el mundo, con más de quinientos mil distribuidores activos.

Pharmanex

Pharmanex fue fundada en 1994 por el farmacéutico Dr. Michael Chang y el empresario Bill McGlashan Jr. Su visión era crear productos beneficiosos que aplicaran la metodología y las disciplinas de la ciencia farmacéutica occidental a productos naturales, elaborando así suplementos dietarios de eficacia y seguridad probadas.

Hoy en día, con más de sesenta científicos incorporados a su nómina y más de ciento cincuenta científicos colaborando en centros académicos alrededor del mundo, Pharmanex ha desarrollado productos nutricionales y una capacidad de investigación a futuro que ha atraído a inversores líderes. En 1998, Pharmanex se unió a Nu Skin Enterprises para ayudar a expandir internacionalmente los beneficios de sus productos y negocios mediante el network marketing.

Big Planet

Big Planet declara que su misión es "potenciar la emergente oportunidad global de Internet, lo mejor de las nuevas tecnologías y la privatización de los servicios públicos, para crear una extraordinaria oportunidad de negocios para nuestros Representantes Independientes, y una experiencia excepcional para nuestros clientes, sobre la base del Equipamiento, la Conexión y el Destino." Su meta ha sido crear la primera compañía de trabajo en redes, combinando el crecimiento explosivo de los mercados de la tecnología y las comunicaciones con la afinidad natural de los individuos y las organizaciones para hacer negocios con personas que ven, conocen y confían. La compañía cree que puede lograr este objetivo brindando a los clientes productos y servicios con precios competitivos y reconocidos a escala nacional, en combinación con servicio y soporte de primera calidad. Big Planet mantiene relaciones estratégicas con socios tales como Qwest, SkyTel, Cisco Systems y su Microsystems, entre otros.

Los productos incluyen:

- *Acceso a Internet* —conexión a Internet de primera calidad con planes de acceso flexibles para adaptarse a cualquier perfil individual.

- *iPhone 2050* —aparato totalmente integrado de telefonía e Internet.

- *Servicio larga distancia* —planes de llamados y tarifas competitivas para uso comercial y residencial.

- *Servicio inalámbrico* —servicios telefónicos y de radiollamada del líder industrial SkyTel.

- *Constructor Dinámico de Sitios Web* —software para ayudar a los clientes a crear sitios Web con diseño de aspecto profesional.

Diversificación divisional: el futuro Blake Roney, presidente del directorio de Nu Skin, recalca el continuo compromiso de la empresa con la estrategia de diversificación divisional:

> *Nuestro modelo de negocio se basa en un concepto simple: brindar oportunidades económicas precisas para empresarios de todo el mundo... Estamos constantemente identificando y capitalizando importantes tendencias demográficas y comerciales... Este enfoque divisional de la venta directa crea ambientes de fuerte patrocinio para nuestros distribuidores, lo que les permite concentrarse en el negocio que los apasiona al mismo tiempo que compran y venden en todas las divisiones... Ofrecemos a los distribuidores el conjunto más atractivo de oportunidades de venta directa en el mercado.*

Steve Lund, presidente y CEO, subraya que "el objetivo de nuestra estrategia es permitir que Nu Skin, Pharmanex y Big Planet crezcan hasta convertirse en empresas multimillonarias". Las tres empresas ofrecen oportunidades de negocios únicas y complementarias que diferencian a Nu Skin de sus competidores en la venta directa.

Actualmente, con productos patentados en treinta países, Nu Skin es una compañía de network marketing de rápido crecimiento con más de medio millón de distribuidores en todo el mundo. Su fuerza de distribución refleja muchas de las cualidades del Nuevo Profesional. Más de la mitad de los distribuidores de Nu Skin han estudiado en universidades y muchos cuentan con títulos avanzados. Para atraer a estas personas, Nu Skin recalca su plan de compensación único y global, que le permite a sus distribuidores desarrollar una red internacional de ventas y recibir un solo cheque en su moneda local.

El enfoque comercial de Nu Skin Enterprises genera una pregunta interesante: ¿Puede una compañía de network marketing albergar con éxito bajo el mismo techo corporativo, a dos unidades dedicadas a atender consumidores preocupados por la juventud y la salud (Nu Skin y Pharmanex) y a una compañía de servicios con base en Internet (Big Planet)? Ya que muchos profesionales de red deben elegir qué grupo de productos quieren comercializar, ¿será suficiente la polinización cruzada de ventas de productos (en otras palabras, distribuidores Nu Skin eligiendo servicios Big Planet para sus necesidades de comunicaciones personales y comerciales) como para que valga la pena poner en riesgo la confusión de marca y la difusión en las ventas que podrían surgir?

Los estrategas de la compañía sin duda razonan que la clave de la distribución exitosa de sus productos de cuidado de piel depende de profesionales de red exitosos —y la clave del éxito del network marketing en el futuro serán las comunicaciones modernas. Por lo tanto, la combinación es un casamiento perfecto. Es un movimiento excitante y valiente que los analistas internos y externos de la actividad examinarán detenidamente.

En el informe anual de 1999 para Nu Skin Enterprises Inc., Roney resume la posición de la industria en este tópico: "Al implementar nuestra estrategia divisional, hemos establecido los cimientos del éxito. Estamos construyendo a partir de dichos cimientos, a fin de disfrutar un crecimiento renovado más allá del 2000". Nu Skin Enterprises cotiza en la Bolsa de Valores de Nueva York (con el símbolo NUS) y su sede corporativa se halla en Provo, Utah.

Primerica Financial Services

Primerica fue fundada sobre la filosofía de "comprar a término e invertir la diferencia." Es decir, comprar seguros temporales de vida de costo menor, comparados con un seguro corriente, e invertir los ahorros. Como referencia del año 2000, Primerica vende seguros de vida y otros productos financieros a más de seis millones de clientes mediante una fuerza de distribución de

> La industria de servicios financieros se beneficiará con el enfoque personal que ofrece el network marketing.

más de 140.000 analistas financieros personales que ganan comisiones por sus propias ventas y por las de las personas que asocian para vender. Para apoyar el objetivo de "invertir la diferencia", Primerica ofrece a sus representantes inversiones en títulos, a través de PFS Investments en Estados Unidos, y PFSL Investments Canada, Ltd.

Aunque el tamaño de las compañías de servicios financieros no se puede medir de la misma manera que las compañías de productos, bajo todos los estándares esta compañía pertenece al Club de los Mil Millones. En 1998, vendió pólizas de seguros de vida temporales con un valor nominal de 57.400 millones de dólares, lo que resultó en primas directas de 1.060 millones. También comercializó 2.940 millones en fondos mutuos, 652 millones de dólares en pensiones variables y 1.460 millones en préstamos de consolidación directa.

La compañía remonta sus orígenes a 1977, cuando A.L.Williams, entrenador retirado de fútbol de escuelas secundarias, fundó la compañía que llevó su nombre hasta ser vendida en 1989. Actualmente Primerica, con sede en Duluth, es parte de Citigroup; lo cual ilustra claramente la creciente aceptación del network marketing por parte de los directivos de corporaciones. También refleja otra tendencia crucial que se evidencia en el network marketing: el incremento en la utilización de este modelo de mercadeo para comercializar servicios, además de productos.

El network marketing se beneficiará enormemente por su ingreso al campo "donde está la acción", es decir servicios financieros, entre otros. La industria de servicios financieros, que enfrenta una fragmentación del mercado similar a otros sectores, se beneficiará del enfoque personalizado que ofrece el network marketing. Aunque no sea justo para las empresas que ponen su énfasis en los productos del hogar y de cuidado personal, los Nuevos Profesionales descubrirán una variedad de ofertas de productos más sofisticados y altamente atractivos, pertenecientes a una industria en la que nunca antes pensaron.

El gigante padre de Primerica comprende claramente el poder del canal network marketing y usa ese canal para distribuir, además de seguros de vida, toda una gama de productos financieros. Primerica está organizando una estrategia internacional de expansión que la llevará pronto a mercados potencialmente lucrativos como Alemania y España.

El network marketing ingresa a toda prisa al sector de servicios, y Primerica, gracias a su atrevido fundador, y ahora a su padre corporativo adoptivo, lidera el camino.

Shaklee Corporation

Shaklee es reconocida como pionera de la industria y también como marca confiable en lo referente a salud y bienestar, con ventas minoristas que promedian los 750 millones de dólares y más de 500.000 distribuidores en todo el mundo.

Aunque las cifras más recientes disponibles muestran ganancias anuales considerablemente por debajo de los mil millones de dólares, hemos incluido a Shaklee entre las Pioneras debido a su estabilidad, longevidad y tamaño, y por su impacto en esta industria. La corporación Shaklee se describe a sí misma como "una compañía diversificada de productos para el consumo, que incluye marketing multinivel, tecnología de investigación y desarrollo bajo el nombre Shaklee; y marketing directo, operaciones agrícolas, operaciones mayoristas y minoristas a través de su subsidiaria Bear Creek Corporation." En verdad, es una respetada pionera en el campo de la nutrición y del network marketing, incluso anterior a Amway.

El doctor Forrest C.Shaklee Sr. y sus dos hijos, Forrest Jr. y Raleigh, fundaron la compañía en 1956 con el nombre de Shaklee Products en Oakland, California. En 1960, presentaron su primer producto para el hogar, Basic H —un limpiador multipropósito, libre de fosfatos, biodegradable y concentrado.

Luego de alcanzar un crecimiento doméstico substancial en la década de 1960, la compañía mostró su interés por el mercado internacional con la apertura de Shaklee Japón y Shaklee Canadá en 1976. Su éxito comercial también le permitió invertir en investigación y desarrollo, y en instalaciones fabriles, lo que a su vez fomentó el desarrollo de nuevos productos nutritivos, deportivos y de cuidado personal. La compañía ha fomentado cuidadosamente un enfoque ecológico y también ha sido nombrada consultora oficial en nutrición del Equipo Olímpico de Estados Unidos.

En 1986, Shaklee adquirió Bear Creek Corporation y también proporcionó los productos nutritivos que consumieron los pilotos del Voyager cuando se convirtieron en los primeros en volar alrededor del mundo sin detenerse y sin recargar combustible. La apertura de Shaklee México llegó en 1992. En 1997, Shaklee y su nuevo padre corporativo, Yamanouchi Pharmaceutical Co. Ltd., comenzó las excavaciones para la construcción de una nueva planta fabril farmacéutica en Norman, Oklahoma. Tal como se mencionó en el capítulo anterior, Shaklee y Yamanouchi Pharmaceutical Co.Ltd. abrieron también el Centro de Investigación Yamanouchi Shaklee Pharma en el Parque de Investigaciones de Stanford, Palo Alto, California.

A diferencia de otras compañías de network marketing, Shaklee, durante gran parte de su historia, se ha involucrado en proyectos y eventos de gran visibilidad que considera compatible con su misión y que permiten exponer sus productos a mayores audiencias. Esta estrategia se refleja en su auspicio de las actividades del Día de la Tierra —algo que no ocurre a menudo entre las corporaciones— y además, en su continuo auspicio de eventos atléticos y proezas de coraje y tenacidad, como el vuelo sin energía alrededor del mundo.

Mediante su inversión en investigación y desarrollo de productos y su matrimonio corporativo con Yamanouchi Pharmaceutical, esta firma de Pleasanton, California, ha desarrollado luego de casi cuarenta y cinco años, una impresionante infraestructura sobre la base de productos innovadores, acceso substancial a capital y fuerte ética empresarial, lo que la convierte en una elección sólida para muchos profesionales de red.

Compañías En Ascenso Que Comienzan A Distinguirse

Recuerde que el objetivo de los capítulos 6 y 7 es demostrar que la industria del network marketing es variada y rica, tanto en modelos de negocios interesantes y diversos, como en estrategias de marketing y combinación de productos. El capítulo 6 perfilaba las exploradoras, las grandes, los íconos establecidos, que fueron los pioneros en el desarrollo de la industria. Estos íconos tuvieron ventas que alcanzaron o superaron los mil millones de dólares.

El capítulo 7 continúa esa revisión pero cambia el foco a las que marcan el camino, las "estrellas en ascenso". Estas compañías cambian continuamente sin que sea notorio. Empresas nuevas ingresan a la industria y otras salen. Por lo tanto, cualquier lista deberá ser continuamente actualizada y las que nombramos aquí no deberían considerarse por completo incluyentes o excluyentes. La ausencia de una compañía en esta lista no significa necesariamente un juicio en su contra.

Por lo tanto, los criterios usados para la inclusión en esta lista son subjetivos. En general, se cree que las empresas de la lista:

- Brindan servicios/productos orientados al consumidor.

- Están estructuradas alrededor de un plan de compensación de network marketing.

- Llevan por lo menos dos años en actividad.

- Reportan ventas anuales de, por lo menos, entre 40 y 50 millones de dólares.

- Apuntan hacia una única dirección estratégica con potencial de crecimiento.

- Son accesibles y dispuestas a compartir información sobre ellas con los autores de este libro.

Extendimos una amplia red para las empresas en ascenso. Perseguimos a muchas. Algunas no respondieron a consultas por correo, correo electrónico o teléfono. Otras no brindaban información sobre sus negocios. Sin duda, existen otras empresas que posiblemente merezcan estar aquí pero nunca identificamos sus nombres.

Las firmas perfiladas como "las estrellas en ascenso", son presentadas como representativas de la variedad de modelos de negocios y estrategias operativas de la industria del network marketing, en la primera década del siglo XXI.

Seguramente, en el impetuoso mundo del comercio electrónico y la riqueza instantánea, las empresas de network marketing recién iniciadas pueden ser potencialmente románticas y estimulantes. Quizás representen la nueva Microsoft de la cultura del network marketing de este milenio.

Es más probable, de acuerdo con la historia, que las nuevas empresas carezcan de capital y "fuerza de resistencia" financiera, que tengan mucho entusiasmo y energía pero no estructura organizativa, o que estén mal administradas y representen los cientos o miles de empresas que se inician pero luego acaban ocupando el cementerio del network marketing. El tiempo dirá.

ACN INC.

ACN Inc. ingresó al mercado de telefonía de larga distancia con una estrategia de posicionamiento claramente distinta comparada con la de sus antecesores, MCI y Sprint. MCI y Sprint usaron una estrategia de múltiples canales, inclusive network marketing. ACN Inc. aspiraba al network marketing como el canal de distribución y se ha comprometido en relación a ese punto.

Fundada por cinco emprendedores en el año 1993, ACN comercializa servicios de telecomunicaciones en Estados Unidos, Canadá, Reino Unido, Alemania, Dinamarca, Países Bajos y Suecia. En su corta vida, ha pasado de ser una compañía nueva de 2 millones de dólares en ventas, a ser una empresa de cien millones que ha atraído a casi trescientos mil profesionales de red. Al igual que Excel Communications, su objetivo inicial era comercializar servicios de larga distancia a menor precio directamente a los consumidores, pero en los últimos tiempos ha intentado diversificarse a otros servicios, como ser electricidad. Greg Provenzano, presidente y CEO, informa: "Con sólo nueve estados desregulados, ACN Energy atrajo a más de 125.000 clientes y actualmente es considerada por su tamaño como la cuarta distribuidora independiente de energía, en Estados Unidos."

El principal objetivo de ACN es, al igual que para Excel y Teleglobe, reunir clientes, antes que desarrollar sistemas o servicios de telecomunicaciones propios. En un ambiente desregulado, la adquisición de clientes es y seguirá siendo la estrategia crítica para posicionarse en el mercado. La compañía proyecta que sus ganancias alcanzarán los mil millones en pocos años más —y con los años de experiencia previa de sus fundadores tanto en network marketing, como en venta directa y marketing corporativo, ¡es probable que lo logren!

Los Nuevos Profesionales ansiosos de desarrollar negocios en el billonario mercado global de telecomunicaciones, querrán analizar de cerca este valiente competidor de Excel.

AVON PRODUCTS, INC.

¿Cómo puede ser que una compañía fundada en el siglo diecinueve (1886) y que actualmente obtiene ganancias anuales minoristas por 5.800 millones de dólares, sea considerada una empresa en ascenso en el network marketing? O, mejor dicho: ¿por qué la ubicamos en esta lista en vez de hacerla partícipe del "Club de los Mil Millones"?

Avon estaría en los primeros lugares de cualquier lista de compañías de venta directa, porque la mayoría de sus amplios negocios se desarrollan de esa manera —representantes independientes venden productos a consumidores y ganan comisiones. Pero, a diferencia de los profesionales de red, no construyen organizaciones multinivel de ventas.

> Recientemente Avon se ha convertido en un ejemplo perfecto de compañía tradicional de venta directa que se moviliza para adoptar el poder del network marketing.

A la empresa le ha ido bastante bien utilizando el método de venta directa de un solo nivel. Aproximadamente 2,8 millones de representantes (las famosas señoras Avon entre otros) distribuyen la marca más vendida en el mundo de cosméticos, fragancias y artículos de tocador en 135 países. También venden una completa línea de accesorios, ropa y regalos.

A pesar de su herencia de difundir la actividad empresarial en todo el mundo, sin mencionar el poder de su marca, recientemente Avon se ha convertido en un ejemplo perfecto de compañía tradicional de venta directa que se moviliza para adoptar el poder de la maquinaria del network marketing. A través de su división Liderazgo (Leadership Division) que incluye a 12.000 profesionales de red, Avon ofrece en la actualidad un plan de marketing multinivel para aquellos distribuidores que deseen concentrarse en determinadas líneas de productos. Al mismo tiempo, ha anunciado su primera campaña de publicidad global para fortalecer la identidad de la marca, así como una fuerte inversión en ventas por Internet y servicios para desarrollo de negocios para empresarios independientes. Ha sido una secuencia perfecta de pasos que ha contribuido a brindar apoyo a sus representantes de ventas.

A pesar de un desempeño económico inseguro en años recientes, la venerable Avon se ubica para ofrecer una poderosa variedad de activos para el profesional de red. Esta es una empresa que sabe cómo hacer que funcione la venta personal. Así fue como se ubicó en el puesto 308 del listado Fortune 500 de las empresas más grandes de Estados Unidos. ¡Por todas estas razones, vemos a Avon, de casi 115 años de antigüedad, como una estrella en ascenso digna de consideración del Nuevo Profesional!

CELL TECH

A principios de la década de 1970, el maestro Daryl Kollman comenzó a darse cuenta de que sus alumnos no podían quedarse quietos y casi no podían concentrarse. Daryl y su esposa Marta llegaron a la conclusión de que la comida "chatarra" formaba gran parte de la dieta de los estudiantes y se dispusieron a encontrar la "comida perfecta" que pudiera contrarrestar lo que ellos veían como los efectos perjudiciales de una dieta pobre. Luego de muchas investigaciones, en 1974, decidieron que esa comida eran las algas.

Daryl y Marta primero probaron el método artificial –y con alto coeficiente de mano de obra– de cultivar algas Chlorella de agua dulce en los desiertos de Nuevo México. Luego de años de experimentar cultivando variedades de algas de agua dulce, los Kollman descubrieron una fuente exclusiva de las más destacadas algas verde azuladas: Alphanizomenon-flos-aquae. Descubrieron que crecía en abundancia en un ambiente natural que demostró ser el mayor productor de biomasa del planeta: el Lago Upper Klamath en Klamath Falls, Oregon.

En 1982, los Kollman comenzaron a cosechar lo que llamaron Súper Alga Verde Azul (en inglés SBGA, Super Blue-Green Algae) y lo usaron como el producto distintivo de su nueva empresa de network marketing. Así nació Cell Tech en Klamath Falls, generalmente apodada "la compañía de las algas verde-azuladas". Se diseñó y construyó una planta de alta tecnología de cosecha y procesamiento para secar las algas a bajas temperaturas y preservar prácticamente toda la actividad enzimática.

LAS ESTRELLAS EN ASCENSO

- **ACN:**
  www.acninc.com
- **Avon:**
  www.avon.com
- **Cell Tech:**
  www.celltech.com
- **Changes International:**
  www.changesinternational.com
- **FreeLife International:**
  www.freelife.com
- **Jafra Cosmetics International**
  www.jafra.com
- **Life Plus:**
  www.lifeplus.com
- **Mannatech:**
  www.mannatech.com
- **Market America:**
  www.marketamarica.com
- **Melaleuca:**
  www.melaleuca.com
- **Morinda:**
  www.morinda.com
- **Nature´s Sunshine Products:**
  www.naturessunshine.com

Desde entonces, ha crecido y se ha convertido en una compañía multimillonaria, que cosecha millones de kilos de algas por año. Luego, las algas son utilizadas para elaborar los famosos suplementos nutricionales y productos de cuidado personal que sus miles de profesionales de red venden en Estados Unidos y Canadá.

El objetivo corporativo de Cell Tech ha sido la prédica para "enseñar al mundo los beneficios de la Súper Alga Verde Azul como complemento dietario." La familia de distribuidores Cell Tech está compuesta por un núcleo sólido de usuarios preocupados por la salud y el medioambiente, y concentrados en los beneficios de los productos, junto con un grupo más pequeño de desarrolladores activos.

Al comenzar el año 2000 Marta Kollman, CEO, y Justin Strauss, vicepresidente de marketing (madre e hijo), informaron que Cell Tech habría alcanzado al finalizar el año ventas en la franja de 40 a 50 millones, logradas por una organización de distribuidores compuesta por 70 mil miembros activos.

En los próximos tres a cinco años, Cell Tech apuesta a energizar el crecimiento de sus ventas mediante una variedad de programas agresivos. En el ámbito de investigación y desarrollo, la compañía seguirá auspiciando la investigación médica aplicada de la Súper Alga Verde Azul junto con la Universidad McGill/Royal Victoria Hospital, la Universidad de Illinois, el Hospital General de Massachusetts (asociado a la Facultad de Medicina de Harvard) y la Universidad de Mississippi. Los estudios servirán para ratificar de manera creíble el valor nutritivo de la Súper Alga Verde Azul, y ampliará la base de clientes usuarios. En el ámbito del desarrollo aplicado de productos, los resultados de la investigación tal vez identifiquen nuevos conceptos en productos que Cell Tech debería desarrollar.

MAS ESTRELLAS EN ASCENSO

- New Vision:
  www.newvision.com
- Noevir:
  www.noevirusa.com
- Nutrition for Life:
  www.nutritionforlife.com
- Oriflame:
  www.oriflame.com
- Oryfresh:
  www.oxyfreshworlwide.com
- Pre-Paid Legal;
  www.prepaidlegal.com
- Princess House:
  www.princesshouse.com
- Reliv International:
  www.reliv.com
- Ranaissance, the Tax People:
  www.thetaxpeople.net
- Rexall Showcase International:
  corp.rexall.com
- USANA:
  www.usana.com

Para quienes desarrollan el negocio Cell Tech, el énfasis corporativo estará puesto en simplificar y apoyar el proceso de asociar distribuidores y organizar el negocio. El plan de compensación de ruptura para distribuidores, se está revisando y será actualizado y mejorado.

Se ha construido un moderno sitio Web que será continuamente mejorado. El sitio será en última instancia un centro de información corporativa, catálogo informativo de productos, plataforma de capacitación de distribuidores, una herramienta para realizar, rastrear y efectuar el seguimiento de pedidos, y un canal de comunicación interna de la organización. Como apoyo en el área de las ventas tradicionales y capacitación de sus distribuidores, la compañía cuenta con un nuevo catálogo en desarrollo, que incluye productos y materiales relacionados con el apoyo al distribuidor.

Debido a que la población mundial ya supera los seis mil millones de personas, se necesitarán más que nunca métodos innovadores para mejorar la cadena de alimentación y el medioambiente por medio de alimentos naturales como las algas. Los Kollman se adelantaron a su época en 1974. Ahora Cell Tech tiene una ubicación ideal para ayudar a enfrentar uno de los desafíos más grandes del siglo veintiuno: alimentar y mantener la salud de un mundo hambriento.

CHANGES INTERNATIONAL

Changes International fue fundada en 1994 por Terry y Scott Paulson, padre e hijo, en base a una línea muy limitada de productos nutricionales, una estructura de comisiones aún vigente, del 15 por ciento en el primer nivel y 45 por ciento en el segundo, y mucha energía empresarial. La firma creció a 40 millones de dólares en tres años.

En 1997, Twinlab Corporation adquirió Changes International por una cifra que se dice habría sido de 12,5 millones de dólares, con la intención de formar parte de la estrategia de distribución por canales múltiples. Changes International sería el vehículo de venta directa/network marketing para llevar una serie de productos Twinlab al mercado del consumidor masivo.

La misión de Twinlab es convertirse en el "principal fabricante de suplementos del mundo". La compañía tiene una línea completa de vitaminas, hierbas y productos de nutrición, antioxidantes, aceites marinos y de pescado, suplementos nutricionales deportivos, fitonutrientes, elementos de belleza y una editorial subsidiaria, Advanced Research Press Inc., que publica una revista de deportes y acondicionamiento físico llamada All Natural Muscular Development (Desarrollo Totalmente Natural de Musculatura), y cassettes, libros y boletines relacionados con la salud y el bienestar.

La producción actual tiene flexibilidad para fabricar mil productos distintos en más de dos mil SKUs en distintas formas de dosificación: líquidos, polvos, cápsulas y tabletas. Para apoyar el crecimiento planificado, la empresa tiene en desarrollo un importante programa de inversión de capital para incrementar la capacidad de producción a fin de proveer a todos los canales.

En cuanto a distribución, la empresa está adquiriendo o se está expandiendo hacia los cuatros principales canales de distribución de suplementos nutricionales: tiendas naturalistas, mercado masivo, venta directa y compra por correo. Twinlab también está comprometida en establecer su presencia en el exterior.

En lo inmediato, Twinlab ha lanzado una agresiva embestida en el mercado masivo. La empresa reporta "casi un 1 por ciento de participación de mercado en negocios como Rite-Aid y Target. Existe margen para que la participación crezca hasta el 15 por ciento... Eso pondría a los productos en casi 47.000 bocas de expendio." En el segmento de belleza, Twinlab adquirió la subsidiaria Bronson de catálogo por correo para desarrollar ese mercado.

Ross Blechman, presidente y CEO, reseña su filosofía de distribución:

> Ahora estamos en todos los canales de distribución, desde los mercados esenciales —con presencia en aumento en cadenas como GNC, Whole Foods y White Oats—hasta nuestras oportunidades en el mercado masivo —con Changes International en venta directa (network marketing) y ahora Bronson en compras por correo.
>
> También es importante adaptar productos a las necesidades de cada canal... Los productos para las tiendas naturalistas tienen diferente formulación y empaquetado que los productos para venta masiva.

Blechman enfatiza: "No creo que se pueda llevar exactamente el mismo producto a las tiendas naturalistas y a las minoristas, y ser exitoso con el público masivo."

Twinlab también tiene potencia de fuego en lo financiero, como para apoyar este modelo de crecimiento. Ha logrado un promedio anual del 25 por ciento de crecimiento en ventas. Las ventas del año 2000 se estiman entre 350 y 400 millones de dólares, con muy buen desempeño en ganancias.

Luego de la adquisición de Changes International por parte de Twinlab, Steve Coggin, un veterano de treinta años en la industria de la venta directa, con experiencia en Avon, Fuller Brush y recientemente Melaleuca, fue designado presidente y CEO. La orden de Coggin era convertir la empresa recién iniciada y con poca organización en una "plataforma de crecimiento", estructurada para que Twinlab penetrara el mercado del network marketing.

En el período 1997-2000, Coggin informó que Changes International habría sido totalmente reestructurada.

> Se ha desarrollado un equipo profesional de gerenciamiento. El Departamento de Servicios al Cliente se ha reestructurado en un nuevo enfoque concentrado en la "satisfacción del cliente". Los sistemas de fabricación y logística se han reacondicionado. Un sistema de computación nuevo con innovaciones informáticas asociadas se ha instalado. Se ha diseñado un nuevo sitio Web para tener acceso y transmitir información, capacitar a la organización de distribuidores y automatizar el proceso de pedidos que ingresan por Internet.

Changes expandió su línea a treinta y un productos en 1999, y planeaba agregar otros diez en el año 2000. La "canasta de compras" de la empresa se ha diversificado a lo largo de la categoría de suplementos nutricionales y de productos de cuidado personal.

Coggin informó que las ventas de Changes han pasado de ser 40 millones de dólares en 1997 al momento de su adquisición, a un plan de ventas propuesto de 55 millones en el año 2000. Los distribuidores "activos", organizados sobre 225 fuertes constructores de redes, son en total 72.000 miembros. Coggin resume diciendo: "en el período 1997-2000, la compañía ha construido una potente infraestructura para sustentar un crecimiento espectacular como 'estrella en ascenso' de la industria del network marketing, en los próximos tres a cinco años."

FREE LIFE INTERNATIONAL, INC.

Free Life international, compañía de network marketing dedicada a la salud y el bienestar, fue lanzada en marzo de 1995, por su presidente y CEO Ray Faltinsky y su Gerente de Operaciones Kevin Fournier. A principios de la década de 1980, la madre de Faltinsky se curó de una osteoporosis grave mediante el uso de suplementos nutricionales. Faltinsky se decidió a armar una compañía que extendiera por todo el mundo los beneficios de esos suplementos.

¿Cuál era la mejor manera de alcanzar tal objetivo? Mientras preparaba una tesis sobre venta directa para su graduación, se dio cuenta que las ventas de boca en boca serían la manera más efectiva de dar a conocer el poder de los suplementos nutricionales. Se unió con Fournier y ambos pasaron varios años haciendo planes, reuniendo fondos y organizando un equipo de nutricionistas líderes para desarrollar una línea de productos fuerte.

Los voceros de la empresa afirman que la estrategia de la compañía se ha construido sobre varios elementos clave:

- Una extensa línea de productos basada en innovadores conceptos nutricionales en continua mejora y expansión. Recientemente, la compañía agregó productos para el cuidado de la piel, además de tratamientos naturales probados clínicamente para promover la salud en su conjunto.

- Tecnología de Internet de última generación reflejada en su sitio Web, FreeLife.com, para apoyar a la organización de distribuidores como herramienta de ventas y marketing, y como medio interno de la organización, para comunicarse.

- Amplia capacitación a cargo de la empresa en mercados locales en cooperación con directores locales de área.

- Un plan de compensación lucrativo que se actualiza rutinariamente para responder a las condiciones cambiantes de marketing y a las necesidades de los distribuidores.

Desde su inicio en marzo de 1995, FreeLife ha desarrollado una organización de distribuidores con más de cien mil miembros en Estados Unidos y Puerto Rico, y ha obtenido impresionantes resultados en ventas.

El mensaje está siendo claramente recibido por Nuevos Profesionales como el doctor Matt Silver, ex médico de familia.

"Como médico de familia relacionado con planes de salud," afirma Silver en la página Web de la compañía, "tenía un ingreso sólido y seguro por el que intercambiaba tiempo por dinero. También estaba cada vez más frustrado por el estrés y las largas horas de trabajo. Luego de asociarme a FreeLife, pude retirarme de mi profesión en menos de dos años con un verdadero ingreso residual mayor al que tenía como médico, y que aún sigue creciendo.

´Además, ahora disfruto del tremendo beneficio de la libertad de tiempo, que ha mejorado muchísimo mi calidad de vida. Puedo estar más tiempo con mi familia, viajar y disfrutar un estilo de vida que la mayoría de los médicos envidiaría."

La compañía también busca actualmente una expansión internacional, todo como parte de la misión de sus fundadores de convertirse en " la mayor compañía de salud y bienestar del mundo, para ayudar a millones de personas a disfrutar de una salud óptima, además de bienestar, y brindar la oportunidad de una vida de mayor abundancia."

La desbordante energía de FreeLife así como sus productos, deberían conducirla por un largo camino.

JAFRA COSMETICS INTERNATIONAL, INC.

Jafra Cosmetics fue fundada por Jan y Frank Day en 1956 durante la época "pionera" de la industria del network marketing. Una breve línea de tiempo destaca algunos hitos históricos de Jafra:

- Con ventas de 3,9 millones de dólares, anunciadas en 1973, Jafra fue adquirida por Gillette Company, líder en productos de consumo. La compra por la prestigiosa organización Gillette ha sido destacada por los predicadores de la industria del network marketing, como un respaldo de las principales corporaciones estadounidenses al canal del network marketing, y como un hito en la afirmación de credibilidad.

- Luego de diecisiete años como subsidiaria de Gillette, las ventas de Jafra habían aumentado a una tasa compuesta de crecimiento anual del 18,5 por ciento, a 229,5 millones de dólares en 1.997.

- En 1.998, Clayton, Dubilier & Rice Fund V Sociedad de Responsabilidad Limitada (CDRJ), compró Jafra, de manos de Gillette.

- Luego de la adquisición por parte de CDRJ Inversiones, las ventas y desempeño financiero han sido impresionantes. En 1.999, las ventas anuales fueron de 290,5 millones de dólares, lo que significa un incremento del 17 por ciento respecto de los 248,3 millones en ventas de 1.998. Ronald Clark, presidente del directorio y CEO, comentando sobre los resultados de fin de año, afirmó que 1.999 "fue un año impresionante. Completamos un número de iniciativas que nos permitieron más que duplicar nuestros beneficios operativos del año. Mejoramos significativamente nuestra estructura de costo de productos y estrategias promocionales de venta. Pudimos aumentar nuestro margen bruto a 71,7 por ciento para 1.999, comparado con 68,2 por ciento en 1.998."

Jafra Cosmetics International Inc. se autodescribió durante la compra de 1.998 como una empresa de "venta directa multinivel de productos de primera calidad para la piel y el cuerpo, cosméticos, fragancias, suplementos nutricionales y otros productos de cuidado personal." Sobre la base de 229,5 millones de dólares en ventas para el año 1.997, el porcentaje de las principales líneas de productos incluía: cosméticos, 29,1 por ciento; cuidado de la piel, 25,2 por ciento; cuidado del cuerpo y productos de uso diario, 18,9; fragancias, 16,3 y otros (material promocional de ventas) 10,5 por ciento.

La estrategia de marketing de Jafra refleja otro enfoque de mercado característico, diseñado sobre varios elementos clave bien definidos de posicionamiento de mercado:

- Jafra se orienta a consumidores de ingresos medios y preocupados por el valor, que buscan una línea de productos de calidad, fresca y diversa.

- El consumidor Jafra disfruta la conveniencia, flexibilidad y atmósfera moderada de comprar en el hogar, las recomendaciones personalizadas de su consultora de ventas y la política de la compañía de probar antes de comprar. Se considera que los consumidores son leales a la marca.

- Los productos Jafra se ubican para atraer a una variedad relativamente amplia de categorías de mercado, grupos demográficos y estilos de vida.

- Jafra emplea una estrategia de desarrollo de producto "de seguimiento cercano" que minimiza los costos de investigación y concentra el desarrollo en productos que ya han resultado exitosos en el mercado.

- En términos de posicionamiento de precios, los de Jafra suelen estar en lo más alto de la categoría de mercado masivo pero un poco por debajo de marcas prestigiosas como Clinique. Los precios de Jafra están a la par de los de Mary Kay pero más arriba que los de Avon, que apunta al mercado masivo de nivel medio a bajo.

• Jafra se enfoca en dos conductores clave para la facturación de la empresa: el número de representantes de ventas, y las ventas o productividad por cada representante.

> **Jafra emplea una estrategia de desarrollo de producto "de seguimiento cercano" que minimiza los costos de investigación y concentra el desarrollo en productos que ya han resultado exitosos en el mercado.**

En todo el mundo, Jafra cuenta con aproximadamente 292.000 representantes de ventas, un aumento del 18 por ciento desde 1.998. Según se informa, los representantes venden en promedio 1.000 dólares por año. Usando esta fórmula, se calculó que las ventas de Jafra en el año 2.000 serían de 292 a 300 millones de dólares o más.

Sin embargo, la compañía está comprometida con el aumento del número de representantes de ventas por medio del contacto bien enfocado. La productividad de los representantes de ventas aumentará por la expansión de los productos de la empresa, campañas de apoyo de marketing mejor orientadas y la aceleración de la presentación de nuevos productos para mejorar la "canasta de mercado" de la empresa.

Otro componente de la productividad de ventas es la retención de distribuidores. Jafra informa que "sus representantes han estado asociados a la compañía cuatro años en promedio." La compañía cree que es uno de los récords de retención en la industria del network marketing.

Para el éxito de la estrategia de Jafra resulta fundamental la expansión del equipo senior de gestión, el cual cuenta con relevante experiencia en venta directa. En su informe del cuarto trimestre y final del año 1.999, Gonzalo Rubio, presidente y gerente operativo, anunció una serie de incorporaciones de ejecutivos antiguos, todos con amplia experiencia en venta directa. "Creemos que estos nombramientos nos ayudarán a fortalecernos y a diversificarnos," afirmó.

LIFE PLUS INTERNATIONAL

Life Plus International tiene su origen en 1.982, cuando se unieron J. Robert Lemmon, farmacéutico, y Tim Nolan, líder de network marketing y ejecutivo corporativo. Adquirieron VM Nutri Inc., que fabricaba suplementos nutricionales desde 1.936, y la combinaron con Multiway Associates, división de network marketing que ellos fundaron. La compañía de suplementos nutricionales y productos de cuidado personal que conocemos y que nos impresiona es producto de esos dos esfuerzos.

Lemmon llegó al negocio con amplios antecedentes en terapias naturales europeas. Combinó esta experiencia con sus propias teorías y fórmulas para elaborar todo tipo de productos, desde herbales y bebidas nutritivas hasta el famoso sistema Forever Young, que combina suplementos con terapias externas para dar como resultado piel con aspecto más joven.

Nolan asegura calidad de.producto y la viabilidad de la oportunidad de negocio, que ha sido abrazada por miles de profesionales de red. "¿Somos maniáticos del control?" pregunta. "Cuando se trata de fabricación, ¡seguro que sí! Nos aseguramos que ciertos estándares se mantengan... Desde la materia prima que compramos a los productos terminados que vendemos, Life Plus cumple o supera todos los lineamientos y reglas federales."

La compañía apunta a la fabricación propia como gran ventaja para sus distribuidores, además de su red de comunicaciones. No se exigen inventarios y si los productos escasean, la compañía simplemente produce más. Además, se defiende ferozmente el profesionalismo de los expertos entrenados que contestan preguntas de consumidores y distribuidores sobre el contenido de los productos y protocolo.

Esta compañía propulsada por los productos aparece bien ubicada para seguir beneficiándose del tremendo interés de los baby boomers (generación posguerra) por productos naturales y de cuidado personal.

MANNATECH INC.

Mannatech es una compañía que cotiza en el NASDAQ, y que desarrolla y vende suplementos nutricionales patentados, y productos relacionados. Se jacta de tener más de medio millón de asociados independientes; opera en Estados Unidos, Canadá y Australia, y se la considera una de las empresas nuevas más prometedoras del network marketing.

Fundada a finales de 1.993, Mannatech comenzó en un edificio de mil ochocientos metros cuadrados en Grand Prairie, Texas, que funcionaba como sede de la empresa. Desde el inicio, la compañía se concentró en suplementos nutricionales patentados, que al principio eran sólo dos. Alimentada por sus propios descubrimientos innovadores de tecnología en carbohidratos, y por la aprobación en 1.994 de la ley de Salud y Educación de Suplementos Dietarios (en inglés, DSHEA), la empresa se expandió rápidamente. En 1.997, Mannatech se mudó a su nueva sede, un edificio de oficinas de diez mil metros cuadrados ubicado en Coppel, Texas. La empresa también tiene, en el mismo parque industrial, un centro logístico y de distribución internacional de más de 6.000 metros cuadrados, con el fin de facilitar los envíos de pedidos urgentes o muy precisos, por medio de un proceso computarizado.

En 1996, Mannatech comenzó a operar en Canadá y en 1.998 inició sus operaciones en Australia. En sólo dos años, el grupo de asociados canadienses de la empresa creció hasta comprender el 10 por ciento del total de asociados y el 20 por ciento de las ventas globales.

El crecimiento ha sido impresionante. En el primer año, las ventas alcanzaron los 8 millones de dólares. En 1.998, llegaron a 165 millones. Con ese impulso, sumado a un equipo de liderazgo muy motivado, no existen señales de disminución en las ventas o en el potencial empresarial.

MARKET AMERICA

Market America fue fundada en abril de 1.992 por James H. Ridinger, en torno a un modelo único de negocios compuesto por varios elementos clave:

- El proceso de "corretaje de productos".

- El "comercio sin paredes".

- La organización de ventas de network marketing y el plan de compensación de "marketing binario" de Market America.

El proceso de corretaje de productos

Market America busca productos que impulsen al mercado, tendencias emergentes o descubrimientos de nuevos productos innovadores. La compañía negocia un contrato exclusivo o un acuerdo de línea de productos patentados con el fabricante, que ya tiene la capacidad de investigación y desarrollo, fabricación, empaque y/o logística para proveer el producto. Cada producto, categoría de producto o vendedor, se convierte en una "tienda" o en una unidad estratégica de negocios (en inglés, SBU) dentro de Market America.

El "comercio sin paredes"

Market America une a cada "tienda" bajo el "paraguas de marketing" de la empresa, que luego se convierte en un Comercio sin Paredes. Cada tienda se presenta como una SBU autosuficiente con su propia identidad, marcas registradas, materiales de capacitación y apoyo para el marketing, dentro de Market America.

Bajo el formato de proceso de corretaje de productos y el comercio sin paredes, la compañía puede ir y venir, adaptándose rápidamente a los cambiantes mercados del consumidor y de la tecnología. Además, puede operar sin los altos costos fijos de compra-venta minorista de propiedades y sin gastos de mantenimiento de existencias.

El actual Comercio sin Paredes de Market America incluye estos importantes negocios, a modo de ilustración, con una amplia gama de productos:

El Negocio del Éxito
Flores
Productos para Gourmets
Fotografía

Medio Ambiente
Biotecnología
Automotores
Joyería
Perfumes
Seguridad
Internet y Comunicaciones
Cuidado del Hogar
Salud y Nutrición
Cosméticos preparados a pedido
Cuidado Personal

Comercio sin Paredes agregó varios productos nuevos en 1999, incluso VitaShield OPC-3 Triple Serum, Cafés Gourmet, Sistemas Avanzados de Seguridad y una Colección de Joyas de Plata.

La organización de ventas de network marketing y el plan de compensación de marketing binario

La organización de ventas está construida en torno al modelo de negocio de network marketing, con distribuidores que venden productos persona a persona por comunicación oral, y que a la vez captan y capacitan a otros asociados para que utilicen y vendan dichos productos en el canal del network marketing.

> **B**ajo el formato de proceso de corretaje de productos y el Comercio sin Paredes, la compañia puede ir y venir, adaptándose rápidamente a los cambiantes mercados del consumidor y de la tecnología.

Según se informa, el plan de compensación de marketing binario que emplea Market America fue creación del fundador de la compañía, James Ridinger. La empresa reporta que el plan tiene varias "características únicas" diseñadas particularmente para el formato de negocio de Market America.

Al vender en el Comercio sin Paredes de Market America, los distribuidores independientes pueden especializarse exclusivamente en una o varias de las tiendas elegidas por ellos para maximizar sus ganancias por comisión. El concepto de venta se parece a ser representante de un fabricante, pero el distribuidor opera bajo una compañía, Market America, y bajo un plan de compensación de marketing binario.

Marketing personalizado y adaptación masiva al cliente

Para el comprador de esta década privado de tiempo, Market America ha establecido Centros de Desarrollo de Negocio sin Franquicia, manejados por distribuidores independientes. Estos centros representan una estrategia comercial potencialmente poderosa, que puede resultar útil para maximizar la satisfacción del cliente y provocar más ventas minoristas.

Dentro de este modelo, los distribuidores identifican diez o más de sus mejores clientes para que participen en el Programa Cliente Preferencial. El gerente de clientes del distribuidor analiza el comportamiento de compra de cada cliente preferencial, sus preferencias de estilo, el uso de las distintas categorías de producto y otros aspectos, y efectúa formalmente un archivo de información.

Market America organiza los datos individuales de cada cliente, los analiza y luego puede producir exactamente lo que los clientes quieren, para cada grupo de clientes preferenciales de cada gerente de clientes, y para cliente individual. La compañía denomina a esta estrategia "adaptación masiva al cliente".

Medición de desempeño

El desempeño financiero y de ventas de Market America refleja un crecimiento y una rentabilidad muy fuertes. En 1.999 las ventas llegaron a 110,2 millones de dólares, un incremento del 26 por ciento por sobre 1.998. Los dividendos por acción subieron 31,5 por ciento con respecto al año anterior. Las ventas hasta el año 2.000 estaban subiendo aproximadamente un 20 por ciento comparado con 1.999, con niveles similares de ganancias. La empresa tiene aproximadamente ochenta mil distribuidores activos, y mantiene un nivel de retención de asociados superior a los promedios de la industria.

MELALEUCA INC.

Melaleuca fue fundada en 1.985 con tan sólo siete empleados. Guiada por Frank L. VanderSloot, presidente y CEO, esta empresa de Idaho Falls tiene ahora más de 1.300 empleados y ganancias anuales que exceden los 300 millones. En sólo quince años, su crecimiento le ha otorgado un lugar en el listado de la revista Inc., que enumera a las 500 empresas de más rápido crecimiento por cinco años consecutivos.

La compañía toma su nombre del Melaleuca alternifolia, un árbol que produce un aceite antiséptico natural. Esta sustancia se usa en muchos productos de empresas de cuidado de la salud, farmacéuticas, cuidado personal y de higiene del hogar.

Con todo, Melaleuca comercializa más de cien productos exclusivos preparados para uso diario personal y del hogar, con énfasis en ingredientes puros y naturales que favorecen tanto a la salud humana como al espacio ambiental. La compañía invierte en investigación y cuenta con instalaciones de fabricación y distribución de última generación en Idaho Falls y en Knoxville, Tennessee, desde donde maneja alrededor de ochenta mil pedidos por día. Este enfoque en producto, investigación y tecnología —junto con una sólida gestión financiera— hace de esta empresa una buena plataforma para sus decenas de miles de profesionales de red, a los que denomina ejecutivos de marketing.

Morinda Inc.

En 1.993, Stephen Story y John Wadsworth, "científicos del alimento", con estudios en ciencias de la alimentación y nutrición realizados en la universidad Brigham Young, conocieron el fruto de la planta Morinda citrifolio de la Polinesia francesa. La fruta noni de la planta produce un jugo que los polinesios usan desde hace dos mil años por sus beneficios para la salud. En los dos años siguientes, los fundadores desarrollaron un proceso de cosecha, procesamiento y preparación de un jugo de esa planta, para llevarlo al mercado en su forma natural y tradicional, y le pusieron de nombre Tahitian Noni. En 1.996, Kerry Asay, ex CEO y presidente del directorio de Natures´s Sunshine Products en las décadas de 1.970 y 1.980 (compañía de network marketing especializada en suplementos vitamínicos de la que se habla en la próxima sección), reconoció el potencial de Tahitian Noni. Asay incorporó un equipo de ejecutivos de network marketing al emprendimiento Morinda, con el fin de lanzar la comercialización del producto por medio del network marketing como canal de distribución. La misión de Morinda Inc. es crear nuevas categorías de productos y ser el líder mundial indiscutible del producto noni. En su primer mes de operación, julio de 1.996, Morinda informó que sus ventas alcanzaron los 40.000 dólares. En 1.999, las ventas de Morinda fueron de 289 millones, con un promedio de 24 millones por mes, logradas por cuatrocientos mil distribuidores. Desde 1.996 a 1.999, el plan de marketing progresivo de Morinda ha pagado más de 255 millones de dólares en comisiones. La empresa estimaba que en el año 2.000 las ventas habrían alcanzado los 350 millones de dólares con medio millón de distribuidores. Morinda afirma que fue la primera compañía en incorporar el jugo de noni en el mercado con un sistema patentado de preparación. Su marca Tahitian Noni Juice domina su mercado con:

> La fruta noni de la planta produce un jugo que los polinesios usan desde hace dos mil años por sus beneficios para la salud.

- 95 por ciento de participación en el mercado.

- Un millón de litros de jugo consumido por mes en todo el mundo.

- Uso y respaldo de atletas profesionales y olímpicos en todo el mundo.

- Operaciones globales oficiales en más de veinte países de América del Norte, Central y del Sur, Caribe, Asia y el Cinturón del Pacífico con planes de mayor expansión internacional.

Basándose en las operaciones internacionales de Morinda, cualquier distribuidor independiente puede establecer su negocio en cualquier país del mundo en el que Morinda opera oficialmente. Las reglas y reglamentaciones corporativas son las mismas en todos los países: en aquellos países en los que la empresa no ha establecido operaciones completas, ha contratado a Tropical Express Company, una organización internacional de distribución, para que provea los productos y servicios limitados Tahitian Noni para uso personal solamente. En la actualidad, Tropical Express representa a Morinda en otros veinte países.

NATURE'S SUNSHINE PRODUCTS

La evolución de Nature's Sunshine Products refleja los desafíos que las nuevas compañías familiares enfrentan en la industria del network marketing. La empresa fue creada por Gene y Kristine Hughes en la mesa de su cocina en 1.972, con el nombre de Hughes Development Company. Siguiendo el concepto del negocio, este matrimonio formuló su primer producto y alquiló, por 80 dólares al mes, una máquina para rellenar cápsulas para comenzar la producción manual de cápsulas herbales de vitamina. Las primeras ventas fueron directamente a locales de venta de vitaminas. Luego se creó una marca y las ventas fueron expandidas a un mayor grupo de minoristas.

En 1.974, se agregó un plan de compensación multinivel como alternativa para los distribuidores. En 1.975, las ventas habían superado el millón y medio de dólares. La compañía ofreció sus acciones al público. En 1.976 se inició la construcción de una fábrica de tres mil metros cuadrados. El nuevo negocio estaba en la cabecera de pista preparándose para despegar, esperando lograr con suerte una buena altura, que podría llegar a ser un vuelo intercontinental.

En 1.979, las ventas anuales habían alcanzado los 10 millones. El nombre de la empresa se cambió por Nature's Sunshine Products en 1.981. Esto fue seguido por una ola de expansión fabril. En 1.992, la compañía alcanzó el mágico umbral de los cien millones en ventas anuales. La revista Forbes la ubicó en el puesto número cuarenta y cuatro de su lista de las 200 mejores compañías pequeñas.

En 1.999, sus ganancias por ventas totalizaron los 289,2 millones, un descenso de aproximadamente 2 por ciento; esto fue debido a: una baja del 22 por ciento en el número de distribuidores independientes (cantidad que cayó a 530.000 personas), un incremento de la competencia doméstica, y la devaluación de monedas extranjeras en la mayoría de los mercados internacionales en los que operaba. Si se elimina el impacto negativo de la devaluación de monedas extranjeras, los ingresos por ventas hubieran aumentado un 3 por ciento.

Nature's Sunshine se ha ubicado como líder de la industria, produciendo más de quinientos de los suplementos naturales herbales y vitaminas de más alta calidad disponibles en el mundo. La firma fue pionera en el encapsulamiento de productos herbales, y promovió de manera agresiva la virtud de esos suplementos mucho antes de que el concepto fuera totalmente aceptado. La empresa afirma que sus productos "ofrecen constantemente la potencia más alta y brindan, gramo a gramo, el mayor contenido de hierbas de cualquier producto del mercado." La red de distribuidores y gerentes de Nature's Sunshine utilizan los productos y son "especialistas en hierbas", "dedicados a aprender y mantenerse actualizados sobre los productos más nuevos y las últimas novedades del campo." Internamente, la empresa cuenta con un equipo de especialistas en tecnología de hierbas y en farmacognosia.

Actualmente, las ventas de la compañía se dividen en cinco grupos de productos: hierbas, 65 por ciento; vitaminas, 26 por ciento; productos de cuidado personal, 3 por ciento; homeopáticos, 1 por ciento; otros, 5 por ciento.

Con el interés puesto en la primera década del nuevo siglo, Nature's Sunshine se concentrará en reforzar el crecimiento de las ventas por medio de varias iniciativas primarias. El equipo de investigación y desarrollo explorará nuevos productos como el nuevo CleanStart, una fórmula de limpieza de colon recién presentada. Ya se ha lanzado una importante expansión de la capacidad de fabricación para respaldar el crecimiento de las ventas domésticas e internacionales. El Programa SmartStart se ha diseñado para acelerar nuevas incorporaciones de distribuidores.

En el año 2000, Nature's Sunshine Products comenzaba a enfocarse en el desarrollo de una mayor presencia internacional. En la actualidad, las ventas internacionales representan más de 105 millones de dólares, aproximadamente 37 por ciento de los ingresos por ventas consolidados. Más del cincuenta por ciento de los distribuidores de la compañía pertenece a mercados internacionales. En particular, la compañía espera continuidad en su sólido desempeño en Corea del Sur, en base a un aumento del 350 por ciento en las ventas de 1.999, con respecto a 1.998. Al inicio del milenio, Nature´s Sunshine relanzó sus operaciones en Japón con un nuevo equipo de gestión. También planeaba comenzar a operar en Israel.

La compañía funciona en varios mercados claves, como Estados Unidos, Brasil, Japón, México, Corea del Sur, Venezuela, Canadá, Colombia, Rusia y las ex-Repúblicas Soviéticas, Reino Unido, Argentina, Perú, El Salvador, Ecuador, Honduras, Guatemala, Costa Rica, Panamá, Chile y Nicaragua. También tiene contratos exclusivos de distribución con compañías seleccionadas de Australia, Malasia, Nueva Zelanda y Noruega.

NEW VISION

Como empresa relativamente nueva, New Vision ha puesto el énfasis desde el principio en automatización e informática, lo que la convierte en una de las más modernas y fáciles de usar de la industria.

New Vision fue creada en 1.995 por Lynne, Karen, BK y Jason Boreyko, que en conjunto aportaron al emprendimiento veintisiete años de experiencia en network marketing. En tan sólo cinco años la compañía oriunda de Tempe, Arizona, ha acumulado 600 millones en ventas anuales en Estados Unidos, Canadá, Australia y Japón.

La línea de productos de New Vision incluye tratamientos de salud naturales y suplementos nutricionales. Realiza investigaciones exhaustivas, mantiene estrictos controles de calidad y ha formado alianzas estratégicas con fabricantes para ampliar el espectro de ofertas. Como empresa relativamente nueva, ha puesto desde un comienzo, el énfasis en automatización e informática, lo que convierte a su oportunidad comercial hogareña en una de las más modernas y fáciles de usar en su género.

La prensa especializada de la industria ha tomado nota de la espectacular sensación que causó desde el momento en que abrió sus puertas. No existen muchos negocios que alcancen los 600 millones en ventas en sólo cinco años. Este lo ha logrado, y atrae a muchos Nuevos Profesionales sorprendidos por la juventud y el dinamismo de los líderes de la empresa.

NOEVIR

Las raíces de Noevir están en Japón, donde se creó en 1.978, y comenzó sus operaciones de fabricación con dicha marca. Hoy en día, esta compañía de cosméticos, cuidado de la piel y suplementos nutricionales, ilustra un desarrollo central en la globalización del network marketing —en particular, una explosión de negocios internacionales centrados en la relación económica Estados Unidos- Japón.

Aunque las industrias tradicionales de ambos países, como automóviles, acero y electrónicos, continúan con su competencia rencorosa en el mercado y en el campo de políticas de comercio, las empresas de network marketing con sede en Estados Unidos y en Japón han hecho impresionantes incursiones mutuas en ambos mercados. Además, al ser sus conductores estadounidenses de origen japonés, las compañías a ambos lados del Pacífico están cada vez más unidas en variadas relaciones comerciales y en estrategias de crecimiento beneficiosas para ambos.

Tal como se destacó en el capítulo 4, Japón lidera el mundo en venta directa: Estados Unidos lidera en cantidad de distribuidores. Compañías estadounidenses como Amway, Herbalife y otras dependen de Japón para obtener sustanciales partes de sus ingresos globales totales, así como distribuidores. Lo inverso es cierto para empresas japonesas como Noevir y Nikken, que se expanden a otros mercados internacionales, Estados Unidos inclusive. Shaklee, por ejemplo, fue adquirida por Yamanouchi Pharmaceutical Company, Ltd., una corporación japonesa líder.

Además, parecería que el desempeño total de las dos economías más grandes del mundo tiende a funcionar de manera contra-cíclica. Durante gran parte de la era posterior a la Segunda Guerra Mundial, cuando la economía estadounidense era fuerte, la japonesa estaba débil y viceversa. Dado que la captación de asociados en el network marketing aumenta en los malos momentos económicos (cuando más personas buscan fuentes alternativas de ingresos), las compañías con fuerte presencia en ambos países descubren de esa manera que el deficiente desempeño en un país puede compensarse con la fortaleza en el otro.

Al mismo tiempo, las fuertes similitudes y diferencias sociales también hacen prosperar las relaciones bilaterales. Ambos mercados son ricos pero enfrentan cambios profundos debido a movimientos demográficos, particularmente en lo concerniente al envejecimiento de la población y a la reducción del número de empleados tradicionales. Cada país trae además algo único al network marketing: Estados Unidos aporta su tradición de empresariado individual, que hasta hace poco no se practicaba en Japón en forma amplia; Japón aporta el enfoque asiático en networking, y una afición de siglos por productos y remedios naturales —productos que conforman la médula espinal de las ofertas de muchas empresas de network marketing.

Por lo tanto, los Nuevos Profesionales con objetivos comerciales ambiciosos quizás quieran hacer esta pregunta: "¿La compañía a la que estoy considerando asociarme, está aprovechando a fondo la relación bilateral de venta directa más importante del mundo?" En el caso de Noevir, afirman que sus ventas totales mundiales se acercan a los mil millones de dólares, con un millón de distribuidores. Ha tenido un crecimiento constante, y por momentos espectacular.

La sede de Noevir en Irvine, California, le da una fuerte presencia en el país para respaldar a los distribuidores locales en su capacitación, captación y esfuerzos de ventas.

NUTRITION FOR LIFE INTERNATIONAL

Esta empresa de salud y nutrición con sede en Houston, fue creada en 1.984 por un equipo de tres personas con capacidades complementarias y visiones similares: David Bertrand, presidente, que ha guiado la dirección estratégica de la empresa; Jana Mitcham, vicepresidente, pionero de la empresa en cuanto a productos, y el distribuidor fundador Tom "Big Al" Schreiter, impulsor del network marketing.

La empresa se concentra en desarrollar su "Ciclo de Vida". Este Ciclo de Vida crea un camino identificable para alcanzar un estilo de vida saludable que produzca un desempeño físico y mental óptimo para la persona y su familia. La gama de productos incluye más de cuatrocientos ítems, que van desde filtros de aire y agua y sistemas de purificación; comida sana y para control de peso; suplementos vitamínicos, minerales y herbales; cuidado del cabello y de la piel; concentrados para limpieza y desinfectantes, hasta programas educacionales o de auto-desarrollo. La empresa tuvo ventas por más de 67 millones de dólares en 1.999, en una organización de aproximadamente cien mil distribuidores. Pertenece a

> Nutrition for Life enfatiza un panorama de negocios a largo plazo antes que una llamarada pasajera.

las Asociaciones de Venta Directa de Estados Unidos y Canadá. Tiene presencia internacional fuerte y en crecimiento, con operaciones en Estados Unidos, Canadá, Reino Unido, Irlanda, Países Bajos, Filipinas, Guam y Puerto Rico. Nutrition for Life también se arrojó de cabeza a la revolución del comercio electrónico, con la puesta a disposición de trescientos productos únicos para compradores por Internet. En su reciente libro *Making a Difference* (Haciendo una Diferencia) el fundador de la empresa, Bertrand, explicó:

Cuando usted inicia su propio negocio de network marketing, deja de lado el paradigma del negocio tradicional. Cuando se deja atrás ese mundo, debe dejar atrás también sus formas de pensamiento. El éxito en el network marketing suele estar directamente relacionado con lo bien que se haga esa transición. No siempre es fácil —al fin y al cabo, usted está aprendiendo un nuevo enfoque comercial... Se han usado tantas analogías para explicar el network marketing que no me animaría a usar otra más en este momento. Basta decir que su negocio de network marketing se parece mucho a una franquicia de bajo riesgo. Combina la libertad de ser un emprendedor con la seguridad que brinda un concepto bien probado. Durante las últimas dos décadas, el network marketing se ha convertido en una alternativa popular para personas que quieren ser dueñas de su propio negocio sin ponerse a merced de un emprendimiento nuevo, con alto riesgo.

ORIFLAME

Esta compañía de cosméticos naturales se fundó en Suecia en 1.967 por Robert y Jonas af Jochnick. En la actualidad, casi ochocientos mil distribuidores independientes que suman ventas anuales por 468 millones de dólares, venden sus productos en más de sesenta países. Capitalizando la fascinación que causa el estilo de vida y el aspecto nórdico, la empresa ha desafiado sorpresivamente a las empresas más importantes como Avon y Nu Skin. Actualmente, Oriflame tiene en sus planes lograr un perfil más alto mediante una campaña de publicidad global y el ingreso de una nueva vocera, la actriz y modelo internacional Izabella Scorupco. A pesar de su crecimiento y planes ambiciosos, la compañía sigue enfocada en los emprendimientos con base en los hogares respaldados por una pequeña jerarquía corporativa.

OXYFRESH WORLWIDE, INC.

Oxyfresh Worldwide Inc de Spokane, Washington, se fundó en 1984 y es una empresa privada con 200 empleados y líderes de ventas. Sus exclusivas líneas de productos incluyen cuidado de la salud oral, cuidado de cabello y piel, pérdida de peso, suplementos nutricionales, sistemas de purificación de aire y cuidado de mascotas. Oxyfresh opera en Estados Unidos y Canadá bajo un plan de expansión agresivo impulsado con fervor por su presidente y CEO, Richard B. Brooke. La compañía es miembro de la DSA, por lo tanto firmante del código de ética de la industria. Al igual que otras empresas de network marketing, Oxyfresh se inclina por la tendencia hacia productos de cuidado personal y nutricionales de origen natural, y el deseo que esto conlleva, de llevar a cabo una vida más limpia y sana. Pero resulta particularmente digno de mencionar uno de sus productos propios, la unidad Oxyfresh Air. Cuanto más aprendemos sobre contaminación interior del aire, más nos damos cuenta que algunos de los peligros restantes más grandes para la salud en el ambiente, ocurren en el hogar y lugar de trabajo, debido a mala ventilación, materiales de construcción, productos domésticos, y gérmenes diseminados por personas y mascotas. Con el marketing apropiado, esta compañía, que ya lleva dieciséis años dando pruebas de su valor, bien podría liderar la ola de preocupación y acción sobre este problema. La línea de productos de Oxyfresh, sus entusiastas líderes y distribuidores, y su respaldo a la capacitación, la ubican en nuestra lista de estrellas en ascenso que comienzan a destacarse.

PRE-PAID LEGAL SERVICES, INC.

La misión de Pre-Paid Legal Services es que, para el estadounidense común, la ley funcione como se supone que debe ser, y ofrecer a los aspirantes a empresarios una oportunidad comercial de bajo costo en persecución de esa misión. La compañía desarrolla, subscribe y comercia planes de servicios legales en Estados Unidos y dos provincias canadienses. Estos planes proporcionan beneficios que incluyen consultas ilimitadas a abogados, preparación de testamentos, defensa de multas de tránsito, defensa de acusaciones relacionadas con automóviles, escritura de cartas-documento, preparación y revisión de documentos y beneficio general en defensa de juicios.

El costo del plan básico es solamente de 14,95 dólares por mes; por ese precio una familia promedio de clase media tiene acceso a los abogados más importantes del país. En la actualidad la compañía tiene más de setecientos mil clientes. Aproximadamente 185.000 distribuidores venden los productos. Pre-Paid Legal cotiza en la Bolsa de Valores de Nueva York. Es una compañía:

- cuyas ganancias han crecido de 60 millones de dólares en 1.996 a 160 millones en 1998.

- cuyas ventas aumentaron 51 por ciento en cinco años, y cuyas ganancias por acción subieron el 175 por ciento en el mismo período.

- que ha tenido veinticinco trimestres con crecimiento de ganancias e ingresos.

- sin deuda a largo plazo y con un equilibrio de efectivo e inversiones de 42,5 millones de dólares

- que ha sido denominada como la trigésima tercera compañía de más rápido crecimiento en la Bolsa de Valores de Nueva York

- que ocupó el puesto número trece en la lista de la revista Forbes de las 200 mejores compañías pequeñas de Estados Unidos —ha ingresado por cuarto año consecutivo en un exclusivo club que aplica un conjunto muy difícil de estándares financieros de desempeño.

El fundador de la empresa, Harland Stonecipher, la llama una historia de éxito de treinta años —de la noche a la mañana. Stonecipher, hijo de aparceros pobres de Oklahoma, es claramente un hombre con una misión.

"El sistema judicial estadounidense está roto y necesita ser reparado. La profesión legal en Estados Unidos se ridiculiza y se denigra —y necesita ser revitalizada. La actividad empresarial se ha convertido en algo demasiado caro —y necesita ser puesta de nuevo en manos de personas comunes.

Casi no pasa un día en el que no escuchemos sobre un supuesto error judicial: policías maleantes que abusan de sospechosos; oficinas de cumplimiento de la ley que emplean excusas racistas para determinar a quién detener en una autopista; jurados regidos por emociones antes que por hechos, manipulados por psicólogos contratados para liberar al culpable y condenar al inocente.

El sistema legal actual no es muy distinto de cómo encontró Ray Kroc, fundador de McDonald's, el negocio de hamburguesas en 1.955. Tenemos muchos abogados. Están en todos lados. Necesitamos mucho sus servicios —recuerden que más del 50 por ciento de nosotros estamos involucrados en alguna situación legal ahora mismo.

Sin embargo, para la mayoría de los estadounidenses, la calidad es cuestionable, el servicio es malo, la coherencia desigual, el precio exorbitante, y el acceso fuera del alcance. El ejemplo de McDonald's ilumina la verdadera naturaleza de nuestro problema y nos señala una respuesta. No es cuestión de tener suficientes leyes en los libros, suficientes abogados o suficiente necesidad de consejo y representación legal. Se trata de cómo hacer llegar los servicios a la amplia mayoría de personas que no conocen el sistema o que no saben adónde dirigirse.

Allí es donde entra en juego nuestro concepto de prepaga legal. Es simple. Lo que hacemos es reunir a un grupo de clientes y cobrarles a cada uno una pequeña tarifa mensual, a cambio de la cual les prometemos un grupo específico de servicios.

> **P**re-Paid Legal Services es un ejemplo de compañía de network marketing que literalmente ha inventado la industria de un nuevo servicio en Estados Unidos.

Luego reunimos el dinero que nos pagan y lo usamos para retener a los mejores estudios de abogados del país con el objeto de brindar a nuestros clientes tales servicios.

Por lo tanto, cada miembro recibe asistencia de un prestigioso estudio jurídico a un costo mucho más bajo del que podría pagar por su cuenta. Los estudios que probablemente no prestarían atención a nuestros miembros si ellos llamaran por su cuenta, les prestan mucha atención porque esos estudios deben responder ante nosotros —Pre-Paid Legal Services, Inc.— porque somos uno de sus clientes más importantes (si no los más importantes)."

Pre-Paid Legal Services es un ejemplo de compañía de network marketing que literalmente ha inventado la industria de un nuevo servicio en Estados Unidos. Analistas pertenecientes o no al mundo del network marketing, ven un fuerte potencial de crecimiento para esta compañía debido a su producto único en un mercado de gran potencial, sin explotar.

PRINCESS HOUSE

Princess House fue organizada en 1.963 por Charles Collis, con el objeto de comercializar productos de cristal, accesorios para la decoración del hogar y objetos coleccionables. La compañía se organizó basada en venta minorista en reuniones domiciliarias, e incluye un plan de compensación de seis niveles para quienes desarrollaran organizaciones de ventas. Collis hizo crecer a la empresa hasta que llegó a tener ventas anuales por entre 100 y 125 millones de dólares en el período 1.963-1.977.

En 1.977 Colgate Palmolive, líder en productos para el consumidor, adquirió Princess House para explorar su canal de network marketing. Los defensores de esta industria destacaron esta adquisición de la prestigiosa organización Colgate Palmolive como ejemplo de diversificación de las corporaciones estadounidenses importantes hacia el network marketing, y como hito en la afirmación de la credibilidad de esta actividad comercial.

Colgate Palmolive hizo que el negocio Princess House creciera con éxito hasta alcanzar aproximadamente los 200 millones de dólares anuales y luego las ventas comenzaron a disminuir y se "estancaron" en 80 millones a principios de la década de 1.990. En respuesta a la baja repentina de ventas, Colgate Palmolive comenzó a explorar estrategias de salida. Finalmente, en 1.994 James Northrop y un grupo de inversión, South Street Capital, adquirieron Princess House.

El nuevo equipo de gestión lanzó un proceso de reingeniería para analizar la operación comercial de mediados de la década de 1.990. Finalmente, se diseñó el boceto de una estrategia que le diera un giro y la reposicionara. El nuevo modelo comercial transformaba a la tradicional "dama del cristal" de enfoque restringido, ampliándola a "consultora de calidad de vida" enfocada en accesorios para el hogar con productos para realzarlo. La empresa expandió su línea de productos e incorporó elementos decorativos, regalos, objetos coleccionables, productos informales, entretenimientos para el hogar y enseres para cocinar, servir y guardar.

Elizabeth DiPaolo, vicepresidenta de marketing, está organizando una estrategia amplia de posicionamiento en el mercado para implementar la nueva dirección corporativa. Se ha identificado a las exitosas consultoras de calidad de vida y se las ha organizado como grupo experimental de marketing, "Modelos de Éxito" para que contribuyan con el diseño e implementación de la estrategia.

Se están realizando análisis estadísticos e investigaciones de marketing sobre ciertos grupos para perfeccionar las tácticas del programa de comercialización. También se están desarrollando y probando programas de entrenamiento para capacitar a las nuevas consultoras en "cómo hacerlo". La importante convención de Princess House llevada a cabo en agosto del 2.000 en Nueva Orleáns, fue enfocada en la nueva estrategia.

Tim Brown, vicepresidente de ventas, es el responsable de la implementación de campos de ventas y gerenciamiento del equipo de comercialización de la estrategia, junto con el equipo de planificación de marketing que la diseñó. Brown informa que desde el cambio de dirección de 1.994, Princess House ha dado un giro, ya que en 1.999, trepó a 160 millones de dólares en ventas minoristas, a través de la tarea de catorce mil consultoras de calidad de vida independientes.

RELIV INTERNATIONAL

Reliv International, fundada en 1.988 por Robert Montgomery en la zona de St. Louis, es una empresa de network marketing que fabrica y vende suplementos nutricionales, productos para controlar el peso, y bebidas y alimentos para deportistas.

Inicialmente, la empresa se dedicó a la tecnología de la soja como pilar de su línea de productos. En los últimos años, se expandió a la próspera categoría de "alimentos funcionales", rubro que mueve 80.000 millones de dólares. Montgomery, presidente y CEO de Reliv, define a los "alimentos funcionales" como "una parte emergente de la ciencia nutricional compuesta por productos alimenticios diseñados para influir en funciones específicas del cuerpo." La revista Food Technology informa que la comida funcional es la tendencia líder en productos de tecnología alimentaria.

En 1.999 Reliv obtuvo un crecimiento de ingresos récord, por tercer año consecutivo. Sus ventas netas aumentaron a 68 millones, 31 por ciento de incremento con respecto a 1.998. Sin embargo, el crecimiento no fue lucrativo. La empresa perdió 1,4 millones de dólares en el año del récord de ventas, 1.999.

> Reliv informa que comercializará de manera agresiva sus propios productos ricos en soja, a la ves que acelerará los esfuerzos de investigación y desarrollo de productos nuevos que la contengan.

La compañía informó que las pérdidas de 1.999 surgieron principalmente de los bajos márgenes por operaciones de fabricación por contrato. En el período 1.997-1.998, la compañía implementó un nuevo sistema de 8.000 metros cuadrados de capacidad fabril en línea, para respaldar a largo plazo las necesidades de crecimiento interno. Para usar esa capacidad agregada de manera más eficiente, y absorber a corto plazo los costos fijos relacionados, la compañía se abocó con intensidad a la persecución de la fabricación por contrato, dentro la industria de la alimentación.

Tal como afirma Montgomery "la fabricación por contrato probó su validez como generador de ingresos pero, lamentablemente, no como generador de ganancias."

La experiencia de Reliv resumió un axioma de la industria del network marketing: algunas compañías pueden manejar de manera exitosa operaciones de fabricación por contrato y al mismo tiempo crecimiento agresivo de network marketing. Otras no pueden. Reliv no lo hizo.

Mirando hacia los primeros años de este nuevo siglo, Montgomery enfatizó que Reliv centrará su estrategia comercial en una fórmula que funciona sobre la base de los siguientes elementos:

• Experiencia en tecnología de alimentos

Reliv ha sido pionera en el desarrollo de productos con proteína de soja. En 1999, la Administración Estadounidense de Alimentos y Medicamentos (en inglés, FDA), aprobó la legislación que permite a los alimentos "que tengan al menos 6,25 gramos de proteína de soja llevar etiquetas que informen que la proteína de soja puede reducir el riesgo de enfermedades coronarias al bajar los niveles de colesterol." Reliv informa que comercializará de manera agresiva sus propios productos ricos en soja, a la vez que acelerará los esfuerzos de investigación y desarrollo de productos nuevos que la contengan, dentro de su programa de desarrollo de productos "Reliv 2.000".

• La red de distribuidores Reliv

Reliv pondrá especial énfasis en el respaldo a los nuevos programas de ventas y compensación para los treinta y siete mil miembros de su organización de distribuidores. En 1.999, Reliv presentó un sistema interactivo de Internet para proveer una amplia gama de instalaciones de comercio electrónico para sus distribuidores, eventualmente a escala mundial. El sistema de Internet incluirá un completo catálogo de productos, ingreso de pedidos on-line, rastreo de entrega de pedidos, auspicio on-line de nuevos distribuidores, información sobre la genealogía del distribuidor y volúmenes de venta, comunicaciones por correo electrónico con distribuidores, sitios Web personalizados para cada asociado, enlace con sitios Web corporativos y oportunidades de comercio electrónico, y más.

• Crecimiento internacional

En 1.999, Reliv se expandió internacionalmente a México y, en el primer trimestre del 2.000, a Colombia. Montgomery informa que la empresa tiene oportunidades de ingresar a Europa, Asia, América Latina y "se encuentra desarrollando iniciativas específicas" para capitalizar esos mercados.

Reliv es una compañía cuyos gerentes aseguran que "está enfocada en nuestro negocio central de network marketing... en el mercado de la tecnología de alimentación... nos hallamos enfocados, con energía y posicionados para crecer."

RENAISSANCE, THE TAX PEOPLE, INC.

Renaissance Inc. fue creada en 1.995 por Mike Cooper y John Meadows como compañía nueva de network marketing. El modelo comercial original se organizó sobre un programa de membresía del Club de Compras Renaissance, manejado con las pautas del network marketing.

La misión inicial de Renaissance era identificar una amplia cartera de productos a incluir, con especial énfasis en categorías de productos de alto precio y con mucho margen (joyas finas, equipos de golf, caza, pesca y camping, etc.), establecer fuentes de suministro y ofrecer esos productos de marca a márgenes con descuento pero rentables, por medio de distribuidores de network marketing. El negocio fue presentado, atrayendo aproximadamente a veintiséis mil distribuidores en 1.997.

Como servicio adicional potencial para su organización de asociados independientes de marketing (en inglés, IMA), Cooper investigó cómo podían sus IMAs documentar los gastos asociados con los negocios hogareños de network marketing, y usarlos como deducción legítima del impuesto a las ganancias. En dicho análisis, reconoció los enormes ahorros potenciales en impuestos, y la necesidad de un procedimiento de sistema de contabilidad impositiva simplificado diseñado para cada operador de negocio hogareño.

¡Así nació un nuevo concepto de negocio! Cooper informa: "decidimos expandirnos para incluir una división de servicios impositivos llamada Advanced Internacional Marketing (AIM, Marketing Avanzado Internacional), que luego evolucionó a The Tax People (TTP, la Gente de los Impuestos)".

Renaissance, The Tax People (TTP), fue organizada en noviembre de 1997 para ofrecer experiencia impositiva y servicios de protección de auditoría, a través del canal del network marketing. El modelo de negocio de TTP se enfoca en los 120 millones de contribuyentes estadounidenses. Los impuestos representan el gasto básico más importante del consumidor promedio — que se estima en 35 por ciento del ingreso familiar bruto. Los analistas impositivos calculan que el contribuyente estadounidense promedio trabaja cuatro o cinco meses para el "sistema" hasta alcanzar su propio "Día de Libertad Impositiva", para así poder cumplir con las cargas impositivas federales, estatales y locales, antes de ganar un centavo para sí mismos. (N. de T.: Se supone que hasta ese día el dinero que la persona generó con su trabajo sólo sirvió para pagar sus impuestos anuales; a partir de ese día, sus ingresos son ganancia personal; esta estadística pertenece a ciertas organizaciones estadounidenses.) La Fundación Unión Nacional de Contribuyentes (National Taxpayers Union Foundation), usando sus modelos tributarios, estima que los contribuyentes estadounidenses en el año 2.000 alcanzaron el Día de Libertad Impositiva el 3 de mayo.

TTP sostiene que muchas familias se hallan luchando financieramente porque no comprenden el sistema impositivo y pagan de más. Jeff Schnepper, experto en impuestos y autor del libro Cómo pagar cero impuestos (How to pay zero taxes), escribió:

> "El código impositivo es extremadamente complicado y cambia todos los años... Antes de los cambios de 1.998, tenía 9.471 páginas con 1.300.000 palabras. Las reglamentaciones de impuestos de 1997, necesarias para interpretar el código, constan de 91.824 páginas y 5.750.000 palabras. Es decir, un total de 101.295 páginas y 7.050.000 palabras... Para completar el formulario impositivo 1040EZ de 1.998, el IRS (Organismo impositivo) nos envía 31 páginas de instrucciones impresas —y ese es el formulario sencillo... La cantidad de papeleo es asombrosa."

Dentro de este laberinto de información ingresó TTP. El programa TTP brinda tanto experiencia impositiva como un sistema de contabilidad formal de impuestos, y el formato para un negocio hogareño de network marketing, con sus deducciones impositivas asociadas. Los servicios de TTP incluyen lo siguiente:

- Tax Relief System, (en inglés TRS - Sistema de Alivio Impositivo) —un manual de instrucciones detallado que delinea estrategias impositivas y un sistema de documentación de gastos para recolectar y analizar información impositiva relevante. El TRS fue escrito por experimentados consultores de impuestos y ex agentes impositivos gubernamentales, sobre la base de las reglamentaciones del Código de Impuestos de los Estados Unidos, regulaciones sobre ganancias del IRS, e imposiciones y reglas de juzgados de distrito.

- The Tax Dream Team (Equipo Impositivo Soñado) —un equipo de expertos impositivos y ex agentes del IRS, que trabajan directamente con miembros de TTP en la organización de sus datos e informes impositivos.

- Affiliated Tax Professional Network (en inglés ATPN – Red de Profesionales Impositivos Asociados) —una red de más de novecientos profesionales locales impositivos que están afiliados a TTP para respaldar a los miembros de TTP como parte de los beneficios de su membresía.

- Protección de auditoría por el Equipo Impositivo Soñado y ATPN, de la forma que fuera necesaria si al tratar con el IRS se presentaran desafíos para resolver.

- Un negocio hogareño de network marketing para comercializar el programa TTP a otros posibles asociados, amigos o familiares.

Además, TTP "garantiza por escrito que siguiendo su simple plan de negocio les brindará al menos 5.000 dólares en deducciones impositivas legales adicionales o TTP reintegrará las tarifas pagadas por servicios."

El crecimiento de la cantidad de miembros ha sido impresionante. Luego del inicio formal en 1.997 y la presentación en 1.998, TTP recibió a 4.648 nuevos IMAs. En 1.999, más de veintidós mil nuevos miembros se unieron. Menos de 7 por ciento de los clientes cancelan dentro de los treinta días de compra. De todos los IMAs que se asocian, el 88 por ciento permanece activo durante más de seis meses. TTP afirma que su "tasa de retención es diez veces la del promedio de la industria del MLM."

Todd Strand, vicepresidente de ventas, informa que las ventas totalizaron 1,2 millones de dólares en 1.997, 5,3 millones en 1.998 y 23,6 millones en 1.999. Las ventas actuales alcanzan aproximadamente 6 millones por mes, y al inicio de la década de 2.000 se esperaba que sean entre 65 y 100 millones de dólares.

REXALL SHOWCASE INTERNATIONAL

Parte de las raíces de esta compañía se remontan a 1.903. Un joven llamado Louis Liggett, quien a los 26 años ya había organizado una poderosa asociación nacional de farmacéuticos estadounidenses, se hallaba viajando en tren a Seattle cuando por primera vez se le ocurrió la idea de las farmacias Rexall. Precursor de las franquicias, Rexall brindó a las familias trabajadoras la oportunidad de ser dueñas de su propio negocio, pero a la vez ser parte de una organización más grande con un nombre respetado. En miles de comunidades, les dio a los estadounidenses una farmacia cercana de confianza, e incluso un lugar para socializar.

Ahora vayamos a 1.937. Un hombre llamado Carl DeSantis nació y se crió en la zona de Miami. Creció en barrios modestos. A los diecinueve años de edad, Carl comenzó lo que sería una carrera de diecisiete años en farmacias minoristas trabajando en Súper-X y Walgreen. Manejando negocios desde Florida a Carolina del Norte, DeSantis además de aprender los aspectos prácticos de la gestión comercial, vio de frente y en persona cómo los clientes tomaban decisiones de compras, a qué avisos de productos y presentaciones respondían y cuáles ignoraban, y cómo evolucionaban sus gustos con los años.

Una de las cosas que DeSantis observó mientras administraba una farmacia en Miami Beach fue el gran número de "aves migratorias" de estados del norte, que luego de escapar del brutal invierno, llegaban al sol del sur de Florida, y al negocio, buscando productos de bajo costo para proteger y calmar a la piel de las quemaduras de sol. DeSantis y un farmacéutico desarrollaron una loción de bajo precio llamada Sundown y la vendían a escala local.

Al poco tiempo observó que llegaban a la tienda muchas llamadas y consultas de clientes que buscaban combinaciones y potencias especiales de vitaminas, particularmente E, C y del complejo B. Para millones de estadounidenses no era nada nuevo tomar diariamente complejos múltiples de vitaminas. Pero DeSantis detectó un creciente interés en productos para nutrición y salud, y vio que los consumidores estaban cada vez más intrigados y cautivados por la noción de que algunas vitaminas y minerales en particular, estaban asociadas a ciertos beneficios para la salud. Esa percepción astuta llevó a Carl DeSantis directamente al negocio de las vitaminas en 1.976.

> **R**exall Sundown es un buen ejemplo de compañía que comenzó de manera tradicional, adquirió una marca poderosa que casi todos conocen, y luego comenzó una incursión en el network marketing.

Comenzando con varios productos vitamínicos bajo la marca SDV, DeSantis convirtió una habitación del hogar de su familia en Miami Beach Norte en el depósito de la compañía. La mesa de la cocina era el sector de empaquetado y procesamiento de pedidos. Su esposa, con experiencia en contabilidad, se encargaba del aspecto contable. Sus hijos Dean y Damon, todas las tardes después del colegio, pegaban etiquetas en los frascos y preparaban los pedidos para enviar. La puerta de entrada era el sector de "envío y recepción" —el empleado de UPS (correo privado) llegaba todas las tardes para llevarse los paquetes del día.

El plan de marketing era simple: satisfacción de los clientes transmitida de persona a persona, y 450 dólares en avisos publicitarios en el periódico National Enquirer. "En esos días los avisos eran baratos allí," recuerda DeSantis.

A principios de la década de 1.980, Sundown Vitamins se había convertido en una de las marcas más populares. DeSantis se graduó de empleado a jefe. El intenso enfoque del consumidor en salud, dieta y bienestar —una tendencia que detectó antes que la mayoría— estaba creciendo.

En 1.985, DeSantis informaba: "me hallaba por casualidad en Nueva York para asistir a una reunión de la industria. Conocí a muchas personas de las principales compañías farmacéuticas. También me enteré mientras estaba allí que la empresa Rexall, que se había iniciado en 1.903 en Boston, estaba en venta.

'Me reuní con conocidos de Wall Street y me aconsejaron que si quería hacer un movimiento, ése sería potencialmente muy bueno para nuestra empresa."

Al día siguiente se subió a un avión, viajó a St.Louis y consiguió un acuerdo multimillonario para adquirir el nombre, los productos y activos de Rexall. "En siete meses recuperamos lo que nos costó," comenta.

Rexall es una de las marcas más respetadas de Estados Unidos, reconocida por el 78 por ciento de las personas de 38 años de edad o más, gracias a las veinticinco mil farmacias Rexall que una vez poblaron el paisaje del país.

"Con la adquisición de Rexall, habíamos comprado una leyenda," reflexiona DeSantis. Adquirir la marca Rexall fortaleció aún más la posición de Sundown en la industria de los productos nutricionales, que a fines de la década de 1.980 y a principios de la de 1.990 estaba creciendo rápidamente. Actualmente, Rexall Sundown ha pasado de ser una empresa con sede en la mesa de la cocina de un hogar, a ser una corporación de más de 500 millones de dólares que cotiza en Wall Street y que vende más de mil productos en más de cincuenta naciones.

En 1.990, los líderes de la empresa, encabezados por su actual CEO Damon DeSantis, tomaron una decisión crítica: crear una nueva división de network marketing llamada Rexall Showcase International. Esta división operaría junto con las otras divisiones de las casas matrices pero tendría su propia línea de productos únicos y exclusivos.

Los primeros días de la división de network marketing fueron inestables. Pero en 1.991, la llegada de un puñado de profesionales de red de primera línea que se habían separado de Nu Skin, ayudó a que la compañía recompusiera su plan de marketing y ganara credibilidad. Actualmente Rexall Showcase International está considerada una importante fuerza emergente en el campo de remedios naturales y suplementos nutricionales, tanto en Estados Unidos como en Asia. Además, como hemos visto en los ejemplos de distribuidores citados anteriormente, es una importante atracción para la última camada de profesionales de red que llamamos Nuevos Profesionales.

De hecho, el impacto de todo el conjunto de operaciones de Rexall Sundown en el mercado de vitaminas y suplementos nutricionales, se puede ver claramente en el anuncio hecho en mayo de 2.000 de que el conglomerado holandés Royal Numico adquiriría la compañía por un valor de 1.800 millones de dólares.

Rexall Sundown es un buen ejemplo de compañía que comenzó de manera tradicional, adquirió una marca poderosa que casi todos conocen, y luego comenzó una incursión en el network marketing —revirtiendo así el proceso seguido por otros líderes de la industria del network marketing.

"Estamos haciendo historia y nunca olvidamos eso," afirma Damon DeSantis. "Lo que estamos creando con Rexall Showcase International es una empresa virtual, una Rexall sin ladrillos ni cemento, pero con miles y miles de puntos en un mapa, cada uno representando una persona de negocios independiente. Con la diferencia de que será un mapa del mundo, no de Estados Unidos. Y el vehículo no será el tren que llevaba un cartel ambulante de los productos Rexall y de la oportunidad de franquicia —el vehículo será el network marketing."

USANA INC.

USANA se denomina a sí misma como compañía de nutrición basada en la ciencia; ha dejado su marca en el network marketing por los esfuerzos de tres hombres:

- Myron Wentz, Ph.D, es un reconocido pionero en tecnología de cultivo de células. A principios de la década de 1.970, fundó Gull Laboratories, que pronto se convirtió en el líder mundial en producción de equipos para el diagnóstico de virus disponibles comercialmente. Al volcarse a la prevención de enfermedades, el Dr. Wentz cambió el enfoque a productos diseñados para brindar adecuada nutrición a escala celular, fibra y protección antioxidante para el cuerpo humano.

- En 1.991, John McDonald, Ph.D, se unió a Wentz para crear la corporación USANA, McDonald estudió las propiedades de los antioxidantes, y formuló combinaciones de antioxidantes, vitaminas y minerales que podrían reducir el riesgo de enfermedades y mejorar la calidad de vida.

- En 1.992, Dallin Larsen, ejecutivo de marketing de primera línea, se unió al equipo USANA. Este equipo expandido de gestión creó un programa de network marketing.

USANA cotiza en el NASDAQ y se ha proyectado significativamente a lo largo de los años. Los ingresos a finales de 1.993 fueron de 3,9 millones de dólares y crecieron a 121,6 millones a finales de 1998. La compañía reportó ingresos en el primer trimestre de 1.999 por 31,3 millones de dólares, lo que representa un aumento de 19,7 por ciento de los 26,2 millones del primer trimestre de 1.998.

Hasta marzo de 1.999, la compañía tenía 118.000 distribuidores y 30.000 clientes en Estados Unidos, Canadá, Australia, Nueva Zelanda y Reino Unido.

• • •

Pedimos disculpas a las otras compañías sólidas de las que podríamos haber hablado si hubiéramos podido disponer de mayor tiempo; esperamos que este informe de dos capítulos, acerca de las compañías pioneras del network marketing y de algunas de las estrellas en ascenso, ilustre la fuerza y diversidad de esta industria. Aunque los lectores quizás hayan registrado la alta concentración de empresas abocadas a productos nutricionales y de cuidado personal, también deberían haber notado un creciente espacio de nuevas categorías de productos y servicios, además de una intrigante mezcla de estrategias de negocio.

Resulta por sobre todo importante que cualquier duda de si el network marketing es o no una industria legítima llena de compañías "reales" y productos "reales", debería ahora ser completamente disipada ya sea por las ricas historias de algunas empresas, como por el intenso empuje que algunos productos han inferido en otras. En una nueva era de empresas tecnológicas recién iniciadas y "punto.com" etéreas cuyo valor de mercado contradice la racionalidad económica, es tiempo de que otras industrias respondan a la pregunta sobre "legitimidad". Aunque sin dudas existen falsedades en el network marketing, la industria en su conjunto ha contestado a esa pregunta hace ya tiempo. Es hora de que el saber popular se ponga al día.

> Cualquier duda de si el netwok marketing es o no una industria legítima llena de compañias "reales" y productos "reales", debería ahora ser completamente disipada.

CAPITULO 8

Plan Estratégico Para El Nuevo Profesionalismo

Lo que hemos hecho en los cuatro capítulos anteriores ha sido:

- definir el network marketing y repasar su historia

- describir su impacto en el mercado del consumo actual y en la fuerza de trabajo mundial

- analizar algunas tendencias comerciales destacadas que están cambiando rápidamente la cultura del network marketing, ubicándolo en posición de sustancial crecimiento entre los profesionales exitosos y altamente capacitados.

- identificar a las compañías que, debido a su tamaño, innovaciones de productos o a un modelo de negocio diferente, marcan el ritmo de esta industria diversa con un impacto que se extiende más allá del network marketing, y llega al mundo económico y a la sociedad.

Esperamos que ustedes estén convencidos de los siguientes puntos enunciados anteriormente:

- El network marketing es un negocio genuino con un pasado extenso, aunque controvertido —profundamente enraizado en las tradiciones de la venta cara a cara, un trabajo respetado en muchas sociedades pero, por alguna razón, menospreciado en Estados Unidos.

- Los estándares industriales de desarrollo de productos, marketing, gestión, sistemas financieros, tecnología y ética comercial, han aumentado significativamente en años recientes, dándole al network marketing una "nueva cara" basada en la realidad, y no la acostumbrada y anticipable propaganda de la industria.

- El impacto de la industria en la economía y la sociedad se extiende mucho más allá de su todavía relativamente pequeña participación en los totales de ventas o en la fuerza de trabajo, lo que atrae por diversas razones a una amplia gama de participantes. Está claramente posicionado como un atractivo estilo alternativo de vida profesional para trabajadores, y como efectivo canal de distribución alternativo para compañías de productos y servicios que pelean por ser oídas en el fragmentado mercado manejado por Internet.

- El network marketing puede ser un "negocio de conocimiento" desafiante y lucrativo, de alcance internacional, potenciado por la nueva tecnología, rico en innovadores productos patentados —totalmente compatible con el renovado enfoque del Nuevo Profesional en la familia, estilo de vida, planificación de la jubilación y libertad de tiempo. Por esta razón, el network marketing se reconoce cada vez más como el camino más prometedor para salir de las encrucijadas económicas y sociales descriptas en los capítulos 2 y 3.

RESPONDER A LA PREGUNTA "¿POR QUÉ?"

Steve Schulz es un profesional de red, líder e instructor de Excel Communications. En una reunión reciente, Steve —ayudado por cuadros, proyector, diapositivas y su humor personal— encaró la explicación de la oportunidad de negocio de su compañía con eficacia y claridad. Muchas personas de la audiencia tomaban notas; otras escuchaban con interés. La explicación de Steve fue simple, objetiva y convincente.

De repente se quedó callado, dejó su lápiz y señalador y miró al auditorio. "Yo les puedo enseñar cómo, pero no les puedo enseñar por qué. Lo que tienen que hacer por su cuenta es descubrir el por qué."

En otras palabras, lo que Steve le pedía a su auditorio era que desviaran el foco de su investigación imparcial basada en datos de una industria, y se dedicaran a una evaluación más personal de la aplicación en sus propias vidas. Les sugerimos que ahora hagan lo mismo. Solamente ustedes pueden determinar si su "por qué" tiene suficiente fuerza para guiarlos hacia este negocio y, una vez allí, si es la clase de negocio y estilo de vida adecuado para ustedes.

De manera que ha llegado el momento de ayudarlos a que tengan un acercamiento personal a lo que legítimamente podemos llamar la nueva industria del network marketing. Como somos autores "muy humildes", podemos decir que a partir de ahora tienen una cantidad de información, análisis y datos sobre tendencias de network marketing, que nunca antes había sido reunida de manera tan extensa entre las tapas de un solo libro. Pero existe una pregunta sobre este negocio que no podemos contestar —solamente ustedes pueden: "¿El network marketing es adecuado para mí?"

Si deciden que de veras es así, esa respuesta lleva naturalmente a otro par de preguntas personales: "¿Cómo elijo una compañía que sea correcta para mí? ¿Cómo sé que la compañía que elegí es un negocio legítimo con un plan de marketing viable que me ayude razonablemente a alcanzar mis objetivos personales?"

Aunque no podamos responder estas preguntas por usted, podemos exponer un plan estratégico de consideraciones que debería contemplar, y una lista de chequeo que debería evaluar para decidir si va a unirse a los Nuevos Profesionales y cómo hacerlo.

> **L**as respuestas a la pregunta "¿por qué hecer este negocio?" puede ser tan variadas y diversas como las personas involucradas.

Una manera útil de presentar estas consideraciones es mirar a través de los ojos de otros que han decidido embarcarse en nuevos emprendimientos de network marketing. ¿Qué factores impulsaron sus decisiones? ¿Cómo contestaron a la pregunta "por qué"?

Luego de años de conocer literalmente a miles de profesionales de red, hemos descubierto que las respuestas a la pregunta "¿por qué hacer este negocio?" pueden ser tan variadas y diversas como las personas involucradas.

Algunos han conocido tan sólo desdichas en sus vidas; otros estaban instalados en la cima de carreras profesionales altamente respetables.

Algunos querían ganar algo de dinero extra para pagar algunas cuentas; otros estaban determinados desde el principio a ganar millones.

Algunos son personas que abandonaron la universidad o el colegio secundario; otros tienen títulos de postgrado, o son médicos o abogados.

Algunos entraron para salir de la pobreza; otros, porque ya tenían ingresos de seis cifras pero no tenían tiempo de disfrutar su abundancia.

Algunos se asociaron para hacer algo juntos como familia; otros, para salvar a sus familias.

Algunos comenzaron como fervientes creyentes en el poder del network marketing; otros creían que estos negocios eran un fraude pero se asociaron para hacer un favor al familiar o amigo que los invitó.

Sin embargo, también hemos notado y documentado, por medio de hechos y ejemplos, que las inseguridades económicas y las presiones de tiempo, combinadas con un aumento significativo de las prácticas y oportunidades de la industria del network marketing, han encauzado a la demografía de esta actividad en una nueva dirección. Cada vez más profesionales previamente consumados —que en el pasado estaban satisfechos con sus carreras y que sospechaban del network marketing— preguntan por qué, y encuentran sus respuestas aquí.

Tal como hemos explicado, este enfoque representa un cambio significativo de la industria. Con o sin exactitud, justa o injustamente, la respuesta más común al "por qué" para muchos que se dedican al network marketing ha sido "Porque no tenía otro lugar adonde ir. Tengo poco dinero, poca educación y pocas oportunidades de ingresos. No tengo opciones."

El informe de la Asociación de Venta Directa citado en el capítulo 4 descubre esta realidad: la abrumadora mayoría de los participantes de esta industria trabajaron a medio tiempo para lograr modestos objetivos financieros —comprar un auto nuevo, saldar algunas cuentas, conseguir productos deseados con descuento o ganar más dinero para los regalos de Navidad. Los críticos de la industria suelen pasar por alto esta realidad y presentan la conocida acusación de que muy pocos entre quienes se asocian, se hacen ricos. Esto es verdad, pero sucede que hacerse rico con este negocio es un objetivo que muy pocas personas tienen.

El network marketing también confía profundamente en atraer y retener personas que son, al fin y al cabo, participantes voluntarios que pueden asociarse —y abandonar— casi sin pérdida por inversión o multas. Por lo tanto, no es sorprendente que a lo largo de los años muchas de las atracciones y testimonios de las distintas compañías hayan adquirido un atractivo altamente motivador y evidentemente emocional —y hayan empujado a la primera fila a aquellos participantes que no tenían suerte, que no tenían experiencia y que han logrado de manera genuina un éxito sorprendente... las historias "de mendigos a millonarios".

Es probable que usted haya escuchado algunas de estas historias y conozca su encanto, porque son expresiones de la fuerza del Sueño Americano. Son historias de personas de origen humilde. Muchos de ellos habían sufrido derrotas personales y financieras o se habían rendido a debilidades humanas, desde el alcohol hasta el juego, pasando por conquistas constantes —¡hasta que "dieron una vuelta de página" gracias al network marketing!

Estas son historias alentadoras, particularmente en nuestra cultura confesional. Más allá de su procedencia o de lo bajo que haya caído, usted puede cambiar su vida, ensayar una rehabilitación y alcanzar sus sueños. Las compañías más exitosas de network marketing han levantado sus leyendas sobre esta clase de testimonios, en sus esfuerzos por atraer a la más amplia franja de ciudadanos promedio.

Pero este mensaje repetido tiene un precio para la industria, y está fuera de sincronía con el comportamiento más analítico del Nuevo Profesional. Al sustentar el atractivo de la industria en emoción antes que en economía, y al enfatizar su bajo costo, facilidad de ingreso y simplicidad de ejecución, quienes defienden la causa del network marketing hacen que muchos exitosos profesionales de alto calibre, sientan que no es para ellos. El énfasis puesto solamente en las historias "de mendigo a millonario" y la insistencia en que el negocio se convierte en una pasión consumidora—como una religión substituta— desalienta a quienes tienen un enfoque más razonado y con categorías bien diferenciadas de las actividades de la vida.

EL NUEVO PERFIL DEL PROFESIONAL DE RED

Un buen número de empresas están haciendo el esfuerzo consciente de apuntar a una audiencia diferente. Rexall Showcase International es una de ellas. Los estudios demográficos que cita para describir a su organización de distribuidores resultan reveladores no sólo porque señalan cierta tendencia de la totalidad de la industria, sino también por la clase de imagen que este tipo de empresas lucha por proyectar. De acuerdo con la compañía:

- Los distribuidores tienen un ingreso promedio de 66.000 dólares, casi el triple del promedio nacional.

- 20 por ciento gana más de 100.000 dólares por año.

- 30 por ciento proviene del campo del cuidado de la salud.

- 85 por ciento corresponde a propietarios de su propio hogar.

- 60 por ciento tienen títulos universitarios.

- 85 por ciento asignan por semana diez horas o menos al trabajo, lo que refuerza la idea de que verdaderamente este es un negocio a tiempo parcial.

Jim Moyles ha conocido casi siempre el éxito en su carrera profesional. Trabajó en algunas de las compañías más importantes del país, como IBM y Lehman Brothers, y luego inició su propia empresa de fusiones y adquisiciones, ganando a veces comisiones de más de 100.000 dólares por transacción. Pero luego de dieciocho años en este campo laboral, Jim se hallaba en la búsqueda de algo diferente. En las adquisiciones y fusiones aprendió que más valioso que ganar buenas comisiones es desarrollar valor en un negocio que se puede vender o pasar a los hijos.

Un día un amigo de su hijo llamó para pedirle consejo sobre un negocio que estaba iniciando. Resultó ser un negocio de network marketing, y el producto era una membresía al estilo de un "club de compras". A Jim lo intrigaba la idea y decidió participar. "Rápidamente conformamos un equipo, y era muy divertido" recuerda.

Había un solo problema. Descubrieron que en Florida no se permite la venta de membresías para compañías de network marketing. "Me divertía mucho desarrollando este negocio, y podía ver que tenía un potencial enorme. Por eso decidí aprender de la experiencia y buscar la empresa y la línea de productos adecuadas. A mi determinación de encontrar la compañía correcta se sumaba el hecho de haberme dado cuenta de que el marketing multinivel es un método brillante de hacer negocios. El desafío es encontrar una de esas compañías con integridad y destinadas a tener éxito a largo plazo.

'Descubrí que si se puede encontrar esa compañía y reunir a un equipo de personas capaces, pueden suceder cosas maravillosas. Primero, se puede generar más ingreso que con cualquier otra actividad que uno realice. Esto se debe a la tremenda potenciación. En segundo lugar, también es un mejor tipo de ingreso. ¡Es residual! Es independiente de nuestras actividades diarias. De manera que ahora tengo un negocio que genera un ingreso de siete cifras, y lo puedo traspasar a mis hijos o vender."

Jim Moyles ingresó al negocio por voluntad propia, por su propia curiosidad y agudeza comercial. No estaba arruinado sino que tenía un buen pasar, incluso antes de convertirse en profesional de red.

Entonces, ¿cuál era su respuesta a la pregunta "por qué"? "Era una decisión fácil," explica. "Está diseñado para hacerse sobre la base de una dedicación parcial. ¿A quién no le gustaría diversificarse y tener una segunda fuente de ingresos? En lo que respecta a desarrollar únicamente esto, cada uno tiene que hacer un examen de conciencia." Jim sugiere que los presuntos distribuidores analicen su carrera o negocio y se hagan ciertas preguntas, dejando de lado los ingresos. "¿De verdad disfruta su profesión o empleo? ¿Se divierte ahora más que antes? ¿Le permite vivir según el estilo de vida que quiere? En el campo en que trabaja, ¿se aprovechan las ventajas de las nuevas tendencias?

La sugerencia de Jim se basa en una lógica simple y en el sentido común. Muchos como él han logrado éxito según la definición del mundo profesional, y la mayoría de los estadounidenses repiten a los encuestadores que les gusta su trabajo. Como el trabajo es una parte tan central de nuestras vidas, decir lo contrario es básicamente admitir que odiamos la nuestra. Pocos están dispuestos a abrigar esos pensamientos. Entonces, sollozamos y nos quejamos de cualquier otra cosa: "Estoy afuera demasiado tiempo." "No tengo suficiente tiempo para ver a mis hijos." "Los gerentes de mi empresa no saben lo que estoy haciendo."

Muchos profesionales exitosos que albergan esos pensamientos se atan a esos nudos mentales propios durante toda sus carrera. Nunca actuarán sobre las muchas ideas del tipo "podría, debería, haría" que urdieron mientras restaban los años en su compañía u organización.

Cuando llegan a la edad mínima de jubilación —o cuando se les ofrece una jubilación anticipada— están listos para salir y retirarse. Esto ayuda a explicar porqué los especialistas en demografía legítimamente preocupados por la creciente escasez de trabajadores en Estados Unidos, Japón y Europa Occidental, no deberían confiar en que una mayor expectativa de vida traiga como consecuencia multitudes de personas que quieran extender su vida laboral más allá del mínimo. La mayoría sólo tendrá en cuenta esa opción si se hallara financieramente desesperada. Dejando de lado las encuestas sobre satisfacción laboral, la mayoría de los empleados con carreras tradicionales votarían con los pies para dejar sus trabajos apenas puedan.

Lo que la nueva industria del network marketing le ofrece a las personas exitosas pero insatisfechas es esto: una oportunidad para diversificarse y tomar otras decisiones desde una posición de seguridad y fortaleza, no de debilidad y desesperación. Sugiere que si usted evalúa su propio nivel de felicidad y seguridad financiera y descubre que es deficiente, no debería esperar hasta verse obligado a actuar o a ser demasiado grande para actuar. ¿Por qué no hacerlo ahora, paralelamente a su actual carrera o empleo, y así ponerse en un camino que gradual y constantemente se encargue de los cambios que usted quiere hacer, y le permita tener un segundo ingreso, además de la vida que realmente desea?

El doctor Tom Klesmit, ex-profesor de medicina quiropráctica, consultor de gobiernos, investigador y autor de revistas profesionales, se asoció al network marketing a partir de una práctica profesional establecida, exitosa y con quince años de experiencia.

> **La industria del network marketing ofrece una oportunidad para diversificarse y tomar otras decisiones desde una posición de seguridad y fortaleza no de debilidad y desesperación.**

"Dr. Tom" conoció el network marketing y la empresa Nutrition For Life International (NFLI) por medio de un fax de un asociado. El Dr. Tom citó a una reunión a su abogado, su contador y su consejero financiero para evaluar los riesgos asociados con la oportunidad del network marketing. Como médico en ejercicio, se sentía capacitado para evaluar la línea de suplementos vitamínicos. Basándose en esa debida diligencia, se asoció a NFLI en enero de 1996.

El Dr. Tom fue muy claro sobre su porqué para el network marketing. Tal como informó: "Amo el cuidado de pacientes y la satisfacción de ayudar a los demás... pero al dedicarme a la gestión del cuidado cambió mi ámbito en el cuidado de la salud. Me convertí en un administrador, una persona que lleva papeles, un burócrata del gobierno."

De acuerdo con el Dr.Tom, "el network marketing me ofreció la avenida para seguir ayudando a la gente con el uso de suplementos vitamínicos y mi conocimiento médico." En cuanto a la plataforma comercial, el network marketing ofrecía "la flexibilidad de tiempo para trabajar en torno a mi práctica profesional y un negocio 'deseable' para transmitir a mis hijos."

En junio del 2000, el Dr. Tom estaba entre los distribuidores mejor pagos de NFLI, con una red de entre cinco y diez mil distribuidores, incluyendo más de quinientos médicos.

Resa y Matt Salter representan fielmente a los Nuevos Profesionales para quienes se escribió este libro —una familia joven en busca del Sueño Americano.

En la década de 1980, Resa y Matt alcanzaron su graduación universitaria, se mudaron al norte de California e iniciaron sus carreras profesionales. Matt progresó rápidamente y se convirtió en gerente general de una compañía textil comercial. Resa se asentó como maestra de escuela primaria.

Luego del nacimiento de sus dos hijos, Justin y Ronnie, Resa pasó de enseñar a supervisar una pequeña guardería cerca de su hogar para poder estar con sus dos hijitos. Sin embargo, luego de dos años de llevar adelante la guardería, Resa sentía que era momento de cambiar. "Era mucho trabajo, con demasiado estrés y responsabilidad. No tenía el mismo nivel de energía para mis dos hijos."

Ingresar al network marketing. De repente, una amiga le presentó a Resa los productos de cuidado personal de Nu Skin International y la oportunidad de distribuir la línea de productos. Resa experimentó vendiendo a medio tiempo a las familias de la guardería.

En diez meses, su ingreso había llegado a 1.200 dólares por mes, igualando su sueldo de la guardería. En ese momento, cerró las operaciones de la misma y se convirtió en profesional de red a tiempo completo. Al final de su primer año, Resa ganaba 2.000 dólares por mes, lo que llamó la atención de Matt.

Mientras tanto, la carrera de Matt se había estancado. Aunque era exitoso como gerente general, Matt soportaba arduas jornadas de trabajo y el largo viaje de regreso a casa, típico en California. Un familiar del dueño había ingresado a la empresa para ser preparado como nuevo CEO. Sus oportunidades de progreso se reducían al mínimo. Matt comenzó a estudiar network marketing y a distribuir productos Nu Skin a sus socios comerciales, como actividad de tiempo parcial.

En julio de 1990, diez meses después de comenzar a ayudar a Resa, el ingreso mensual de ambos, proveniente del network marketing y trabajando desde su hogar alcanzó los 12.000 dólares. En ese momento, Matt abandonó su puesto corporativo y se convirtió en profesional de red a tiempo completo, junto con Resa.

A principios de 1993, Nu Skin se expandió a Japón. Matt comenta: "nuestro padrino de casamiento nos puso en contacto con un empresario con fuertes conexiones en Japón. Invertimos nuestro tiempo y capital para construir sólidas relaciones con un grupo de agresivos empresarios jóvenes japoneses. A fines del primer año en Japón, ¡nuestro grupo había generado aproximadamente 5 millones de dólares en volumen de ventas!" ¡El impulso estaba en movimiento!

Actualmente, los Salter operan un negocio global con 20.000 distribuidores en veinte países, que mueven casi 100 millones de volumen por año. De manera temprana, los Salter han alcanzado un ingreso anual millonario.

Resa resumió la historia: "Nuestro objetivo siempre ha sido tener más tiempo con nuestra familia. Hemos trabajado mucho. Hemos hecho algunos sacrificios, pero hoy tenemos un estilo de vida casi perfecto. Tenemos horarios flexibles. Podemos pasar tiempo de calidad con nuestros hijos cuando lo necesitan. Tenemos independencia financiera. Nos despertamos todos los días y nos sentimos agradecidos de estar en esta posición."

Jim Moyles cree que "nunca antes hubo tantas personas de tan alta calidad tan infelices en sus profesiones y negocios. Ellos quieren tomar el control de sus vidas y el network marketing es el mejor vehículo." Usted ¿podría ser uno de ellos?

John Berta descubrió que él sí lo era. Teniendo ahora 51 años, le gusta decir que se "semi-jubiló" a los 40 —se semi-jubiló de su primera carrera construyendo y desarrollando una exitosa empresa de múltiples oficinas de contaduría, bienes raíces, administración de hipotecas y promoción inmobiliaria en la zona de Tampa Bay. John se mudó allí desde Nueva Jersey hace más de veinte años luego de elegir metódicamente la comunidad en la que quería vivir y trabajar. "Elegí Tampa Bay muy cuidadosamente," afirma con tranquilidad.

Resulta entonces que John Berta es, usando sus propias palabras, un hombre "lógico". No se apresura. Analiza las cosas. Prefiere hechos a propaganda; potencial a largo plazo a un golpe rápido a corto plazo. Por eso, cuando comenzó a cansarse de su negocio y se "semi-retiró" apenas a mediana edad, comenzó a buscar algo nuevo. "Básicamente me tropecé con el network marketing,"cuenta. "Como muchos profesionales, no me veía trabajando en esto. Pero hice la diligencia debida y verdaderamente lo analicé; llegué a la conclusión de que es la mejor manera de que las compañías distribuyan eficientemente sus productos. El boca-en-boca es y será la manera más fuerte de comercialización. El network marketing saca ventaja de ese hecho aún en una era tecnológica."

En noviembre de 1991, John ingresó a la actividad y, además de conseguir éxito financiero, ¡conoció a su futura esposa! "Hoy, Julie y yo tenemos una organización que se extiende a los cincuenta estados del país. México, Corea, Hong Kong y Taiwán," informa. "Trabajamos principalmente desde casa. Dedicamos de veintiocho a cuarenta horas por semana, cuarenta semanas por año."

John está convencido de que el network marketing está balanceado para crecer sustancialmente. Y, a diferencia de muchos que se burlan de la generación de baby boomers, John tiene una evaluación diferente: "Creo que en esta generación hay líderes, personas que cuestionan. Prestan atención a las líneas de tendencia, analizan lo que sucede alrededor de ellos y toman decisiones inteligentes basándose en hechos. Están menos dispuestos a atarse a las antiguas maneras de hacer las cosas simplemente porque siempre han estado haciendo todo así," explica.

"Los baby boomers que tienen alrededor de cuarenta años comienzan a hacer evaluaciones. Saben que tienen buenas chances de vivir más tiempo que las generaciones anteriores. Comprenden que no están realmente preparados para jubilarse y mantener un buen estilo de vida. Y han visto más cambios en los negocios y profesiones en los últimos cinco años, que los que han visto en décadas.

"No son estúpidos; ven lo que sucede a su alrededor," continúa John. "Van al supermercado y en vez de ver al adolescente que les guardaba las compras en sus bolsas, ahora ven que un señor de 70 años está haciendo esa tarea porque necesita el dinero. Y se preguntan: ¿es esto lo que me espera para cuando tenga 70?"

John también cree firmemente que a medida que esta industria se haga masiva y se acerque con creces a dar forma a la principal manera de comercializar y distribuir productos en el siglo veintiuno, serán las compañías de network marketing las que adopten un aspecto más profesional y sistemático que les hará ganar más seguidores. "Mi compañía es básicamente conservadora, profesional y ubicada a mitad de camino. Esa es la base sobre la que estamos construyendo," afirma John.

"Personalmente, le pido a las personas que tomen una decisión basándose en hechos. Nunca fuimos una empresa que hiciera promociones o rallys para miembros y prospectos, y espero que nunca lo seamos."

EL DENOMINADOR COMÚN

A Bob Torsey, representante Excel muy exitoso, la experiencia personal le dice que el denominador más común entre las personas que se asocian a este negocio es "el deseo de hacer de sus vidas algo diferente."

"Las personas totalmente satisfechas con sus vidas no suelen asociarse," nos dijo. "Atraemos a quienes por diversas razones quieren cambiar lo que hacen."

No es cuestión de ser un fracasado, reafirma Bob. "También atraemos a muchas personas altamente exitosas de profesiones muy exigentes," explica. "Encontraron un arco iris. Ahora están listas para buscar otro."

Durante años, Bob buscó su esquivo arco iris en el mundo corporativo. Como vicepresidente de marketing de una compañía de materiales de construcción que genera más de 500 millones de dólares, trabajaba entre setenta y ochenta horas por semana y cobraba muy bien por los esfuerzos que hacía —hasta que cayó víctima de la reducción corporativa.

A pesar de que le quitaron la alfombra de los pies en el ambiente tradicional de negocios, Bob al principio reaccionó a la propuesta de Excel con "arrogancia y escepticismo," pero la experiencia positiva y el aumento en sus ingresos cambiaron su visión. Cuando frecuentemente le preguntan sobre su nivel de riqueza, Bob contesta con su manera expresiva: "Vivo donde quiero. Conduzco el automóvil que quiero. En cierta manera voy y vengo como quiero. Y no tengo toda esa presión. ¡De manera que creo que soy bastante rico!"

Recordando el diario esfuerzo en el mundo corporativo, Bob juzga el aspecto negativo: "prefiero tener otra hora para mí antes que otro dólar en el bolsillo."

UN NEGOCIO SIN BARRERAS NI FRONTERAS

Muchos profesionales descubren que las barreras de profesiones más tradicionales no existen en el network marketing. No existe "cielorraso de cristal" para las mujeres, ni "barrera de color" para las minorías étnicas o raciales, ni "acceso limitado" para los discapacitados, ni "discriminación de edad" con respecto a los mayores. Muchos Nuevos Profesionales encuentran que en el network marketing existe un aliviador reestablecimiento de la "meritocracia" en el mundo de los negocios. Cada individuo progresa o retrocede de acuerdo a sus propios esfuerzos. Este es un panorama atractivo para muchos y algo alarmante para otros, porque cuando se desmantelan todas las excusas y barreras, reales o imaginarias, lo único que queda es el propio éxito —o fracaso.

Verdaderamente, el network marketing puede ser un negocio flexible que permite a quienes lo practican operar con inventarios o gastos fijos pequeños o nulos, de acuerdo con su propio tiempo y estilo de vida. Para muchos profesionales, el estilo de vida del network marketing en asociación con la informática y con ciertas herramientas de fácil uso especiales para la comunicación, representan un matrimonio perfecto. No importa dónde viva o de dónde provenga, cuál sea su lengua materna o que tenga discapacidades —ahora su territorio es el mundo.

Muchos lo consideran un negocio "virtual": una oficina sin paredes, un depósito sin inventario, un activo sin capital, una compañía sin personal.

> **M**uchos Nuevos Profecionales encuentra que en el network marketing existe un aliviador reestablecimiento de la "meritocracia" al mundo de los negocios

¿ES USTED CANDIDATO AL NETWORK MARKETING?

Queda claro que un gran número de Nuevos Profesionales encuentran en esta industria, más allá del potencial de ingresos, ciertas cualidades y ventajas que faltaban en sus carreras originales. Aún así, recuerda Bob Torsey en su observación, quienes están totalmente satisfechos con sus vidas no suelen ingresar a compañías de network marketing. Bob ha identificado temas centrales a ser considerados en su evaluación personal para saber si el network marketing es adecuado para usted:

- Si usted ya está totalmente satisfecho con su carrera profesional y su estilo de vida, es improbable que exista una razón lo suficientemente apremiante para iniciarse en el network marketing.

- Si está absolutamente convencido de que sus ingresos y ahorros actuales son suficientes y seguros, y que producirán un ingreso substancial a largo plazo para lo que pudiera necesitar, en un período jubilatorio de varias décadas, entonces no necesita preocuparse por crear otra fuente de ingresos.

- Si está feliz con el ritmo y la rutina diaria de su vida y puede tener equilibrio en todas sus prioridades —desde tener tiempo para actividades físicas hasta tiempo libre para estar con sus hijos— entonces, felicitaciones por un trabajo bien hecho.

- Y... si descubre que su carrera actual es útil y satisfactoria, y está complacido porque cuando finalice va a poder mostrar logros y contribuciones de los que estará orgulloso y por los que será recordado, entonces apéguese a ella.

Y si de verdad su evaluación personal de vida y profesión confirman todos estos valores, entonces nuestra respuesta instantánea es ¡escriba un libro y cuéntenos su secreto!

Pero la mayoría de los profesionales serios no están totalmente satisfechos y aspiran llegar más alto. Y ya sea que tengan el deseo de reforzar y diversificar sus finanzas, crear más flexibilidad y libertad de tiempo, conocer nuevas personas e intentar otra cosa, o desarrollar su propio negocio y ser su propio jefe, la mayor parte de ellos está listo para tener en cuenta alternativas sensatas, viables y respetables. El network marketing es una de ellas.

ENFRENTAR LAS PREOCUPACIONES Y ASPECTOS NEGATIVOS

¿Se podría triunfar y disfrutar un estilo de vida asequible por medio del network marketing?

Imagine que le hacemos a usted esta pregunta: ¿Le gustaría trabajar en su hogar, que el viaje hasta su oficina sea a través del pasillo de su casa, usar la ropa más cómoda que tenga en su armario, tomarse un descanso cuando quiera o necesite hacer un trámite, asistir a los partidos de fútbol de sus hijos y a otras actividades que se realicen durante el día —y seguir teniendo un ingreso importante en una profesión que ahora es respetada?

> **¿Le gustaría trabajar en su hogar, con la ropa más cómoda que tenga en su armario, tomarse un descanso cuando quiera - y seguir teniendo un ingreso importante en una profesión que ahora es respetada?**

Seguramente, como primera reacción usted diría que es la pregunta más estúpida que escuchó. ¿Quién no dejaría todo por una oportunidad como esa?

Pero no es así de fácil. No todos los profesionales reaccionarán tan positivamente a ese entorno de negocio independiente y hogareño, como los exitosos profesionales de red de los que hemos hablado. Quienes ingresen, deberían tener en cuenta que quizás la cultura fomentada por el network marketing y las ocupaciones desarrolladas desde el hogar, les parezca una cambio demasiado radical partiendo de sus modelos de vida actuales. A algunos tal vez ni siquiera les guste.

Permítannos explicarnos usando un ejemplo del mundo del transporte.

Durante años se han hecho esfuerzos en las más importantes zonas metropolitanas, para convencer a un mayor número de estadounidenses de descartar sus traslados individuales en automóvil y cambiar por viajes masivos o "pools" automovilísticos. La evidencia anecdótica descubierta con respecto a lo difícil que puede resultar "vender" esta propuesta lo puede sorprender: ¡a muchos viajeros les gusta el tiempo que tienen para sí mismos en el aislamiento de su vehículo! Para muchos, es el único momento del día en el que pueden estar solos, ser anónimos en cierto modo, escuchar música o soñar sin interrupciones. Otros usan ese tiempo para escuchar libros en cassette, escuchar mensajes de autoayuda, o inclusive aprender otro idioma.

Pocos quieren admitir que les gusta escaparse de su turbulento hogar o de un atormentante lugar de trabajo. Y menos aún dirían que de veras vale la pena el precio de atascarse en el tránsito. Pero quienes se sientan tentados por el innegable atractivo de trabajar fuera de sus hogares deberían considerar el otro lado de los beneficios de "viajar por el pasillo".

Nosotros dos hemos trabajado considerables períodos de tiempo desde nuestros hogares y hemos descubierto allí muchas distracciones además de la envidiable comodidad. Al intercambiar períodos de trabajo con períodos de tareas domésticas, quehaceres, diligencias y cosas por el estilo, el trabajo diario parece no terminar nunca. La tecnología que le permite estar en contacto con clientes, jefes y socios es invalorable, pero si usted es como nosotros, enviará y recibirá mensajes por correo electrónico a toda hora del día (o noche) los siete días de la semana.

Para quienes estén acostumbrados a mantener sus vidas separadas en compartimentos, con líneas claras entre vida laboral, vida personal y tiempo libre, estas distinciones pueden borrarse cuando se trabaja desde el hogar, en éste o en cualquier otro negocio. Para algunas personas la vida es más ordenada y equilibrada si mantienen la vida hogareña inviolable, abandonando físicamente su lugar de residencia a la mañana, trabajando mucho todo el día y dejando luego todo de lado cuando llega la hora de retirarse. Incluso otras personas que trabajan desde el hogar comentan que se sienten aislados, extrañan la interacción social con sus colegas y se preocupan por no ser parte de la acción.

Usted debería pensar en todos estos temas y juzgarlos según su propia personalidad y circunstancias. Si para usted es un problema ser disciplinado y mantener hábitos constantes de trabajo, quizás tenga problemas de productividad en un ambiente tan desestructurado.

Aunque no dudamos de los profesionales de red que nos han contado sobre las pocas horas que trabajan para lograr sus considerables ingresos potenciados, todavía no conocimos a ningún líder exitoso de la industria que no esté al teléfono o frente a la computadora a toda hora del día o de la noche. Se debe asistir a conferencias los fines de semana y llevar adelante reuniones por la tarde, cuando la mayoría de los ciudadanos están cómodamente instalados en su sillón viendo televisión.

> Los líderes de estos negocios están tan acelerados como los ejecutivos y geremtes de grandes compañías. La diferencia es que parecen divertirse más.

Los líderes de estos negocios están tan acelerados como los ejecutivos y gerentes de grandes compañías. La diferencia es que parecen divertirse más.De hecho, ¡tal vez ese es el motivo por el que muchos importantes profesionales de red no se dan cuenta cuánto trabajan en realidad!

El estilo de vida que el network marketing puede poner a su alcance tiene un atractivo innegable. Pero sólo uno mismo puede evaluar si es el estilo de vida adecuado para sí. Debería ingresar con los ojos abiertos.

Existen otros temas a considerar. Sugerimos que se comprometa a dialogar consigo mismo, enfocándose en las preguntas y preocupaciones más comunes contra las que los profesionales de red deben luchar, algunas de las cuales suelen provenir de su familia y amigos —lo que además suma a la ecuación el factor agregado de la presión de los pares. Notará que algunos de estos temas ya se discutieron en capítulos anteriores. Esperamos que la información que hemos presentado allí lo guíe a respuestas satisfactorias.

PREOCUPACIÓN 1

No estudié todo este tiempo ni trabajé tanto para progresar en mi profesión, para ahora terminar simplemente como vendedor. ¿No sería descender un gran peldaño convertirse en profesional de red? Aunque en muchas culturas tiene una orgullosa tradición arraigada, en nuestra sociedad, que busca siempre el nivel social, la venta resulta inexplicablemente menospreciada. Esta actitud se ve principalmente entre personas con empleos que aparentan ser importantes pero en realidad, sus ingresos son modestos y no tienen control sobre su tiempo. Al trabajar entre profesionales altamente capacitados y que se orientan hacia cierto nivel social en ambientes universitarios, políticos y corporativos, los autores enfrentan esa condescendencia todo el tiempo.

Para muchos de las generaciones denominadas boomer y yuppie, desarrollar un negocio independiente por medio del network marketing simplemente no concuerda con su cuidadosamente cultivada imagen de profesionales mundanos de nivel. Anhelan título, rango, nivel social y principalmente seguridad. Buscan la identidad y aprobación social que proviene de asociarse con una compañía prestigiosa, un célebre estudio de abogados o una oficina estatal importante.

Pero esta actitud está cambiando. A medida que desaparece la seguridad de los empleos con estatus, y su estilo de vida frenético y lleno de presiones pierde atractivo, muchos profesionales encumbrados, que antes descartaban el network marketing ahora lo miran por primera vez con una mirada distinta. Las personas inteligentes que observan a otras que viven mucho más felices y satisfechas no pasan mucho tiempo sin antes decir: "¿Por qué no puedo hacer algo así?"

> **Su** propia pasión y convicción será lo que más atraerá a los posible clientes. Transmita beso y luego vendrán los resultados positivos.

Cuando vemos a las personas exitosas del network marketing actual, vemos médicos, abogados, profesores y ejecutivos corporativos, además de maestros, amas de casa, vendedores de bienes raíces y dueños de pequeños negocios. Vemos a algunos que llegaron a esta industria cuando estaban desolados, y a otros que estaban en la cumbre en otro campo pero querían algo diferente. En síntesis, si busca a alguien como usted que haya triunfado en el network marketing, es probable que encuentre a esa persona —una persona dispuesta a prepararlo y llevarlo por el mismo camino.

PREOCUPACIÓN 2

No estoy seguro de ser bueno para vender. ¿Puedo hacerlo? El network marketing es, con todo, una profesión de ventas. No hay manera de cambiar ese hecho. Si usted cree que le falta capacidad o ganas para contactar personas cara-a-cara, mirarlos a los ojos y pedirles que compren el producto, servicio u oportunidad comercial —y no hay manera de cambiar eso— entonces esta industria no es para usted. Pero tenga en mente varios puntos cuando considere este tema.

De acuerdo con Harland Stonecipher, fundador y presidente de Pre-Paid Legal Services, la venta más grande y más importante que puede hacer una persona es cuando se vende a sí misma. Haga esa primera venta vital; en otras palabras, crea realmente en lo que hace y en el producto o servicio que vende, y no importará cuán locuaz, ingenioso o perfecto que usted sea. La sinceridad se vislumbrará si usted lo siente —y la falta de ella

> **El network marketing es un negocio de alta tecnología y alto contacto en el que la mayoría de las actividades más insensatas se han eliminado.**

se expondrá si no lo siente. Su propia pasión y convicción será lo que más atraerá a los posibles clientes. Transmita eso y luego vendrán los resultados positivos.

El mayor miedo que enfrentará será el miedo al rechazo. Pero si realmente la desdicha ama tener compañía, en este campo usted tendrá una compañía muy distinguida: incluso los vendedores más exitosos del mundo registran más rechazos que ventas. Cuando usted es rechazado, no significa necesariamente que ha fallado. Con mucha frecuencia, es una cuestión de si es o no el momento, o si existe una necesidad de parte de su prospecto.

Como siguiente paso, no presuma que no tiene experiencia o capacidad para vender simplemente porque no tuvo empleos en ventas. Casi todos los trabajos en la mayoría de las profesiones involucran la necesidad de persuadir, y de eso se trata la venta. Si usted es abogado, necesita influir en jueces y jurados. Si usted es funcionario gubernamental, necesita atraer a los votantes. Si es un ejecutivo corporativo, necesita convencer a superiores y colegas de que adopten sus ideas y estrategias. Incluso fuera del lugar de trabajo, estamos todo el tiempo persuadiendo —a pareja, hijos, padres, amigos y otros.

A menos que usted sea un ermitaño en las montañas de Wyoming, es muy probable que tenga considerables habilidades de venta para aportar. Sólo que nunca pensó en ellas de esta manera.

Finalmente, olvídese de aquella imagen del network marketing antigua y pasada de moda, en la que un individuo pasa interminables horas de frustración asistiendo o llevando adelante reuniones hogareñas, demostraciones de productos y reuniones motivadoras, o completando montones de formularios de pedidos, transportando envases de limpiadores hogareños y jabón en polvo por todo el barrio. El network marketing se está convirtiendo en un negocio de alta tecnología y alto contacto en el que los progresos en tecnología, comunicaciones y logística han eliminado del proceso a la mayoría de las actividades que consumían tiempo o que requerían menos cuidado. Más allá de que sus características personales responsables de atraer a clientes y asociados siempre serán un ingrediente fundamental del éxito, tareas tales como pedido y entrega de productos, contabilidad y capacitación ahora se logran con apenas más que un clic del mouse. Además de liberarlo de los aspectos más "desagradables" de la profesión de vendedor persona-a-persona, este enfoque también le permite concentrarse en actividades más lucrativas como lograr nuevas ventas y asociar nuevos miembros.

También, en compañías de calidad encontrará, para su asistencia, abundante respaldo para el desarrollo de ventas. ¡No se resista a estos consejos! Si está aceptando este estimulante esfuerzo comercial, trátelo como se merece reconociendo que usted no sabe todo, sino que es más bien un aprendiz. La única diferencia es que, a diferencia de la mayoría de las industrias, no puede ser despedido. Sólo usted mismo puede despedirse.

Preocupación 3

Mis amigos hacen ademanes despectivos o sacuden la cabeza cuando hablo de mi interés en el network marketing. ¿Cómo les respondo cuando acusan a estas compañías de ser esquemas piramidales falsos o cuando me advierten "¡Ni se te ocurra tratar de asociarme!"? Jim cuenta la historia de cuando comenzó a escribir sobre este enfoque de negocios en crecimiento pero todavía mal entendido: "Algunos de mis propios asociados —muchos de ellos con profesiones altamente calificadas— me criticaban por escribir sobre network marketing y condenaban a las compañías por ser esquemas piramidales. Finalmente, me sentí frustrado y desafié a un amigo a explicar su afirmación.

'Recién dijiste que esta compañía es una pirámide' le dije. '¿Qué es eso exactamente?'

'Bueno, es una compañía que... bueno, eh...' Tartamudeó un minuto mientras intentaba explicar el significado exacto de su crítica, por qué era mala, y cómo se aplicaba a la empresa en cuestión. No llegó muy lejos.

'Queda claro que tanto los medios como la transmisión de boca-en-boca han recrudecido su actitud contra las compañías. Sencillamente, mi amigo había escuchado que estas compañías eran pirámides y que las pirámides eran malas; por lo tanto, las compañías debían ser malas. Caso cerrado."

Aunque su reputación mejora, lo cierto es que el network marketing sigue teniendo un problema de imagen. Tal como hemos visto, algunos de los elementos negativos de esa imagen fueron impuestos por la industria misma. Deseamos que este libro ayude a que esa imagen se ponga a la par de ese nuevo perfil más profesional que vemos hoy en día en esta actividad. Analice una vez más estos indicadores de una nueva madurez:

- El network marketing y la venta directa se están volviendo populares en Estados Unidos y en todo el mundo; en la actualidad atraen a treinta y seis millones de participantes, número que puede crecer a doscientos millones dentro de una década.

- Compañías e individuos que nunca antes lo habían considerado ahora lo adoptan en distintos grados.

- Está cambiando la manera de comprar y vender productos y servicios.

- Brinda ingreso adicional, opciones de estilo de vida y oportunidades comerciales a millones de personas que de otra manera no hubieran tenido ninguna.

- A pesar de tener garantía de éxito, el network marketing está libre de las barreras artificiales presentes en otras ocupaciones.

- Las compañías líderes de la industria cotizan en Wall Street. Algunas ofrecen opciones de compra de acciones y beneficios en el área de salud. Operan en todo el mundo. Muchas han desarrollado productos propios en laboratorios y centros de investigación de última generación.

- Lleva a muchas personas a establecer amistades para toda la vida y les permite tener una actividad comercial junto a sus parejas, hijos y familiares.

De hecho, ¿qué es lo que constituye una pirámide ilegal? Las leyes federales y estatales de Estados Unidos están sujetas a diferentes interpretaciones. Pero generalmente esto es visto como una operatoria dedicada exclusivamente a pagar a la gente por asociarse como distribuidores —con poco o ningún énfasis en reunir clientes de verdad para que adquieran productos o servicios. A los nuevos asociados se les exige que compren por adelantado grandes cantidades de productos, sin la posibilidad de devolver los no vendidos y obtener reintegros. Se los presiona intensamente para que compren sofisticados materiales de capacitación a costos excesivos. Esencialmente, los participantes se alimentan unos de otros; a veces el pez más grande consume las energías y recursos del pez más chico.

Tal como se informó, toda la industria del marketing multinivel enfrentó su día de ajuste de cuentas en 1979, cuando la Comisión Federal de Comercio dictaminó que Amway era un negocio legítimo y no una pirámide. Esa reglamentación determinó muchas de las reglas básicas a las que hoy las compañías adhieren.

Sin embargo, como todavía perdura el recuerdo de esas crónicas, sigue existiendo un gran escepticismo sobre el network marketing —en parte porque para mucha gente este enfoque sigue siendo relativamente nuevo. También existen dudas alimentadas por algunos de los competidores que han invertido fortunas en contratar personal de ventas, hacer publicidad en televisión (una industria que por sí sola tiene mucho que perder), y en desarrollar intrincadas redes de distribución minorista. Ellos tienen un interés encubierto en mantener viva la sospecha, aunque muchos de ellos están migrando a técnicas de venta directa.

En su libro Ola 3*, Richard Poe traza un interesante paralelo en su análisis sobre el accidentado camino del network marketing hacia la aceptación y legitimidad:

> Las ideas nuevas siempre se atacan y rechazan al principio. En sus primeros tiempos, el sistema de franquicias sufrió abusos similares por parte de la prensa y el mundo corporativo, casi por las mismas razones...
>
> Los medios atacaron como barracudas hambrientas. Se publicaban revelaciones que mostraban a familias necesitadas que habían perdido sus ahorros de toda la vida en esquemas de franquicias. Los procuradores generales de varios estados condenaban al nuevo método de marketing. Algunos congresistas intentaron proscribirlo por completo. ¡Qué rápido cambian las cosas! Actualmente, las franquicias representan el 35 por ciento de todas las ventas minoristas de Estados Unidos.

Preocupación 4

¿Alguien realmente se hace rico con este negocio, además de los pocos que están en la cima y que llegaron antes? La deserción es grande en el network marketing. Las personas entran y salen del negocio todo el tiempo. En algunos casos, se debe a que alcanzaron los objetivos relativamente modestos que se habían fijado al principio: ganar un poco más de dinero para pagar ciertas cuentas, comprar un auto nuevo o irse de vacaciones. Otros se asocian porque les gusta la gente y quieren oportunidades de socializar y ampliar su red de amigos, pero nunca se enfocan en hacer del negocio su ocupación a tiempo completo. Algunos están atraídos inicialmente por la baja tarifa de ingreso pero no tienen un nivel serio de compromiso. Los líderes de esta industria señalan que como el costo de ingreso es tan bajo, el costo de salida es bajo también y así muchas personas se dirigen a la salida. Algunos de quienes dejan esta actividad se han amargado por la experiencia y creen que las circunstancias eran desfavorables para ellos. Las riquezas que imaginaron no se materializaron y culpan a la compañía.

> **Al ígual que sucede en la mayoría de los esfuerzos, usted recibe la que da.**

Es verdad que la mayoría de las personas que se asocian al network marketing nunca desarrollan ingresos suficientes para abandonar sus empleos de tiempo completo. Al igual que sucede en la mayoría de los esfuerzos, usted recibe lo que da. Pero quienes trabajan en negocios de venta directa a tiempo completo ganan ingresos por sobre el promedio. La DSA una vez estimó que más de la mitad de esas personas ganan más de 50.000 dólares por año. Uno de cada diez gana más de 100.000 dólares.

¿Sería posible para usted conseguir los niveles de ingreso, éxito y felicidad logrados por los profesionales de red que aparecen en este libro? Absolutamente. ¿Hay alguna garantía? En lo absoluto.

La cuestión de la saturación del mercado es un tema muy controvertido en el network marketing. Las compañías que funcionan hace tiempo y que han generado gran cantidad de distribuidores ricos, repiten con insistencia que un éxito similar es igualmente posible para los nuevos distribuidores que se asocien hoy. Afirman que la apertura de nuevos mercados internacionales y la presentación de nuevos productos y servicios, son razones para sostener que no sería "demasiado tarde" si usted se asocia ahora. Y subrayan que experiencia, longevidad y un historial demostrado, particularmente en una industria en constante cambio como la del network marketing, le ofrecen la estabilidad, credibilidad y respaldo que usted necesita para que su negocio despegue.

Otros afirman que usted cuenta con una mayor ventaja al ingresar en los inicios de un emprendimiento de network marketing, ya que existe mayor trabajo de equipo y más entusiasmo porque a la gente le gusta ser parte de algo nuevo y diferente. Si le va bien con un negocio más nuevo, resulta probable que la casa matriz lo destaque para ser reconocido y publicitarse, lo que expande sus oportunidades de liderar y desarrollar su propia organización.

Sigue siendo cierto que no todo el valor de este tipo de negocio se puede calcular en dólares y centavos. Muchos Nuevos Profesionales que ingresan a la industria sostienen que el crecimiento personal y la libertad de tiempo que han logrado gracias a su negocio exceden ampliamente en su escala de valores. ¡Los beneficios extra pueden ser muy buenos!

- Como padres, tienen más tiempo para estar con sus hijos.

- Luego de toda una vida de trabajar para otro, tienen oportunidad de organizar algo para sí mismos y sus familias que bien puede valer la pena, aún ganando menos dinero que antes.

- Pueden enfrentar el panorama de la vejez con seguridad financiera y salud mejorada, para no convertirse en una carga para hijos y nietos.

Muchos Nuevos Profesionales sostienen que el crecimiento personal y la libertad de tiempo que han logrado por su negocio exceden el dinero.

> **La mayoría de las personas no se hacen ricas en el network marketing, pero muchos dicen que se enriquecen.**

• Pueden ganarse amistades duraderas entre personas altamente exitosas y positivas, provenientes de diferentes estilos de vida y de todo el mundo, que no podrían haber conocido de otra manera.

• Pueden disfrutar la satisfacción que proviene de ayudar a otros a lograr mejor salud y finanzas más seguras al convertirse en maestro, mentor y líder de su organización.

La mayoría de las personas no se hacen ricas en el network marketing, pero muchos dicen que se enriquecen.

PREOCUPACIÓN 5

Ya estoy muy ocupado. ¿Cómo puedo encontrar tiempo para un negocio como este? Probablemente, la excusa de la "falta de tiempo" es la razón más común por la que las personas rechazan una invitación de amigos o relaciones para unirse a un negocio de network marketing. No caben dudas de que la carencia de tiempo es un tema serio para familias con dos sueldos, que luchan entre las demandas familiares y profesionales. Sin embargo, un reciente estudio de los expertos John Robinson y Geoffrey Godbey, sugiere que la mayoría de nosotros podríamos tener tiempo para emprender una nueva actividad, como iniciar un nuevo negocio de MLM, principalmente porque la industria está poniendo cada vez más énfasis en proporcionar oportunidades a medio tiempo para personas con ocupaciones de tiempo completo.

Es una cuestión de prioridades. Estos investigadores analizaron los estilos de vida de diez mil participantes y concluyeron que, contrariamente a la creencia popular, los estadounidenses en realidad tienen más tiempo libre ahora que en cualquier otro período de los últimos treinta años —un promedio de cuarenta horas por semana.

Si eso le parece difícil de creer, tenga en cuenta que el estudio descubrió una amplia brecha entre la percepción de la gente sobre su ocupación y la realidad. A los participantes del estudio se les pidió que tuvieran un diario detallado de sus actividades. Cuando se analizaron los resultados, se descubrió que, en promedio, los hombres trabajadores tenían la percepción de que pasaban 46,2 horas en su actividad profesional. En realidad, pasan 40,2 horas. Las mujeres percibían 40,4 pero en verdad trabajaban 32 horas.

¿Cuál es la razón de esa exageración? "Estar ocupado se ha convertido en un símbolo de estatus?" le dijo Robinson a la revista Newsweek. "Si usted dice que el tiempo es importante para usted, entonces usted se convierte en una persona importante."

"De hecho," sigue informando la revista, "los estadounidenses trabajan menos horas que en 1965 —casi cinco horas menos las mujeres, y seis horas menos los hombres."

Además, hay otro descubrimiento clave: en promedio, los trabajadores estadounidenses pasan quince de sus cuarenta horas libres semanales viendo televisión. Si usted es uno de ellos, tal vez sea hora de reordenar sus prioridades y reexaminar con qué facilidad invocamos la excusa más común: "No tengo tiempo".

ELEGIR UNA COMPAÑÍA DE NETWORK MARKETING

Si después de evaluar la industria del network marketing en un nivel macro y examinar sus propias necesidades, objetivos, fortalezas y debilidades en el micronivel, usted decide que le gustaría participar de esta actividad, ¿cómo elegir entre las innumerables compañías que están ansiosas de obtener su participación? Nos dedicaremos a este tema crítico ahora.

> **Los estadounidenses actualmente tienen más tiempo libre ahora que en cualquier otro período de los últimos treinta años - un promedio de cuarenta horas por semana**

El primer paso: defina su objetivo

Cuando juzgue cualquier negocio, necesita definir lo que quiere de él. ¿Lo impulsan los beneficios —quiere desarrollar un negocio con valor a largo plazo? ¿O lo impulsan las ganancias —quiere flujo de dinero?

El network marketing lo puede ayudar a cumplir ambos objetivos. Durante los tres a cinco años de trabajo arduo que puede llevar organizar una red importante, usted estará impulsado por los beneficios. Sin embargo, una vez que su red esté establecida, su inversión puede convertirse en una máquina de dinero. En las primeras etapas de su averiguación, sin embargo, el orden de negocios más importante es definir sus objetivos.

El segundo paso: investigar la industria e identificar compañías que constituyan una meta

Cientos de compañías han ido y venido en los últimos veinte años. Los fracasos suceden por productos débiles, gestión pobre y falta de capital suficiente. Tan sólo un puñado de compañías son miembros del Club de los Mil Millones de Dólares que se describió en el capítulo 6. Unas pocas más pueden distinguirse por sus innovaciones, su longevidad, un nicho lucrativo en un mercado en crecimiento o el respaldo que reciben de la compañía madre y/o una marca bien establecida. Asegúrese de que la compañía que elija entre al menos en una de estas categorías.

Como el network marketing es sometido a una inspección reguladora y legal especialmente dura, también es una buena idea ver cómo soporta su presunta compañía ese escrutinio. Verifique en la DSA (www.dsa.org) si la empresa es firmante del código de ética de esa organización. Navegue por la World Wide Web para ver qué dicen los medios sobre la empresa, y revise lo que dicen los foros de chat y los sitios dedicados al network marketing. Si es una compañía que cotiza en bolsa, visite los numerosos sitios de inversores para analizar la visión que tiene Wall Street de esa compañía.

Sea justo cuando realice este análisis. Comprenda que muchas quejas surgen de distribuidores descontentos que simplemente no trabajaron lo suficiente y echan culpas, o bien surgen de procuradores generales o fiscales con ambiciones políticas que hacen públicas ciertas quejas que llegan a sus oficinas, para demostrar que son campeones para el consumidor promedio.

Tal como mencionamos en el capítulo 5, ahora existe una creciente literatura sobre el network marketing. ¡Comenzó desde el lugar correcto al leer este libro! Empresas editoras como Prima Publishing en inglés (y TIME & MONEY NETWORK EDITIONS en castellano) cuentan con un buen catálogo de otras obras útiles, incluyendo la serie de libros Ola 3 (¡y 4 y 5!) de Richard Poe. Si desea una lista de mejores recursos, consulte el apéndice.

El tercer paso: realice un chequeo "pre-vuelo"

Una vez que ha identificado una compañía para asociarse, siga esta lista de chequeo:

1. Primero, preste atención al historial de ventas. ¿La compañía está en rápido crecimiento o ha llegado a una meseta? ¿Está creando con éxito nuevos productos y se está diversificando?

2. Su compañía debería ser financieramente estable y con saldo positivo. Debería contar con un registro de antecedentes de tres a cinco años de operaciones, y ser miembro de la DSA sin problemas regulatorios vigentes.

3. Busque una compañía conocida por su distribución computarizada, que haya abrazado la era de Internet.

4. En cuanto a las compensaciones, creemos que el plan ideal es el que permite asociar a todas las personas posibles en su línea frontal. Y los mejores planes también pagan comisiones por cinco o más niveles. Cada nivel adicional puede aumentar geométricamente su ingreso.

El cuarto paso: conozca su producto --¡y ámelo!

Cuando intente asociar distribuidores, necesita que ellos confíen en que el producto será fácil de vender. Debe ser más que bueno —debería ser único. Sería ideal que solamente se pudiera conseguir por medio de su compañía de network marketing, para que los distribuidores sepan que no compiten contra negocios minoristas. Debería existir una necesidad por ese producto en un amplio segmento de la población. En la actualidad, el blanco preferido es la generación de baby boomers.

El producto ideal hace que los clientes satisfechos regresen. La frecuente repetición de pedidos ha sido crucial para el éxito de los productos más importantes. Una estrategia clave es lograr que las personas redireccionen sus gastos. Convenza a personas que ya utilicen desodorante, champú y servicio telefónico de larga distancia de que cambien a su red distribuidora de calidad superior.

> **Aprenda de quienes perfeccionaron este negocio y sobresalieron.**

Lo más importante es que tiene que ser un producto con el que realmente usted se apasione. Debe creer en él para tener éxito, porque en ventas, "nada vende como la sinceridad."

El quinto paso: ábrase a la capacitación

No ingrese a este negocio como sabelotodo. Puede aprender del éxito y la experiencia que pueda haber logrado en el mundo comercial o profesional, pero el network marketing es una cultura única. Aprenda de quienes perfeccionaron este negocio y sobresalieron.

En el network marketing, debe aprender las habilidades del arte de vender y cómo construir una red de asociados: invitar, presentar, cerrar, capacitar, apoyar y motivar.

El network marketing es un juego de números. El rechazo y la rotación de personas son realidades de la profesión. Solamente entre un 5 y un 10 por ciento de la población tendrá éxito. El desafío es encontrar y desarrollar a esas personas.

El paso final: encuentre mentores

Una vez que haya identificado una buena compañía; estudiado su reputación, línea de productos y plan de compensación; y que haya determinado que se trata de una organización a la que se asociaría orgulloso, con productos que cree que realmente pueden marcar una diferencia para la gente, ¿cuál es el próximo paso? Encontrar a los líderes mentores en su línea de auspicio o en su compañía, que lo ayuden a aprender cómo crear su propia organización.

El cambiante ambiente de contacto/patrocinio/asociación de distribuidores

En el mundo tradicional del network marketing, un distribuidor en actividad le presentaría, en su condición de asociado potencial, el concepto de network marketing y una compañía en particular. Según la costumbre, si usted decidiera ingresar a esa compañía, automáticamente se vería comprometido a asociarse en línea sucesoria con ese distribuidor, como miembro de la red de esa persona.

Lamentablemente, los casamientos entre líderes y miembros de la red a veces demuestran ser incompatibles. A veces el líder es de otra comunidad, lo que crea una relación a distancia. Otras veces, el upline o auspiciante es un profesional de red nuevo con conocimientos limitados para capacitarlo. E incluso en otras situaciones, el líder tiene muy poco tiempo para nutrirlo y guiarlo adecuadamente.

Entrevistas con distribuidores descontentos que han abandonado y se han convertido en víctimas del desgaste del network marketing, indican que esta falta de capacitación, preparación y consejo en los primeros pasos de un nuevo distribuidor es una causa clave de ese fracaso personal. Aunque las compañías alientan a los nuevos miembros a buscar entre los niveles superiores de su red líderes experimentados con quienes tener una relación más compatible, ese proceso suele resultar demasiado engorroso o simplemente no funciona.

En el actual ambiente cambiante de contacto/patrocinio/asociación de distribuidores, existe mucha más búsqueda intencional y cortejo explorador entre potenciales asociados y sus candidatos upline.

ORGANIZACIONES DE DISTRIBUIDORES EN RED: ESTUDIO DE UN CASO PRÁCTICO

Líderes carismáticos de network marketing que han desarrollado poderosas organizaciones de redes de distribuidores como Bill Britt de Amway, el difunto Ken Pontious de Enrich, Jeff Schegal durante su período en NSA, Mark Yarnell, antes en Nu Skin y Dexter Yeager de Amway, son leyendas en el folklore de la industria. Sin embargo, estas dinastías de distribuidores han variado en gran medida. Están muy personalizadas y reflejan personalidades en particular, ciertos modelos de negocio, determinados tipos de red, ayudas para ventas y programas promovidos por los líderes individuales.

MGIWorldNet.com, un grupo contemporáneo de redes de distribución, representa una estructura organizativa única construida sobre la base del profesionalismo y la tecnología que ha absorbido la industria del network marketing en los últimos diez años. MGIWorldNet.com ha adaptado el marco y la sofisticación de las corporaciones estadounidenses a la cultura personalizada de alto contacto del network marketing.

MGIWorldNet.com se organizó inicialmente como Millenium Group International (MGI) en 1991 en Ottawa, Ontario, Canadá; sus fundadores eran Richard Santiago, Connie Barker y Miak Getz. El Folleto MGIWorldNet.com publicado en junio del 2000 diferencia a la "compañía de network marketing" de la "organización de network marketing". La compañía de network marketing "brinda servicios y productos y la infraestructura para su entrega". La organización de network marketing MGI "es la organización de representantes responsables de desarrollar infraestructura de distribución para la compañía de network marketing" para promover productos y servicios al consumidor.

MGI destaca que en esta industria donde preparar, enseñar y brindar apoyo organizativo es esencial para el éxito, "para los profesionales serios, la elección de una organización en particular debería ser tan importante como la elección de la compañía de network marketing."

MGI está enfocada en desarrollar una organización de distribuidores de network marketing integrada que luego pueda armar alianzas estratégicas con compañías que busquen expandir su grupo de distribuidores. La organización de distribuidores MGI puede maximizar la "eficiente velocidad de salida al mercado" para cualquier potencial socio estratégico.

La visión de MGI es "ser una de las organizaciones de network marketing líderes en el mundo." Su misión es "desarrollar una red virtual global que permita a las personas desarrollarse y prosperar con espíritu de contribución y colaboración... convertir al network marketing en una fuerza de distribución líder... desarrollar líderes... y proveer un modelo e infraestructura."

> **U**sted está en el negocio
> para sí mismo
> pero no está solo.

MGI está organizada como entidad corporativa fundada por sus miembros. Respalda sus esfuerzos para el desarrollo de sus negocios mediante funciones centralizadas donde resulten más eficientes. Esas funciones incluyen planeamiento y desarrollo estratégico, operaciones en ciudades fijadas como objetivo, capacitación, fijar y cumplir estándares, comunicaciones por medio del sitio Web de MGI, correo de voz, llamadas en conferencia y programas de capacitación y servicios administrativos y financieros.

Hasta junio de 2000 MGI informaba que cuenta con equipos formales operando en diecisiete ciudades de Estados Unidos, con un programa de expansión en camino. Los equipos hacen más de veinticinco presentaciones comerciales por semana, con un promedio de mil quinientos invitados mensuales, además de la preparación y capacitación de distribuidores. Los miembros tienen apoyo formal para desarrollar su negocio a distancia en cualquier mercado donde MGI está presente.

MGI tiene un modelo integrado de negocio, que es sistemáticamente seguido y duplicado a lo largo de la organización en todos los mercados. Los miembros son respaldados por una amplia gama de servicios operativos en cada ciudad objetivo. La operación de cada ciudad es conducida por un equipo local de tres personas: Coordinador de Ciudad, Coordinador de Instrucciones y Coordinador de Generación de Líderes. Estos líderes manejan las presentaciones, coordinan y realizan "entrenamientos poderosos", llevan adelante sesiones de capacitación luego de las presentaciones, identifican y entrenan a oradores para nuevas presentaciones, y manejan las variadas actividades de la generación de líderes en la ciudad. Richard Santiago y Connie Barker, cofundadores, ofrecieron una resumida descripción informal de MGIWorldNet.com: "Tener el canal network marketing, buscando alianzas comerciales provechosas." El concepto organizativo y el marco operativo son verdaderamente únicos y potencialmente efectivos.

¡Sin embargo, el desafío crítico se centra en identificar y crear sociedades estratégicas con poderosas compañías de network marketing! ¿Cuáles son las candidatas calificadas?

Seleccionar su mentor es fundamental. Si miramos atrás en nuestras vidas, la mayoría de nosotros podemos identificar a varios mentores que realmente marcaron una diferencia. Como nuevo profesional de red, usted necesitará agregar al menos un mentor más a su lista para triunfar en serio. Las mejores compañías tienen líderes de red que realmente quieren que usted duplique su éxito, y ellos se tomarán el tiempo necesario para ayudarlo. Lo bueno de esta industria es que no es solamente un sacrificio que ellos realizan por su propio interés financiero. Cuanto más éxito tenga usted, más ganarán ellos.

Dentro de poco tiempo usted querrá seguir el camino de estos líderes aconsejando a otras personas por su cuenta. Los profesionales de red identifican la oportunidad de aconsejar como una de las características más reconfortantes de este modelo único de negocio. Verdaderamente, usted está en el negocio para sí mismo, pero no está solo.

• *Publicado en castellano por TIME & MONEY NETWORK EDITIONS, Buenos Aires, Argentina,*

CAPITULO

¡Renuncio!

Comencemos el final de nuestra exposición con una prueba de diagnóstico de su potencial para ser un Nuevo Profesional. La llamamos Prueba R (¡Renuncio!) del Nuevo Profesional.

Es importante que usted haga un encuadre mirando de cara a la realidad al contestar las preguntas de la prueba, juzgando su situación y capacidades tal cual son. Quizás quiera consultar las respuestas con su pareja, alguien cercano o algún amigo íntimo, porque las personas que más nos conocen suelen penetrar nuestros mecanismos de defensa y ayudarnos a desprendernos de nuestras ilusiones personales.

Luego de eso, le sugerimos cómo "calificarse" y cuál es el próximo paso si usted "aprobó" o "reprobó". Como verá, las preguntas apuntan principalmente a respuestas cualitativas antes que cuantitativas (o incluso respuestas por sí o por no). Por lo tanto, el puntaje tendrá características similares.

PRUEBA R (¡RENUNCIO!) DEL NUEVO PROFESIONAL

Las preguntas están separadas en tres grupos:

- Grupo 1: cómo evaluar su empleo y camino profesional actual; condición económica y situación financiera general.

- Grupo 2: cómo evaluar su estilo de vida, grado de felicidad, administración del tiempo que pasa con su familia y grado de control sobre su lugar y tipo de residencia.

- Grupo 3: cómo medir su potencial como profesional de network marketing exitoso, porque aunque las compañías sostengan que su modelo de desarrollo profesional es resistente al fracaso e infalible, sigue siendo cierto que esta profesión, como cualquier otra, exige una actitud de trabajo y habilidad específica.

¡Aquí vamos!

Preguntas del grupo 1

- ¿Existe una posibilidad concreta de que su empleo sea eliminado?

- ¿Su compañía podría fusionarse o ser adquirida por otra, lo que daría como resultado una reducción que lo afecte a usted?

- Si usted es dueño de un negocio, ¿su empresa podría sufrir un revés financiero irreversible?

- ¿Está satisfecho en general con su nivel de ingresos? ¿Puede esperar progresos razonables e ininterrumpidos en salario y situación?

- ¿Está adecuadamente preparado para su eventual jubilación? ¿Su sistema de Seguridad Social, administradora de fondos e inversiones personales le permitirá mantener su estilo de vida actual durante los veinte o treinta años de vida como jubilado?

- ¿Su profesión —sea bancaria, de bienes raíces, cuidado de salud, derecho, enseñanza o cualquier otra— ha cambiado desde su inicio en ella? ¿Sigue siendo satisfactoria y lucrativa?

Preguntas del grupo 2

- ¿Sus obligaciones profesionales le dejan tiempo suficiente para atender a su familia, amigos y actividades de tiempo libre?

- ¿Tiene un viaje tolerable a su lugar de trabajo? Una vez allí, ¿trabaja en un ambiente agradable?

- ¿Vive en el lugar del país que le gusta?

- ¿Tiene un grado significativo de control sobre su vida o se siente atrapado por la rutina y circunstancias personales?

- ¿Valora estabilidad por sobre incertidumbre, y cierto grado de riesgo sobre seguridad?

- ¿Es fundamental para su autoestima trabajar en una organización grande, conocida y prestigiosa?

> **H**aga un encuadre mirando de cara a la realidad al contestar las preguntas de la prueba, juzgando su situación y capacidades tal cual son.

Preguntas del grupo 3

- ¿Tiene capacidades de comunicación regularmente efectivas?

- ¿Está dispuesto a hablar frente a la gente?

- ¿Podría acercarse a amigos, familiares, colegas e incluso a desconocidos con un discurso de ventas que la mayoría no quiere escuchar?

- ¿El miedo al rechazo afecta significativamente su comportamiento, incluso su voluntad de pedir favores a la gente, aumento a sus jefes y ventas a posibles clientes?

- ¿Tiene un grado suficiente de auto-disciplina para asegurar el posible cumplimiento de tareas laborales en un ambiente hogareño de trabajo, en el que debe resistir oportunamente distracciones como hijos, mascotas, televisión o comidas?

- ¿Sentiría cierto aislamiento si, durante una parte importante de su vida profesional, nunca saliera de su hogar ni asistiera a reuniones o desayunos "poderosos", almuerzos o cenas de trabajo?

- ¿Consideraría degradante vender productos o servicios de consumo y mezclarse con personas cuyo nivel educacional, social y de ingresos puede ser más bajo que el suyo?

- ¿Una reacción negativa de sus familiares o amigos a su nueva profesión le causará preocupación o un rápido cambio de actitud?

PUNTAJE DE SU POTENCIAL COMO NUEVO PROFESIONAL

Luego de haber considerado los tres grupos de preguntas de la Prueba R del Nuevo Profesional, es hora de auto-evaluarse. Tal como se advirtió, las preguntas que hemos hecho son de naturaleza cualitativa y subjetiva. Por lo tanto, lo que debería buscar en este ejercicio es un diagnóstico razonado e inteligente de su potencial como Nuevo Profesional, en lugar de una nota buena o mala, un sí o no, aprobación o rechazo.

Evaluación de las preguntas del grupo 1

Solamente usted puede referirse a su específico grado de satisfacción con su ingreso, su situación financiera actual y del futuro, y el nivel de confianza que le tiene.

Imagine que su carrera le parece interesante, desafiante y provechosa y tiene motivos para creer que su trabajo es seguro. Imagine también que tiene en funcionamiento un buen plan de jubilación, que ha sostenido con un nivel responsable de ahorros. Resulta probable que usted quiera o necesite considerar un negocio de network marketing.

Aunque los antiguos modelos económicos y de trabajo estén cambiando, aún funciona para una parte de los trabajadores. Al fin y al cabo, las mismas compañías de network marketing cuentan con ejecutivos corporativos que no son profesionales de red. Se forjaron en el mundo corporativo tradicional, y fueron convocados por la capacidad de gestión que adquirieron, y les pagan y ascienden con esas premisas.

Sin embargo, si usted es uno de los muchos que no están completamente seguros de su seguridad laboral a largo plazo, que no ha invertido adecuadamente para su jubilación y que desea diversificar las fuentes de ingreso en un negocio con bajo costo de inicio –y que puede realizarse a tiempo parcial–, entonces el network marketing y su potencial de ingreso residual a largo plazo para el momento de jubilarse y años posteriores, resultan un enfoque atractivo.

Evaluación de las preguntas del grupo 2

Aunque tenga o no un ingreso seguro, sustancial y en crecimiento en el mundo profesional o comercial tradicional, ¿qué pasa con su calidad de vida? Quizás sus finanzas estén en buen estado, pero tal vez usted sea desdichado o esté estresado. Si le parece que pasa demasiado tiempo en la oficina o en la calle y se pierde hechos importantes relacionados con su pareja o hijos, quizás quiera tomar otro camino.

> **B**usque en este ejercicio un diagnóstico razonado e inteligente de su potencial como Nuevo Profesional, en lugar de una bota buena o mala, un sí o no, aprobación o rechazo.

Si todos los días enfrenta un largo viaje al trabajo, si está cansado del interminable esquema de reuniones y políticas de oficina, o preferiría trabajar a su propio ritmo vestido con ropa informal, los negocios con base en el hogar pueden ser una gran alternativa. Y si tiene hijos en edad escolar, probablemente le encantaría encontrar una opción profesional que no lo haga elegir entre un buen ingreso o estar en casa con sus hijos casi todos los días.

¿Y su lugar de residencia? ¿Está allí porque es conveniente por su trabajo o porque es el lugar en el que quiere realmente vivir? El trabajo desde el hogar y otras formas de tele-trabajo le permiten vivir donde quiera.

Estos factores del estilo de vida son las consideraciones más importantes para el Nuevo Profesional que deba tomar importantes decisiones en relación con su carrera. De hecho, esas decisiones pesan más que el dinero. El dinero es un umbral a cruzar. Y una vez que el aspirante a Nuevo Profesional decide o prueba que en el network marketing es posible cruzarlo, surgen los verdaderos beneficios: libertad de tiempo, familias más fuertes y estilos de vida más gozosos.

Sin embargo, tal como se indicó anteriormente y por la naturaleza de varias de las preguntas del grupo 3 de este capítulo, debe considerar seriamente si el estilo de vida del network marketing es compatible con los rasgos de su personalidad y carácter, y los de su familia.

Trabajar desde su hogar tal vez lo haga sentir aislado, insignificante y poco involucrado. Quizás le falte disciplina para cumplir las horas necesarias de trabajo enfocado. Puede haber demasiadas distracciones, demasiadas excusas para posponer tareas productivas. Quizás cambien sus hábitos personales: quizás coma más, o se bañe, afeite y arregle menos. ¡Quizás incluso adquiera el hábito de ver televisión durante el día! Se sabe que todos esos peligros latentes afectan a quienes manejan sus negocios desde los hogares.

Evaluación de las preguntas del grupo 3

Su anterior éxito en el mundo profesional o comercial, no significa automáticamente que usted será un buen profesional de red.

Debe tratar agresivamente de vender productos y una oportunidad comercial, virtualmente a todos los que conozca, incluso familiares y amigos, y estar preparado para ser rechazado con frecuencia. Necesita tener una cierta "elocuencia", ser un buen conversador, encontrar maneras de conectarse con diferentes tipos de personas y comunicar con pasión.

Una estas necesidades de capacidad con la posibilidad de que algunas de las personas que usted conoce reaccione negativamente a su nuevo emprendimiento — no sólo rechazando sus súplicas de asociarse a su negocio, sino además expresando sorpresa o consternación por la carrera de su elección. Si "lo que la gente piensa" es extraordinariamente importante para usted, si se avergüenza de venderle a la gente, si carece del enfoque para cerrar un trato o si el rechazo lo destruye, es probable que esta industria no sea adecuada para usted.

Sin embargo, dicho esto, muchas compañías han trabajado arduamente para perfeccionar sistemas de capacitación y lo que llaman modelos "duplicables" de éxito. Aconsejar es parte fundamental de la tarea del network marketing. Al fin y al cabo, el éxito de esos consejeros –mentores- se mide por el desempeño de las personas que ellos capacitan. Entonces, si usted cuenta con las actitudes correctas y un mínimo de capacidad, tiene verdaderas chances de poder trasladar al éxito en su línea alternativa de negocios, las habilidades que lo hicieron exitoso en su carrera actual.

EL REORDENAMIENTO

Luego de haber obtenido su puntaje de cada grupo de preguntas, ahora debe determinar cómo reordenar las tres categorías evaluadas para determinar su próximo movimiento.

Por ejemplo, quizás esté ganando mucho dinero seguro, pero desee un estilo de vida profesional y personal diferente. O tal vez decida que su carrera tiene un rumbo antediluviano y que necesita un negocio de network marketing para obtener seguridad de ingresos. Tal vez esté convencido de que el network marketing es una oportunidad alternativa de ingresos legítima, que quizás necesite el dinero y disfrutaría del estilo de vida, pero deba admitir honestamente que sencillamente usted no será bueno para eso. Tal vez no necesite verdaderamente otro ingreso, pero como conoce su capacidad, sabe que sería bueno y que no lo puede dejar pasar.

Además, puede ser un proyecto divertido, educativo y útil que se puede desarrollar en familia y conocer mucha gente en el trayecto.

Debe balancear los tres grupos de preguntas sopesándolas de manera realista, para determinar su viabilidad como un Nuevo Profesional del network marketing.

¿Y si "reprobara" la prueba R del Nuevo Profesional?

¿Qué le decimos a quienes fallaron en la evaluación? ¿No quieren, no necesitan o no pueden triunfar como Nuevos Profesionales?

A algunos quizás les digamos "¡felicitaciones!". Tal vez tengan un empleo que los recompense en forma amplia, económica y personalmente, y que les permita tener una vida equilibrada con mucho tiempo para la familia y para la recreación. ¡Manténganlo! Quizás hayan hecho inversiones exitosas que les garantizan una jubilación cómoda y segura. ¡Felicitaciones! Sólo necesitan comprender que la mayoría no son como ustedes; por lo tanto, el aumento de Nuevos Profesionales a su alrededor puede causar impacto en sus hijos, colegas, empleados y clientes. Muchos de ellos estarán buscando un estilo de vida diferente.

Quienes necesiten una oportunidad como el network marketing pero están totalmente restringidos por la falta de tiempo, conocimiento o capacidad, no se preocupen, esta industria no desaparecerá. La oportunidad seguirá allí en caso de que sus circunstancias o auto-evaluación del panorama personal cambiaran.

No pase por alto el hecho de que existen otras maneras de convertirse en Nuevo Profesional. Tal vez encuentre una nueva oportunidad de negocio más flexible, y tenga el dinero y la capacidad para invertir en ella y hacerla funcionar. Hemos destacado que el impacto del network marketing en el amplio mundo de los negocios es importante. Puede cambiar de manera positiva su ocupación a medida que se expanden las oportunidades de trabajar desde su hogar y mantener horarios flexibles en el ambiente laboral.

¿Cree que no puede ser bueno en el network marketing? Quizás sea su pareja quien lea este libro. Deje que él o ella sea el profesional "pionero" en esta ocasión. Si tiene hijos, al menos uno de los padres podrá quedarse en casa y usted puede unirse más adelante.

En verdad, es momento de que los autores hagamos una confesión. A pesar de la admiración que sentimos por la industria del network marketing en su conjunto, ninguno de nosotros dos participa en ella. Sin embargo, ambos nos consideramos Nuevos Profesionales.

Como profesor y consultor comercial, Charles ha desarrollado una carrera que le permite enseñar en el ámbito universitario mientras sigue arraigado en el pragmático mundo de los negocios. Cuando no está en las aulas desarrollando tareas como tutor de sus alumnos u ocupándose de sus otras responsabilidades universitarias, trabaja desde su hogar y viaja por el mundo, ya sea por negocios o placer.

Sandra King, su mejor amiga, esposa, socia comercial y miembro integrante del equipo consultor King, es otro ejemplo de Nuevo Profesional. Sandra tiene un título de postgrado en negocios, una carrera de veinte años en marketing en el mundo corporativo, y ahora maneja la consultora King. Sandra ganó experiencia como profesional de network marketing y ahora coordina programas educativos de network marketing en todo el mundo.

Jim pasó veinte exitosos años en el formal mundo de la política y los asuntos públicos corporativos. Cansado del esfuerzo de desayunos de trabajo, reuniones aburridas, políticas de oficina y pugnas gerenciales, se ha armado ahora su propio estilo profesional equilibrado, que incluye un significativo lugar como consejero de la Cámara de Comercio de Estados Unidos –tarea que desarrolla principalmente por teléfono, fax y correo electrónico– y una prometedora carrera como escritor. De esta manera, permanece en contacto con sus siempre vigentes intereses en política y asuntos públicos a través de su relación con la Cámara, organización con sede en Washington DC. Pero vive en el lugar de Los Angeles que prefiere, y tiene una segunda fuente de recursos como escritor, tarea que es su primer amor.

DIEZ TENDENCIAS QUE POTENCIAN EL ASCENSO DE NUEVOS PROFESIONALES Y EL CRECIMIENTO DEL NETWORK MARKETING

Si usted se une a los Nuevos Profesionales ahora o más adelante, si el network marketing es o no su vehículo elegido, si decide viajar por esta ruta de otra manera, si decide hacer este viaje todo junto o dando un paso a la vez desarrollando a tiempo parcial su negocio, o si decide permanecer en el mundo más tradicional del trabajo mientras su pareja aprovecha estas oportunidades... en todos los casos su vida sufrirá el impacto de los Nuevos Profesionales y el creciente atractivo del network marketing. Diez tendencias importantes de la sociedad potencian estos cambios. Esperamos que le sean familiares luego de haber leído detenidamente los ocho capítulos anteriores de este libro.

Tendencia 1: Inseguridad económica y oportunidad unidas

A pesar del récord en prosperidad, los despidos corporativos en niveles gerenciales medios y altos continuarán debido a las fusiones de empresas y la globalización. Al mismo tiempo, un 50 por ciento de los hogares estadounidenses cuenta con acciones de su propiedad. En un determinado día, muchas familias ganan (¡o pierden!) más por sus inversiones que por su trabajo. Las inseguridades del trabajo tradicional combinadas con las interesantes posibilidades alternativas del empresariado y la inversión, están transformando la cultura del trabajo y de los ingresos. Las familias con un solo trabajo y un solo sueldo de la década de 1950 han sido reemplazadas en la década de 1990 por familias con dos trabajos y dos ingresos. Estas serán reemplazadas ahora por un grupo de actividades generadoras de ingresos, incluído el network marketing.

Tendencia 2: Profesiones en caída

Frente a una competencia sin precedentes, presiones en los costos, múltiples reglamentaciones y el impacto de la tecnología de Internet, las profesiones orientadas a ofrecer servicios como derecho, cuidado de la salud, medicina, enseñanza, franquicias y propiedad de negocios de construcción, seguirán cambiando significativamente. Las tradiciones en el cuidado y atención personal de clientes y consumidores, dejarán su lugar a una envidiosa mentalidad contable, que causará una seria reducción del nivel de ingreso y satisfacción personal de muchos profesionales.

Tendencia 3: una sociedad que envejece

El envejecimiento de la sociedad y el achicamiento de la población en edad laboral, limitarán severamente la capacidad de los programas gubernamentales de beneficios –Seguridad Social y asistencia médica– y de los planes privados de pensiones, de proveer ingresos y cuidados adecuados para los 76 millones de baby boomers* que se jubilen. Se convertirán en programas de bienestar que actuarán como "redes de seguridad", ofreciendo nada más que supervivencia precaria para quienes no lograron ahorrar, invertir y desarrollar diversas fuentes de ingreso a largo plazo.

Tendencia 4: mayor expectativa de vida

Al mismo tiempo, vidas más prolongadas y sanas aumentarán la capacidad de la gente, si se dan adecuadas oportunidades de ingresos, de seguir siendo productivos y de seguir en actividad en sus años dorados. El mercado adulto de productos y servicios relacionados con la salud, belleza y nutrición —elementos principales de la industria del network marketing— aumetará en forma explosiva. Lo mismo sucederá con la atracción de la oportunidad del network marketing.

Tendencia 5: Flexibilidad de empleos

Reducción de personal, unido a fuertes presiones para acortar los tiempos de viaje al trabajo, reducir la polución vehicular, facilitar la dispersión y descongestión suburbanas y fortalecer la estabilidad familiar, obligará a las compañías de todo tipo a ofrecer a los empleados horarios de trabajo más flexibles. Las filas nacionales de los "tele-trabajadores" —que ya están compuestas por 20 millones de personas— crecerán rápidamente. Esto será la regla, y no le excepción, en muchas industrias.

Tendencia 6: el poder de Internet

Internet y la tecnología de comunicaciones de alta velocidad con costos eficientes y fáciles de usar, harán que las oportunidades de negocios con base en el hogar sean más eficaces y útiles que nunca. Los negocios de medio tiempo que se desarrollen en forma alternativa, con la ayuda de pareja e hijos, estarán en auge y fortalecerán a la familia. Esto empujará a la independencia laboral y a la propiedad de pequeños negocios a muchas personas que nunca antes pudieron o estuvieron dispuestos a considerarlas. Esos negocios se pueden llevar adelante desde cualquier parte del mundo en donde haya acceso a electricidad, servicio telefónico e Internet.

Tendencia 7: el creciente atractivo del network marketing

Durante los últimos diez años, el network marketing se ha convertido en un canal de distribución estable y reconocido por su velocidad y eficacia en la captación del mercado. Se ha desarrollado una importante comunidad de empresas de network marketing especializadas. La actividad está siendo integrada a las estrategias de distribución de las principales compañías tradicionales de marketing.

El network marketing también se adopta como oportunidad profesional alternativa –a tiempo parcial o completo– entre los Nuevos Profesionales que buscan, a modo de carrera, caminos y opciones de ingresos alternativos. Es totalmente compatible con el renovado enfoque en la familia, estilo de vida, planificación de jubilación y flexibilidad de tiempo.

Aprovechando las más amplias tendencias económicas, tecnológicas y de estilos de vida, el network marketing seguirá creciendo de manera sustancial, lo que mejorará su imagen y posición comercial y atraerá legiones de profesionales calificados. La mayoría iniciará estos negocios a tiempo parcial, y luego trabajará a tiempo completo siempre y cuando su nivel de éxito y otras fuentes de ingreso lo permitan. Muchos se jubilarán anticipadamente en sus profesiones iniciales, estirando aún más las tendencias demográficas desfavorables que enfrenta el conjunto de la economía.

Tendencia 8: barreras constantes en el lugar de trabajo tradicional

A pesar de lo ajustado del mercado laboral, los obstáculos del éxito —como el techo de cristal, las barreras idiomáticas a inmigrantes recientes, los vestigios de prejuicios raciales y étnicos y las desventajas profesionales para personas con discapacidades, madres solteras y divorciadas— seguirán acosando al mundo del empleo tradicional. Por lo general, el network marketing ha podido superar todas estas barreras artificiales, ofreciendo igual potencial a todos los participantes, con éxito, nivel de ingreso y posibilidades de crecimiento sobre una base de desempeño en ventas y auspicio únicamente.

Tendencia 9: la venta directa como canal de distribución del comercio electrónico

El comercio electrónico y la fragmentación del mercado de consumo incitada por la tecnología, obligarán -incluso a las compañías tradicionales de productos y servicios- a explorar métodos de venta directa cara-a-cara y network marketing. En lugar de seguir invirtiendo millones de dólares en costosas campañas publicitarias nacionales y respaldo de celebridades, muchas firmas devolverán dinero a un "ejército voluntario" de profesionales de red, en forma de descuentos de productos e incentivos para reunir otros clientes y más asociados. Al mismo tiempo, marcas, calidad, servicio y competitividad de precios seguirán siendo importantes, lo que originará que muchas empresas de network marketing combinen sus enfoques de venta y auspicio con métodos comerciales más tradicionales.

Tendencia 10: Expansión del mercado internacional

El atractivo del network marketing crecerá en mercados internacionales florecientes más rápido que en Estados Unidos —especialmente Canadá, México, Japón, China, sudeste asiático, Brasil y el Reino Unido. Este crecimiento explosivo creará una fiebre de oportunidades para compañías domésticas de network marketing y sus participantes. A su vez, la globalización de la oportunidad del network marketing —posibilitado por tecnología rápida y eficaz, viaje y movimiento global de productos, capital e información— aumentará drásticamente el atractivo de la industria a profesionales estadounidenses sofisticados, bien educados cultural y económicamente.

¿Dónde está su Walden Pond?

En el análisis final, al asociarse a los Nuevos Profesionales, usted dice "¡Renuncio!"

Pero no renuncia a la vida, negocio o al hambre de logros personales.

Renuncia a un mundo profesional que le exige mucho pero no le brinda tanto.

Renuncia a un modelo laboral que le exige elegir entre su familia y su carrera.

Renuncia a organizaciones cuyo éxito y supervivencia en una economía global de competencia implacable quizás un día requiera que se deshagan de usted.

Renuncia a profesiones que han perdido su brújula moral y se desvían por completo de la razón por la que usted se había integrado a ellas: para curar a los enfermos, defender a los inocentes o enseñar a los ignorantes, por ejemplo.

Al convertirse en Nuevo Profesional, usted retoma el control sobre su economía, su profesión y su realización personal. Su nueva empresa se llama "(Su nombre), Inc." —¡y está a cargo suyo!

Usted decide dónde estará la sede. Usted decide el horario de trabajo. Usted decide qué productos o servicios ofrecer. Usted decide con quién quiere trabajar.

Al convertirse en Nuevo Profesional, usted abre su vida a infinidad de nuevas personas, experiencias y oportunidades de probar diferentes cosas. Al convertirse en Nuevo Profesional, adopta para su carrera el principio de que cuanto más ayude a los demás a triunfar, mas triunfará usted.

Cuántas diferencias con el modelo de la vieja cultura laboral que la mayoría de nosotros hemos sobrellevado.

En la década de 1840, el escritor y filósofo Henry David Thoreau se refugió en una cabaña que construyó con sus propias manos a orillas de la laguna Walden Pond en Concord, Massachusetts. Los críticos se deleitan señalando que los dos años que pasó allí no fueron exactamente de vida monástica. Thoreau paseaba por las calles del pueblo, conversando con amigos y vecinos, ayudando a otros con los quehaceres diarios, y solía disfrutar de comidas caseras preparadas por personas del lugar. Escribía, pensaba y exploraba —pero también hacía compras, socializaba y era parte activa de la sociedad.

Los críticos que afirman que esto era una contradicción no han comprendido el tema. Thoreau simplemente quería vivir la vida a su manera. Lo mismo sucede con los Nuevos Profesionales de hoy. Buscan su propio Walden Pond: un lugar y estilo de vida que no persigue la reclusión ni el aislamiento, sino la posibilidad de convertirse en parte de las cosas que realmente le interesan y le preocupan. ¿Dónde está su Walden Pond?

Thoreau lo resumió de manera simple hace más de 150 años: "Me fui al bosque porque deseaba expresamente vivir y enfrentarme sólo con los hechos esenciales de la vida, y para ver si yo podía ser capaz de aprender lo que ésta tenía para enseñarme, y para no llegar al momento de mi muerte y descubrir que no había vivido."

Esperamos que usted, aspirante a Nuevo Profesional, pueda contemplar y cambiar su propia vida con una satisfacción similar, plenamente abarcante.

*baby boomers: generación post 2da. guerra mundial.

APÉNDICE

FUENTES SELECCIONADAS DE INFORMACIÓN SOBRE NETWORK MARKETING

Se ha recopilado una amplia muestra representativa de referencias informativas para el Nuevo Profesional que esté considerando seriamente la industria del network marketing como emprendimiento comercial alternativo. Las referencias incluyen tres secciones:

- Publicaciones líderes sobre el mercado.

- Sitios Web genéricos seleccionados y relacionados con el network marketing.

- Referencias bibliográficas de network marketing seleccionadas.

PUBLICACIONES LÍDERES SOBRE EL MERCADO

Algunas de las publicaciones líderes sobre el mercado son:

Money Maker's Monthly
6627 West 171st Street, Suite B
Tinley Park, IL 60477
(708) 633-8888
e-mail:editors@mmmonthly.com
www.mmmonthly.com/mmm

Direct Sales Journal
6627 West 171st Street, Suite A
Tinley Park, IL 60477
(708) 429-4444
e-mail:info@directsalesjournal.com
www.directsalesjournal.com

UPLINE Journal
106 South Street
Charlottesville, VA 22902
e-mail: customerservice@upline.com
www.upline.com

Network Marketing Lifestyles
106 South Street
Charlottesville, VA 22902
e-mail: customerservice@nmlifestyles.com
www.nmlifestyles.com

Existe gran cantidad de medios de publicidad, correo promocional, etc., que se emplean en esta industria, pero no se consideraron fuentes importantes de información.

SITIOS WEB GENÉRICOS SELECCIONADOS Y RELACIONADOS CON EL NETWORK MARKETING

Se calcula que existen más de 200.000 páginas Web relacionadas con el network marketing o con el marketing multinivel, según las diferentes herramientas de búsqueda de Internet. Los sitios Web varían ampliamente en términos de temas, detalle de contenidos y precisión. Continuamente se crean nuevos sitios y se abandonan otros.

Estos sitios Web han sido seleccionados como representativos de la información genérica de la industria disponible en Internet. Esta selección es subjetiva y existen otros sitios que pueden ser igualmente informativos. Muchos de ellos tienen enlaces a otros sitios, lo que multiplica la exposición de información. La lista está hecha en orden alfabético según el título del sitio.

Además de estos sitios genéricos, cada compañía importante de network marketing cuenta con un sitio propio, el cual puede resultar una valiosa fuente de información específica sobre dicha empresa. Los autores han mencionado muchos de esos sitios en los capítulos 6 y 7.

Los autores no respaldan ninguno de los contenidos presentados en esos sitios. Quizás algunos no hayan sido actualizados recientemente. Otros pueden haber sido eliminados o abandonados desde que se los agregó a esta lista. El lector debería reconocer que no hay control sobre el contenido o la exactitud de los sitios. En este aspecto, el lector debería estar advertido.

Título del sitio Web	URL
Direct Selling Association	www.dsa.org
(Asociación de Venta Directa)	
Effective MLM Marketing Tips	www.mlmsecretexposed.com
(Avisos de Marketing Efectivos sobre el MLM)	
Evaluating Network Marketing Opportunities	www.pmignet.com
(Evaluando Oportunidades de Network Marketing)	
Fortune Now Newsletter	www.fortunenow.com

Título del sitio Web	URL
(Boletín Informativo Fortuna Ya)	
Free 2 Try Opportunities	www.free2try.com
(Oportuidades Gratis para Probar)	
Get Buzy International	www.getbuzy.com
IBMC Cyber Mall	www.ibmc.com
Internetwork Marketing Systems	www.internetwork-marketing.com
Leap Online	www.mlmnetwork-marketing.com
Millionaries in Motion	www.miminc.com
MLM 101	www.mlm101.com
MLM.com	www.mlm.com
MLM Directories	www.mlmdir.com
MLM Law	www.mlmlaw.com
MLM Legal	www.mlmlegal.com
MLM Mall	www.mlmmall.com
MLM Startup.com	www.startup.com
MLM Success Tips	www.mlmsuccesstips.com
MLM University	www.mlmu.com
MLM Woman Newsletter	www.mlmwoman.com
MLM Yellow Pages	www.bestmall.com
MLSA www.mlsacomline.com	
Multi-level Marketing International Association	www.mlmia.com
(Asociación Internacional de Marketing Multinivel)	
Network Marketing y MLM Insider	www.cory@mlminsider.com
(Revista Insider, sobre network marketing y	
marketing multinivel)	
Network Marketing News	www.networkmarketingnews.com
Network Marketing News Online	www.onlinemlm.com
Network Marketing Resources	www.he.net
Network Marketing	www.networkmarketing.com
The Network Marketing Emporium (Cashflow)	www.cashflow.com
The Network Marketing Emporium (Catálogo)	www.catalog.com
Truth About MLM Programs	www.insiderreports.com
(La verdad sobre los programas MLM)	
UIC Seminario Certificado de Network Marketing	www.netwkmarketing.com
Who is Who in Network Marketing	www.whoswhomlm.com
(Quién es quién en el network marketing)	
World Federation of Direct Selling Association	www.wfdsa.org
(Federación Mundial de la Asociación de Venta Directa)	

REFERENCIAS BIBLIOGRÁFICAS DE NETWORK MARKETING SELECCIONADAS

Admitimos que las selecciones de libros son absolutamente subjetivas. No obstante, las referencias presentan variadas perspectivas.

Direct Sales: An Overview (Revisión Profunda sobre Venta Directa) de Keith B. Laggos, PhD., presenta una cobertura profunda, amplia y al estilo de un libro de texto, de la historia e infraestructura de la industria de la venta directa y el network marketing. Lagos Publishing, 1998.

La serie de libros bestseller *Ola 3* y *Ola 4* (*Wave 3* y *Wave 4*): Ola 3, la Nueva Era en Network Marketing (Wave 3, the New Era in Network Marketing); Ola 4, el Network Marketing en el Siglo XXI (Wave 4, Network Marketing en the 21st. Century); El Liderazgo en el Network Marketing: al Estilo Ola 4 (The Wave 4 Way to Building Your Downline), todos de ritmo rápido, lectura fácil y amena, escritos por Richard Poe. Rastrean los desarrollos más importantes dentro de esta industria y los hitos de los últimos diez años. Prima Publishing, 1994, 1996 y 1999 (ediciones en inglés). Time & Money Network Editions 2000, 2001 y 2004 (ediciones en castellano).

Su primer año en el network marketing -supere sus miedos, logre el éxito y alcance sus sueños- (*Your First Year in Network Marketing: Overcome Your Fears, Experience Succes, and Achieve Your Dreams*), de Mark Yarnell y Rene Reid Yarnell, resume los mecanismos para desarrollar una organización de distribución de red, da detalles de los muchos desafíos, y resalta las extraordinarias recompensas que se pueden lograr. Prima Publishing, 1998 (edición en inglés). Time & Money Network Editions, 2001 (edición en castellano).

Las más de 60 referencias bibliográficas, enumeradas en orden alfabético según el apellido del autor, cubren las estrategias de la industria del network marketing, desde "cómo hacer" hasta estudios individuales de algunas de las empresas líderes, pasando por actividades de desarrollo de capacidades específicas.

Andrecht, Venus C. y Summer McStravick: MLM Magic, *How an Ordinary Person Can Build an Extraordinary Network Marketing Business from Scratch* (MLM Mágico, Cómo una Persona Común Puede Construir un Negocio de Redes Extraordinario desde los Apuntes Básicos), Ransom Hill Press, 1993.

Averill, Mary y Bud Corkin: *Network Marketing: The Business of the '90s -A Fifty-minute Series Book-* (Network Marketing: El Negocio de los '90 –Libro de la Serie Cincuenta Minutos), Crisp Publications, 1995.

Barefoot, Coy: *The Quixtar Revolution: Discover the New High-Tech, High-Touch World of Marketing* (La Revolución Quixtar: Descubra el Nuevo Mundo del Marketing de Alta Tecnología y Alto Contacto), Prima Publishing, 1999.

Barrett, Ph.D., Tom: *Dare to Dream and Work to Win: Understanding the Dollars and Sense of Success in Network Marketing* (Atrévase a Soñar y Trabaje para Ganar: Entendiendo los Dólares y el Sentido del Éxito en el Network Marketing), Warner Brother Publications, 1998.

Barrier, Rusty y Tricia Seymour: *Rise to the Stars! A Daily Focus Book for Network Marketing Entrepreneurs* ((Elévese hasta las Estrellas! Un Libro de Enfoque Diario para Empresarios de Network Marketing), Entelechea Press, 1998.

Bartlett, Richard C.: *The Direct Option* (La Opción Directa),Texas A&M Press, 1994.

Bertrand, David con J. Mark Bertrand: *Making a Difference While you're Earning a Living* (Haciendo una Diferencia mientras Gana un Vivir), New Paradigm Publishing, 1998.

Biggart, Ph.D., *Nicole Woolsey: Charismatic Capitalism* (Capitalismo Carismático), The University of Chicago Press, 1989.

Billac, Pete y Sharon Davis: *The Millionaires Are Coming: How to Succeed in Network Marketing* (Se Vienen los Millonarios: Cómo Tener Éxito en el Network Marketing), Swan Publishing Company, 1999.

Butwin, Robert: *Street Smart Network Marketing: A No-Nonsense Guide for Creating the Most Richly Rewarding Lifestyle you Can Possibly Imagine* (Network Marketing con Sabiduría de la Calle: Guía con Sentido para Crear el Estilo de Vida Más Ricamente Recompensante que Usted Pueda Realmente Imaginar), Prima Publishing, 1997.

Clements, Leonard W.: *Inside Network Marketing: An Insider's View Into the Hidden Truths and Exploited Myhts of America's Most Misunderstood Industry* (Dentro del Network Marketing: Vista Introspectiva de las Verdades Ocultas y los Mitos Explotados de la Industria Menos Entendida de los Estados Unidos), Prima Publishing, 1997, y 2da. Edición revisada, también de Prima, año 2000.

Clouse, Michael S. y Katie Jackson Anderson: *Future Choice, Why Network Marketing May Be your Best Career Move* (Elección Futura: Por qué el Network Marketing puede Ser la Mejor Movida de Su Carrera), Candlelight Press, 1996.

Conn, Charles Paul: Promises to Keep: *The Amway Phenomenon and How It Works* (Promesas para Sostener: el Fenómeno Amway y Su Funcionamiento), G.P. Putnam's Son Publishers, 1985.

Counsel, John: *The Beginner's Guide to Making Money in Low-Cost, Home-Based Business... No Risks!* (Guía del Principiante para Ganar Dinero con Costos Bajos, un Negocio con Base en el Hogar... Sin Riesgos!) Wrightbooks, 1993.

Crisp, Robert E.: *Raising a Giant: a Book about Becoming a Leader in Network Marketing* (Criando un Gigante: un Libro acerca de Convertirse en Líder del Network Marketing), Robert Crisp Enterprises, Inc., 1998.

Cross, Wilbur: *Amway: The True Story of the Company that Transformed the Lives of Millions* (Amway: la Verdadera Historia de la Compañía que Transformó Millones de Vidas), Berkley Publishing Group, 1999.

DeGarmo, Scott y Louis Tartaglia, M.D.: *Heart to Heart: the Real Power of Network Marketing* (De Corazón a Corazón: el Poder Real del Network Marketing), Prima Publishing, 1999.

Elsberg, Sandy: *Bread Winner-Bread Baker* (El que se Gana el Pan-El que Hornea el Pan), Upline, 1997.

Failla, Don: *How to Build a Large Succesful Multi-Level Marketing Organization* (Cómo Construir una Gran Organización Exitosa de Marketing Multinivel) , Multi-Level Marketing International, Inc., 1994.

Fitzpatrick, Robert L. Y Joyce K. Reynolds: *False Profits: Seeking Financial and Spiritual Deliverance in Multi-Level and Pyramid Schemes* (Falsas Ganancias: Buscar la Salvación Financiera y Espiritual en Multinivel y Esquemas Piramidales), Herald Press, 1997.

Fogg, John: *Conversations with the Greatest Networker in the World* (Conversaciones con el Networker Más Grande del Mundo), Prima Publishing, 2000.

Fogg, John: *The Greatest Networker in the World* (El Networker Más Grande del Mundo), Prima Publishing, 2000.

Gage, Randy: *How to Build a Multi-Level Money Machine: The Science of Network Marketing* (Cómo Construir una Máquina Multinivel de Dinero: la Ciencia del Network Marketing), Gage Research &Development Inst., 1998.

Go, Josiah: *Build, Grow and Sustain Your Network Marketing Distributor Business* (Construya, desarrolle y Mantenga Su Negocio de Distribución por Redes), Design Plus, Filipinas, 2000.

Hedges, Burke: *Who Stole the American Dream* (¿Quién se Robó el Sueño Americano?), INTI Publishing, 1992.

Helmstetter, Ph.D., Shad: *American Victory: The Real Story of Today's Amway* (Victoria Americana: la Verdadera Historia de Amway Hoy), Chapel and Croft Publishing, 1997.

Helmstetter, Ph.D., Shad: *Network for Champions: What's Right About America and How to Be Part of It!* (Red para Campeones: Lo bueno de Estados Unidos y Cómo Ser Parte de Ello!), Chapel and Croft Publishing, 1995.

Higgins, Patrick and Nicolett O'Keefe: *The Future is Knowing Network Marketing* (El Futuro Está en Conocer el Network Marketing), Unlimited Horizons, 1996.

Kalench, John: *17 Secrets of the Master Prospectors* (Los 17 Secretos de los Maestros de Contactar), Millionaires in Motion, 1994.

Kalench, John: Being the Best you Can in MLM: *How to Train Your Way to the Top in Multi-Level Network Marketing* (Ser lo Mejor Posible en MLM: Cómo Preparar Su Camino a la Cima en Marketing Multinivel), Millionaires in Motion, 1990.

Kalench, John: *Greatest Opportunity in the History of the World: You and the Dream of the Home-Based Business* (La Mayor Oportunidad en la Historia del Mundo: Usted y el Sueño de un Negocio con Base en el Hogar), Millionaires in Motion, 1991.

Kishel, Gregory F. Y Patricia G: Kishel: *Build Your Own Network Sales Business* (Construya Su Propio Negocio de Venta por Redes), John Wiley & Sons, 1991.

Michelli, Dena y Alison Straw: *Successful Networking: the Skills You Need to Succeed in the Business World* (Networking Exitoso: las Habilidades que Usted Necesita para Tener Éxito en el Mundo de los Negocios), Barron's Educational Series, Inc., 1997.

Moore, Angela L.: *Building a Successful Network Marketing Company: the Systems, the Products and the Know-How You Need to Launch or Enhance a Successful MLM Company* (Construir una Compañía Exitosa de Network Marketing: los Sistemas, los Productos y el Cómo-Hacerlo que se Necesita para Lanzar o Mejorar una Compañía Exitosa de MLM), Prima Publishing, 1998.

Nichols, Rod: *Successful Network Marketing for the 21st. Century* (Network Marketing Exitoso para el Siglo XXI), Oasis Press, 1995.

Paley, Russ, Walt Kleine y Evan Auster: *Network your Way to Millions: The Definitive Step by Step Guide to Wealth in Network Marketing* (Su Camino en Red hacia Millones: Guía Precisa Paso-a-Paso hacia la Riqueza en el Network Marketing), Wealth & Health International, 1999.

Pinnock, Tom: *You Can Be Rich by Thursday: The Secrets of Making a Fortune in Multi-Level Marketing* (Para el Jueves, Usted Puede Ser Rico: los Secretos para Ganar una Fortuna en el Marketing Multinivel), Wildstone Audio, 1997.

Powers, Melvin: *Make Money with Classified Advertising* (Gane Dinero con los Avisos Clasificados) , Wilshire Book Co, 1995.

Rackham, Neil: *Spin Selling* (Barrena de Ventas), McGraw-Hill, 1998.

Robinson, James W.: *Imperio de Libertad, la Historia de Amway y lo que Significa para Usted* (Empire of Freedom, the Amway Story and What It Means to You), edición en inglés: Prima Publishing, 1996; edición en castellano: T&M Network Editions, 1998.

Robinson, James W.: *The Excel Phenomenon* (El Fenómeno Excel), Prima Publishing, 1997.

Robinson, James W.: *The New Excel Phenomenon* (El Nuevo Fenómeno Excel), Prima Publishing, 2000.

Robinson, James W.: *The Pre-Paid Legal Story* (La Historia de Pre-Paid Legal), Prima Publishing, 1997.

Robinson, James W.: Prescription for Success: The Rexall Showcase International Story and What it Means to You (Receta para el Éxito: La Historia de Rexall Showcase International y lo que Significa para Usted), Prima Publishing, 1999.

Roller, David: *How to Make Big Money in Multi-level Marketing* (Cómo Ganar Mucho Dinero en Marketing Multinivel), Prentice Hall Press, 1989.

Schreiter, Tom: *Big Al's How to Create a Recruiting Explosion* (El "Cómo Crear una Explosión de Asociaciones" de Big Al), KAAS Pub, 1986.

Schreiter, Tom: *Big Al's Super Prospecting: Special Offers & Quick-Start Systems* (Super Contactar, por Big Al: Ofertas Especiales y Sistemas de Rápido Inicio), KAAS Pub, 1994.

Schreiter, Tom: *Big Al's Turbo MLM* (El Turbo Marketing Multinivel de Big Al), KAAS Pub, 1988.

Schreiter, Tom: *How to Build MLM Leaders For Fun & Profit* (Cómo Construir Líderes de MLM para Divertirse y Tener Ganancias), KAAS Pub, 1991.

Scott, Ph. D., Gini Graham: *Strike it Rich in Personal Selling: Sucess in Multi-Level Marketing* (Dé el Golpe Maestro a la Riqueza con Venta Personal: Éxito en Marketing Multinivel), Prentice Hall, 1991.

Scott, Ph. D., Gini Graham: *Success in Multi-Level Marketing* (Éxito en Marketing Multinivel), Prentice Hall, 1991.

Shapiro, Steve: *Listening for Success: How to Master the Most Important Skill in Network Marketing* (Escuchar para Tener Éxito: Cómo Dominar las Habilidades Más Importantes del Network Marketing), Shapiro Resource Group, 1998.

Shook, Robert L.: *How to Be the Complete Professional Salesperson* (Cómo Ser la Persona de Ventas Completamente Profesional), Lifetime Books, 1995.

Snetsinger, Patrick Michael: *Confessions of a Multi-Level Marketer -Networking from Your Heart-* (Confesiones de un Networker –Networking desde Tu Corazón), Palinoia Press, 1997.

Stewart, David: *Network Marketing: Action Guide for Success* (Marketing de Redes: guía de la Acción para el Éxito), Succes in Action Publisher, 1991.

Tan, Richard y K.C. See: *52 Reasons Why People Join Network Marketing* (52 Razones por las que la Gente se Une al Network Marketing), Conquest Resources, Australia.

Tan, Richard y K.C. See: *201 Simple ideas to Make More $$$ in Network Marketing* (201 Ideas Simples para Ganar Más $$$ en el Network Marketing), Conquest Resources, Australia.

Timm, Paul R.: *50 Powerful Ways to Win New Customer: Fast, Simple, Inexpensive, Profitable and Proven Ideas You Can Use Starting Today!* (50 Maneras Poderosas de Ganar Nuevos Clientes: Ideas Rápidas, Simples, Económicas, Lucrativas y Probadas que Usted Puede Utilizar Comenzando Ya!), 2da. edición, Career Press, 1997.

Van Andel, Jay: *Una Vida Emprendedora: una Autobiografía* (An Entrepreneurial Life, an autobiography), Edición en inglés: HarperBusiness, 1998; Edición en castellano: T&M Network Editions, 2000.

Ward, Randy: *Winning the Greatest Game of All* (Ganar el Mayor de Todos los Juegos), Network Support Group, 1984.

Yarnell, Mark, Valerie Bates y John Radford, Ph.D.: *Self-Wealth: Creating Prosperity, Serenity and Balance in Your Life* (Auto-Riqueza: Crear Prosperidad, Serenidad y Balance en Su Vida), Paper Chase Press, 1999.

Yarnell, Rene Reid: *The New Entrepreneurs: Making a Living—Making a Life Through Network Marketing* (Los Nuevos Empresarios: Crear el Vivir-Crear una Vida a Través del Network Marketing), Quantum Leap, 1999.

CONSTRUYENDO REDES AL ESTILO OLA 3
Richard Poe

ISBN 978-987-1461-04-2

La historia de los líderes que vislumbraron la industria del Network Marketing como el negocio del siglo XXI. Estas súper estrellas del Network Marketing o MLM comparten abiertamente sus experiencias, éxitos, fracasos y secretos, para construir las redes sólidas y productivas que los han convertido en millonarios. Ahora usted puede seguir en el camino de la independencia financiera.

A través de sus historias descubra:
- El efecto mariposa y el poder de la duplicación
- Cómo mantener la simplicidad
- Cómo encontrar un "gran pez"
- Cómo establecer metas correctas
- La auto prospección y el autoentrenamiento
- El liderazgo al estilo Ola 3… es el liderazgo del Siglo XXI
- ¡Y mucho más!

OLA 3
La Nueva Era en Network Marketing
Richard Poe

• ISBN 987-97024-3-3 • 15 cm x 23 cm • 256 Páginas

Impulsadas por la nueva tecnología e innovadoras ideas de marketing, las compañías de network marketing de avanzada han establecido las bases para cambiar la forma en que las personas viven y trabajan. Para el mundo corporativo, estas compañías brindan una fórmula secreta para un crecimiento vertiginoso y alcance global. Para las personas como usted, ofrecen la oportunidad de iniciar un negocio a un costo mínimo, trabajando cómodamente desde su hogar, y -para algunos afortunados- alcanzar riqueza más allá de sus sueños más ambiciosos. Las ideas son revolucionarias, y en esta etapa de cambio del nuevo siglo, el movimiento que han iniciado estas compañías nos alcanzará a todos. Este fenómeno se llama Revolución de la *Ola 3.*

OLA 4
el Network Marketing en el Siglo XXI
Richard Poe

• ISBN 987-97024-6-8 • 15 cm x 23 cm • 336 Páginas

Ahora en **OLA 4**, Poe muestra cómo la conjunción de Internet y el contacto de persona a persona acelerarán el crecimiento de esta actividad.

El autor predice que esta corriente, guiada por las nuevas tecnologías, impulsará a millones de personas a considerar al marketing multinivel como una opción más que interesante. Además, explica cómo Internet y el cálido toque humano siempre vigente revolucionarán la venta directa, y de qué manera la demanda de nuevos productos y servicios se expandirá más allá de toda frontera, a través de estos sistemas de comercialización.

"Espléndida lectura, no sólo para networkers, sino también para todos aquellos deseosos de introducirse y triunfar en esta nueva posibilidad de la economía, con base en los hogares."

Dr. Stephen R. Covey, autor de
"Los 7 hábitos de la gente altamente efectiva"

Time & Money
NETWORK EDITIONS

T&M EDITORE

EL LIDERAZGO AL ESTILO OLA 4: CONTRUYENDO REDES
Richard Poe

• ISBN 987·········· • 15 cm x 23 cm • ···· Páginas

Este libro se enfoca en las habilidades de liderazgo necesarias para desarrollar una exitosa organización de distribuidores en el siglo XXI.

En este libro, Poe ha adaptado conceptos de liderazgo y de mejoramiento personal provenientes de referentes variados, como Napoleón Hill, Stephen Covey, Abraham Lincoln, la Corporación McDonald's y H. Ross Perot, y los ha aplicado al desarrollo de negocios de network marketing.

Richard Poe realiza una magnífica tarea al enfocar estos conceptos en el estudio de casos de distribuidores reales, líderes del network marketing. Los líderes mencionados son empresarios con altos ingresos y organizaciones de red imponentes que tienen un desempeño productivo histórico. Resumen los estilos y habilidades de liderazgo recomendadas en Ola 4. Poe destaca estrategias y tácticas ordenadas paso a paso que pueden ser aplicadas por los empresarios del network marketing en las actividades diarias de sus negocios.

(extractado del prólogo por Charles W. King)

Su Primer Año en el Network Marketing
¡Supere sus miedos, alcance el éxito y logre sus sueños!
Mark y Rene Yarnell

• ISBN 987-97024-2-5 • 15 cm x 23 cm • 346 Páginas

Cómo mantener vivo el sueño...

El network marketing es una de las oportunidades de negocios de más rápido crecimiento en los Estados Unidos, expandiéndose a todo el mundo. Millones de personas como usted han dejado trabajos sin futuro por esta verdadera chance de lograr el sueño de establecer su propio negocio. Lo que muchos de ellos han encontrado, es que el primer año en el marketing multinivel puede resultar el más desafiante y, para muchos, el más desanimante.

En este libro, los autores, dos de los profesionales más respetados de la industria, le ofrecen a usted las estrategias que los ayudaron a superar esos obstáculos, comunes a todos en el inicio de la actividad.

"Esta será la Biblia del marketing multinivel." **Doug Wead** – ex asistente del Presidente Bush, y líder exitoso de una de las más grandes compañías de MLM.
...usted se debe a sí mismo leer este libro inspirador ...!

Time & Money
NETWORK EDITIONS

T&M EDITORES

PRÓXIMA PUBLICACIÓN

Mi Mentor un Millonario: estrategias maestras para el logro del éxito.
Por Steven K. Scott

• ISBN 987......... • 15 cm x 23 cm • .... Páginas

Más que cualquier otro libro que usted haya leído, *Mi Mentor un Millonario*, está compuesto de quince sesiones de asesoramiento en las que recibirá una guía en las estrategias, habilidades y técnicas utilizadas por los hombres y mujeres más exitosos del mundo. Usted recibirá el consejo de Steve Scott, un hombre que no solo ha logrado ganar millones para sí mismo, sino que ha ayudado a otras docenas de hombres a hacerse millonarios.

El libro se consagró como bestseller del *New York Times*.

MÚLTIPLES FUENTES DE INGRESO
Cómo generar una vida de Riqueza Ilimitada.
Robert G. Allen

• ISBN 987·········· • 15 cm x 23 cm • --- Páginas

¿Quisiera que múltiples fuentes de ingresos fluyan por el resto de su vida?

Si su respuesta es "¡SÍ!", entonces se beneficiará con la lectura de Múltiples Fuentes de ingresos, Segunda Edición. En este libro, el autor de éxitos como Nothing Down y Creating Wealth, le mostrará cómo crear múltiples fuentes de ingresos para el resto de su vida. Aprenderá los nuevos diez métodos revolucionarios para generar más de $100.000 por año- trabajando a tiempo parcial, desde su casa, sin utilizar su propio dinero, o utilizando sólo un poco.

Allen, autor y mentor de exitosos libros de economía, ha investigado cientos de oportunidades de producir ingresos, y las redujo a diez negocios infalibles para el nuevo milenio.

Time & Money
NETWORK EDITIONS

T&M EDITORES

HERRAMIENTAS PARA VIVIR MEJOR
DRA. ELISA LION

• ISBN 987·········· • 15 cm x 23 cm • --- Páginas
HERRAMIENTAS PARA VIVIR MEJOR
Educación Emocional Dirigida hacia Objetivos, comprende un manual de filosofía práctica, un compendio de reglas y ejercicios, que permitirán al lector descubrir aquellos aspectos que lo limitan en el logro del éxito, y adquirir una nueva forma de pensar y de actuar que lo lleve a transitar una vida armoniosa tanto en lo personal, interpersonal o profesional.
La Dra. Elisa Lion, experta en Psicología Transpersonal logra plasmar en este libro tanto su experiencia de vida, como profesional convirtiéndolo en una herramienta clave en el desarrollo de la inteligencia emocional aplicada al logro de objetivos.